『「18歳選挙権」時代のシティズンシップ教育』お詫び

奥付頁の書名箇所に
「龍谷大学社会科学研究所叢書第123巻」
の記載が漏れておりました。
お詫び申し上げますとともに、訂正いたします。

「18歳選挙権」時代のシティズンシップ教育

日本と諸外国の経験と模索

石田　徹
高橋　進
渡辺博明
編

法律文化社

まえがき

　日本では2015年6月に公職選挙法が改正され、選挙権年齢が20歳から18歳へと引き下げられた。他の先進民主主義国の多くが早くから「18歳選挙権」を実現していたなかで、ようやく日本もそれに並んだ形となり、2016年7月には、法改正後初めての国政選挙となる参議院議員選挙が実施された。

　この制度改正により、新たに高校生の一部が投票できるようなることから、これを機に特に高等学校での政治教育ないし主権者教育の必要性が再認識されることとなった。国もこの点を重視して取り組みを進め、たとえば総務省と文部科学省は、関連分野の専門家を招いて編纂した主権者教育のための副教材を準備し、全国のすべての高校生に配布した（総務省・文部科学省 2015）。

　こうした動きにともない、高校での政治教育における教師の中立性の問題や、高校生の政治活動の許容範囲に関する議論が、政治家をも巻き込んで展開された（朝日新聞朝刊2015年8月21日、同9月16日）。また、中学校も含め、学校現場でのさまざまな実践の試みや議論も活発化した。もちろん、その一部は以前から実施されていたものであったが、「18歳選挙権」の実現に呼応する形でいっそうの広がりをみせている。さらには、さまざまな取り組みを紹介する著作が相次いで刊行されるとともに、雑誌の特集も含めて「18歳選挙権」や政治教育をテーマとした著作も多く出されるようになった（飯田 2016；石埼ほか 2016；岩波新書編集部 2016；18歳選挙権研究会 2015；全国民主主義教育研究会 2016；田中一裕 2016；田中治彦ほか 2016；林 2016；原田 2016；民主教育研究所 2015）。

　他方で、以前から選挙権年齢の引き下げをめぐる議論があったとはいえ、この制度改正については、直接には政府主導で憲法改正国民投票の法整備がなされた際に有権者規定が18歳とされたことに起因しており[1]、少なくとも、若者の側からの要望や積極的な働きかけを受けて実現したものではなかった。むしろ、一般的には「若者の政治離れ」が指摘されることが多いうえに、本書第1章で紹介されるような大学生の意識や選挙観からみても、若い有権者が社会や政治に積極的に関わろうとする傾向が強まったからだとはいいがたい。このよ

i

うな現在の日本において、主権者教育はいかにして可能になるのか、またどのようにあるべきなのだろうか。

　龍谷大学では、上述のような動きを睨みながら、憲法学と政治学を専門とする常勤・非常勤の教員の有志で「シティズンシップ教育研究会」を立ち上げ、2015年度から本格的に活動を始めた。そして、定期的に報告や議論の場を設けながら、メンバーがそれぞれの経験や関心に基づき、現代における主権者教育のあり方に関する研究を進めてきた。その活動は、研究動向の整理や実態把握にはじまり、諸外国の事情の調査、今後の可能性の検討へと広がるとともに、授業や課外活動を利用し、学生たちが従来とは異なる形で社会と政治について考える機会をつくり出す試みも重ねられてきた。その結果、明確な結論を得られたわけではない部分が多いものの、一定の研究成果は蓄積されてきており、このたび龍谷大学社会科学研究所の助成金を得て進めていたプロジェクトが一応の区切りを迎えたのを機に、それらを書籍として出版することとなった。

　このような経緯でできあがった本書は、全体が大きく3つの部分に分かれている。第1部は、主にシティズンシップ教育をめぐる理論的な検討と日本の事情の分析に関わる5つの論文からなっている。そこには、教育学分野の研究者による日本の現状分析に加え、政治学と憲法学の分野からの考察が含まれる。また、政治思想史的視角からの論考が収められている点にも特色がある。続く第2部には、シティズンシップ教育を考える際の視野を広げるために、諸外国の問題状況や取り組みの実態を紹介する5つの論文を配している。そこには、これまで日本でも多く紹介されてきたイギリス以外に、アメリカやスウェーデン、さらにこのテーマで論じられることはほとんどなかったイタリアの事例が含まれる。また、イギリスやフランスについても、従来にはなかった視角からの検討が試みられている。さらに第3部では、研究会メンバーが関わった龍谷大学での実践的な取り組みが紹介されている。

　本書においては、シティズンシップ教育というテーマの大きさのみならず、執筆者の専門や関心が多岐にわたるため、章によって視角や記述の様式が異なっている。各国事情を扱った第2部についても、国ごとに実態や抱える問題もさまざまであること、またそれを反映して執筆者の問題意識も異なることから、アプローチや論点を揃えることはしなかった。また、いまなお大学での取

り組みは少ないことから、龍谷大学における実践の紹介も加えることにした。そのため、書籍の形式としてはやや不規則なものとなったが、この出版を通じて研究会のメンバーおよび執筆者たちが、これまでの研究の反省点や到達点を確認し、外部からの助言や批判をも得ながら、今後の教育活動の改善につなげていくことが重要だと考えている。

最後に、本書のテーマに関わる用語について確認しておきたい。執筆者たちの主たる関心は、社会の構成員として、選挙を中心とした政治への参加も含め、自律的に行動しうるような市民の育成に、学校教育がいかなる寄与をなしうるかという点にある。そのような活動に関わる表現については、「市民（性）教育」「主権者教育」「有権者教育」「政治教育」など、その意図や用いられる文脈が少しずつ異なる複数の言葉があるが、われわれは当初より、基本的に「シティズンシップ教育」の語を用いている。その理由としては、本書でもいくつかの章でふれられる B. クリックの議論やイギリスの事例が日本でこのテーマが注目されるきっかけとなったこと、EU での議論を含め国際的にもこの英語表現が用いられること、「日本シティズンシップ教育フォーラム（J-CEF）」の活動が知られはじめていたことなどが挙げられる。

また、自律的な市民の育成に関わる活動を広くとらえる際には「シティズンシップ教育」を用いる一方で、より限定的に、選挙や政治参加を想定して論じるときには「主権者教育」の語も用いている。この二つを基本としながら、文脈によっては「政治教育」など、他の言葉が使われることもある。他方で、「シティズンシップ教育」が指す内容についても、複数の潮流があったり、時期による変化があったりして一様ではないが、その点については、本書の第2章や第6章でも検討されているので、それらを参照されたい。

「18歳選挙権」の実現を機に高まった若者の政治参加やシティズンシップ教育のあり方をめぐる議論は、その後もますます広がりつつある。本書がこの分野の研究の発展に多少なりとも貢献できれば幸いである。

【注】
1） 2006年から始まった憲法改正のための国民投票法の制定の議論において、18歳選挙権の実現を条件に与野党の合意がなされたという経緯があり、2007年に国民投票法が成立した際に、（実際には遅れることになったものの）3年以内に18歳選挙権を実現すること

が附則に加えられていた（田中治彦 2016：4-5）。本書第 4 章をも参照のこと。

〔参考文献〕
飯田泰士（2016）『18歳選挙権で政治はどう変わるか――データから予測する投票行動』昭和堂。
石埼学ほか（2016）『投票せよ、されど政治活動はするな!?――18歳選挙権と高校生の政治活動』社会評論社。
岩波新書編集部編（2016）『18歳からの民主主義』岩波書店。
18歳選挙権研究会（2015）『18歳選挙権に対応した先生と生徒のための公職選挙法の手引き』国政情報センター。
全国民主主義教育研究会編（2016）「18歳選挙　主権者教育と民主主義」『民主主義教育21』（Vol.10）同時代社。
総務省・文部科学省（2015）『私たちが拓く日本の未来――有権者として求められる力を身に付けるために』。
田中一裕（2016）「18歳選挙権によって高校地歴科・公民科はどうかわるか」日本社会科教育学会編『社会科教育の今を問い、未来を拓く』東洋館出版社、103-122頁。
田中治彦ほか編（2016）『やさしい主権者教育――18歳選挙権へのパスポート』東洋館出版。
――（2016）「主権者教育・市民教育と求められる学び」田中治彦ほか編『やさしい主権者教育――18歳選挙権へのパスポート』東洋館出版社、4-5頁。
林大介（2016）『「18歳選挙権」で社会はどう変わるか』集英社。
原田曜平（2016）『18歳選挙世代は日本を変えるか』ポプラ社。
民主教育研究所（2015）「特集　18歳選挙権と政治教育のゆくえ」『季刊　人間と教育』（No.88）旬報社。

渡辺　博明

目　次

まえがき

第 I 部
シティズンシップ教育の課題と日本での取り組み

第1章　「18歳選挙権」時代のシティズンシップ教育の
　　　　　意義と課題——大学における主権者教育の可能性を考える
　　　　　　　　　　　　　　………………………渡辺　博明　2

第2章　政治的シティズンシップ教育と関連諸教育
　　　　　——市民としての自立はいかにして可能か
　　　　　　　　　　　　　　………………………石田　　徹　21

第3章　学校を中心とした日本のシティズンシップ教育の
　　　　　現状と課題——主権者教育との関わりをふまえて
　　　　　　　　　　　　　　………………………水山　光春　43

第4章　教育と民主主義——シティズンシップ教育の試みに触れつつ
　　　　　　　　　　　　　　………………………奥野　恒久　64

第5章　民主主義と政治教育——蝋山政道の政治教育論をもとに
　　　　　　　　　　　　　　………………………城下　賢一　84

第Ⅱ部
諸外国の取り組み

第6章 イギリスにおけるシティズンシップ教育の政治——政治教育と若者の政治参加をめぐる問題
　　　……………………………………大村　和正　104

第7章 アメリカにおけるシティズンシップ教育の実践空間——教育統制の変容と多様かつ重層的な熟議機会の意義
　　　……………………………………寺川　史朗　124

第8章 フランスのシティズンシップ教育——「道徳・市民教育」(EMC)と民主主義の実践
　　　……………………………………福島都茂子　142

第9章 イタリアにおけるシティズンシップ教育の歴史と課題——政治と教育の絡み合いの中で
　　　……………………………………高橋　進　162

第10章 スウェーデンのシティズンシップ教育——民主主義に基づく実践志向の主権者教育
　　　……………………………………渡辺　博明　183

目　次

第Ⅲ部 龍谷大学における主権者教育の試み

事例 1　初年次教育における関心喚起の取り組み
　　　　　　――地域政治の担い手との接触を通じて ……………… 渡辺　博明　204

事例 2　京都市議会政党・会派と学生との
　　　　　対話会 ……………………………………………… 高橋　進　209

事例 3　現代の政治争点に関する法学部生と
　　　　　高校生とのワークショップ
　　　　　　――「18歳選挙権」を法学部生が高校3年生に伝え、討論する
　　　　　　　　　　　　　　　　　　　　………………… 高橋　進　214

事例 4　若者の政治参加と投票率向上に向けた
　　　　　課題解決型学習の取り組み …………… 石田　徹　218

事例 5　参議院議員選挙期日前投票所の学内設置と
　　　　　実施に向けた学生の取り組み ………… 石田　徹　222

　あとがき
　人名索引
　事項索引

第 I 部
シティズンシップ教育の課題と日本での取り組み

第1章

「18歳選挙権」時代のシティズンシップ教育の意義と課題
――大学における主権者教育の可能性を考える――

渡辺　博明

1　「18歳選挙権」と主権者教育

1　大学での主権者教育は必要か

　筆者は1990年代末よりたびたび、大学1～2年生を対象にした政治学の入門科目の授業を担当してきた。そこでは主に18歳から20歳前後までの受講者に政治のしくみや民主主義の意義を説き、生活と政治との関わりへの認識を促しながら、選挙があれば自ずと投票に向かうような意識を育もうと努めていた。そのようななかで、数年前までは大学1～2年生のかなりの部分はまだ選挙権を得ておらず、選挙も含めた政治の話をする際に、学生たちがなかなか実感をともなって考えられないようで、その点をもどかしく感じていた。しかし、選挙権年齢の引き下げが話題になり始めても、また、ついにはそれが現実になっても、当事者たる学生の反応は鈍く、むしろ彼ら自身が選挙権を望んでいない場合さえあった。

　一方、ヨーロッパ諸国では、早くから「18歳選挙権」が実現していたこともあり、主権者教育はもっぱらその年齢に達する前の段階、すなわち、日本でいえば高校生や中学生を対象にさまざまに取り組まれてきている。日本でも選挙権年齢が18歳に引き下げられたことで、高校生までの取り組みの重要性が増し、実際にそのような動きが活発化しているのは、本書「まえがき」でもふれられているとおりである。その点からすれば、これまで選挙権を得る直前の若者を対象に授業を行っていた大学では、初年次教育などを通じて、より積極的な取り組みがなされるべきだったともいえよう。

第 1 章　「18歳選挙権」時代のシティズンシップ教育の意義と課題

　いずれにせよ、学生たちが選挙権を得て大学に入学してくる時代になった今も、彼らは総じて政治参加に消極的である。このような現在の日本の状況においては、高校や中学での対応とは別に、少なくとも当面は大学でも何らかの取り組みが必要だと考えるべきだろう。それでは、大学における主権者教育はいかにして可能になるのか、またどのようにあるべきなのだろうか。

　以下では、まず「18歳選挙権」に対する大学生の意識から問題の所在を確認し、それをふまえて主権者教育としてのシティズンシップ教育の意義と問題点を整理していきたい。その際特に、この分野で大きな影響力をもつイギリスの政治学者Ｂ．クリックの議論に着目し、その批判的検討を通じて、現代日本の大学における主権者教育の可能性と課題を考えることにする。

2　「18歳選挙権」をめぐる大学生の意識

　選挙権年齢引き下げの一方で、新たに有権者となる若者がどのような意識をもっているかという点については、筆者が授業のなかで行った調査からもうかがい知ることができる。それは、法改正が実現する前の2014年4月に、龍谷大学法学部の1年生を対象として、「選挙権年齢を20歳から18歳に引き下げる案への賛否とその理由」を尋ねたもので、164名が回答し、「賛成」が83、「反対」が74、「その他」（賛否を明言していない、賛否両方の要素を併記している、等）が7であった。これらの数字の解釈をめぐっては議論の余地があろうが、全体の45％強が「反対」としたことの意味は大きい。すなわち、制度改正によって新たに有権者となる年齢の若者で、しかも法律学や政治学を学ぼうとする学生の半数近くがそれを望んでいなかったのである。

　その「理由」に関する記述をみてみると、いくつかの問題が浮かびあがる。ある程度予想されたことではあるが、まず、「私たちに選挙権が与えられても困ります。新聞を読んだりする人にはわかるかもしれないが、ほとんどの18歳は選挙に関心がないと思います」、「選挙権年齢を下げたとしても、18歳で政治のことについて考え、自らの意見として投票しようと思う人は少ないと思う。未成年でもあり、まだ早いと思う。20歳のままでよい」というように、自身の状況をそのまま一般化して、政治や選挙との関連を積極的に考えようとしないものがみられる。

ついで、自身を含む18〜19歳の若者の関心や判断力の低さを挙げるものもある。たとえば、「高校生や大学生の中にまともな政治の知識をもっている者は少ないし、無意味な投票をする人が絶対に増える」、「ふざけて投票する人や、適当に投票する人が出てくるし、いまも若者の投票率は低いのに、さらに若い人に選挙権を与えても、投票に行かない人が多いと思う」というような意見である。

なかでも目を引くのが、自身の能力への評価の低さ、自信のなさである。たとえば、「私は今まさに18歳という年齢なのですが、とてもじゃないけれど政党を支持しようなんていう考えはありません。自身の政治に関する知識が不足していると考えるからです。18歳という年齢では、十分な判断材料をもたぬまま投票することになってしまうと考えます」というように、ある種の「真面目さ」を感じさせる一方で、自身には関わる資格がないとして躊躇してしまうタイプである。さらに、選挙での投票を含め、政治に関わるためには、先に知識や経験を得ておかねばならないと考えるものも少なくない。そのような発想は、「たくさんの面で経験が不足している若者に投票させるべきではないと思います。高校を卒業してから経験することが多くなるので、成人してからの方が適切だと思います」、「高校を卒業したくらいでは、しっかりとした意志をもって投票できるとは思えないからです。大学へ行ったり、就職したり、社会を肌で感じてから考えることが大事です」といった記述にも表れている。

龍谷大学法学部の学生が同年代の若者のなかで特別に社会的関心が低いとも考えにくいことから、一般的にみても、社会や政治への認識の程度を理由に選挙に参加しない、あるいはできないと考える大学生は少なくないと推察される。民主政治への参加をめぐる議論にはさまざまな次元があり得るが、こうした状況をみると、大学においても何らかの主権者教育を展開する必要があるというべきであろう。

3　シティズンシップ教育の視点

選挙が代議制に基づく現代民主政治の制度的な要である一方、投票は、政党に入って活動したり、デモに加わったりすることに比べれば、比較的コストが低い政治参加の手段である。社会の構成員が投票を通じてその意思決定に関与

することが議会制民主主義の前提であるが、先にみたように、少なからぬ大学生が選挙への参加に消極的である。その原因の1つとして、自身が社会の運営に関与しうる立場にあるという認識が希薄なことが挙げられよう。

　選挙への参加を促す（より単純にいえば、投票率を上げる）という点に限れば、投票の方法に関する工夫を重ねたり、賞罰を設けたりするアプローチもあろうが、ここでの議論の趣旨からすれば、社会を動かす政治に関わるには、まずはその社会の構成員であるという認識をもつことが不可欠である。そして、それぞれに自らが属する社会をよくしようと考え、意見をもち、他者との関係の中で何ができるか模索するという意味で、パブリックなものの意義を理解した「市民（シティズン）」になる必要がある（鈴木ほか 2005）。そのような市民は、一定の条件の下で、より能動的に社会や政治に関与しうる[5]。

　ここでのわれわれの関心も、選挙を含む政治への関与の前提として、社会との関係で自律的かつ能動的であるような「市民」の存在にある。そのような市民のあり方（シティズンシップ）を実現しようとするのが「シティズンシップ教育」である[6]。この分野の代表的な研究者の1人である水山光春によれば、それは「シティズンシップのための教育、すなわち見識があって積極的な市民になるためにシティズンシップを獲得するプロセス、ならびにそのプロセスを支える教育的な営みの総体」を指す（水山 2008：195）。シティズンシップ教育の射程は広いが、主権者教育もその一環として位置づけられるといえよう。

　もっともこの点については、すでに数年前に政治学者の佐々木毅を座長とする総務省の「常時啓発事業のあり方等研究会」が整理したもの、すなわち、「社会参加に必要な知識、技能、価値観を修得させる」というシティズンシップ教育のなかでも特に「市民生活と政治の関わり」を教えることを主権者教育とする（総務省 2011：7）、というとらえ方と基本的には一致する。ただし、ここでは、同報告書が「自立した主権者をつくることを目指（す）」（下線は引用者）としていることに関わる問題を掘り下げる点や、主権者教育一般ではなく、特に大学生を対象にした場合の可能性や条件を検討していく点で、議論をより深めうると考える。特に前者について、シティズンシップ教育ないし主権者教育は、自律的に考えることを（他者が）教える、という意味で矛盾をはらむものである。これは、教育が規律や抑圧の契機を含まざるを得ないという根

5

源的な問題にも関わっている。以下では、これらの点をも意識しながら、今日の大学での主権者教育を考える際の基本的な方向性を明らかにしていく。

2　シティズンシップ教育と政治的リテラシー

1　クリックのシティズンシップ教育論

　日本でシティズンシップ教育が注目され、さまざまに論じられるようになったきっかけとしては、それがイギリスで2002年から中等教育における必修科目とされたことが大きい。また、その改革が実現した背景には、1997年に発足した労働党 T. ブレア政権が重点領域に掲げた教育政策の一環として設置した「シティズンシップ教育に関する諮問委員会（Advisory Group on Citizenship）」が、1998年に最終答申として、「シティズンシップのための教育と学校における民主主義の授業」を発表したことがあった。この委員会の座長を務めたのは、当時の教育大臣 D. ブランケットのかつての師でもあった著名な政治学者、B. クリックである。「クリック・レポート」と呼ばれるこの報告書は、以後国外でも注目されるようになり、日本でもこのテーマを論ずるほとんどの者がクリックの議論にふれるようになっている。

　クリックは、政治哲学や政治理論に関する研究の一方で、1970年代から政治教育の重要性を認識していた。当時、政治参加と民主主義の発展を目指す非党派組織「ハンサード協会」から委託された研究プロジェクトの成果を教育学者 A. ポーターとともにまとめた論文集『政治教育と政治的リテラシー』（Crick and Porter 1978）において、すでに彼は、全国共通の社会科のカリキュラムに政治教育を導入するよう主張していた。

　クリックのシティズンシップ教育論については、日本でも翻訳の出版を含めて多くの紹介があるが、ここでは本章の目的との関係で要点のみを整理しておく。まず、クリックは、シティズンシップ教育には、社会的・道徳的責任、社会参加、政治的リテラシーの3つの側面があるという。すなわち、第1に、権威あるものに対しても、対等なものに対しても、社会的・道徳的に責任のある行動がとれるよう学ぶこと、第2に、自らが属する地域社会の営みを知り、それに貢献しうる関わりをもつよう学ぶこと、第3に、公的生活（public life）に

ついて学び、それに影響を与える方法を学ぶこと、である（クリック 2011：20：長沼・大久保 2012：121–125）。

このように、クリックの議論は、政治教育に関するもののなかでも、特に参加の意義を強調する。そして、議会や憲法制度に関する知識の伝授だけでなく、社会的な事象を自身で理解し、判断するための技能や態度に関わる「政治的リテラシー」の重要性を指摘し、かつその涵養のための努力を制度化するよう求めている。また彼は、シティズンシップ教育が学校以外の要素にも影響されることを認めつつも、まずは学校において上述の諸課題に取り組むことが不可欠だと考えていた（クリック 2011：24–25）。

2　政治的リテラシー

次に、クリックの議論の中でも、特に公的生活への関わり方を学ぶうえで重要になる「政治的リテラシー」に注目しよう。その内容と意義に関するクリックの見解は、1970年代から2000年代に入るまで基本的には変わらない。彼が考える政治的リテラシーとは、それぞれが関連しあって発達していく3つの要素、すなわち、知識（knowledge）、技能（skill）、態度（attitude）の複合体である。それは一定の知識の修得を前提とするものの、「政治的リテラシーが身につくと、特定の争点をめぐって自分でなにかをしようとするとき、効果的に、かつ他人の誠意や心情を尊重しながらことにあたれるようになる」（クリック 2011：89）とされる。クリックは1970年代から政治的リテラシーの構成要素を樹形図で表していたが、その頂上部分は、「さまざまな反応、政策、利害関係に関する認識」を介して「争点の認知」へとつながっている（Crick and Porter 1978：42–43；クリック 2011：102）。

また、上述の点と関連して、クリック・レポートの最後の部分では、「意見の分かれる争点をどう扱うか」という項目にかなりの紙幅が割かれ、その難しさを指摘しつつも、あえて考えさせる機会を与えることが重要だとしている（長沼・大久保 2012：199–208）。そこでは、政治的リテラシーが、児童・生徒が知識・技能・価値を通じて公的生活において自身が有用な存在となるための手段について学ぶことであり、単なる政治に関する知識より広いものであるとされている（長沼・大久保 2012：124, 175）。

また、政治的リテラシーについては、他の2要素（社会的・道徳的責任、社会参加）と比べても、特に能動性、行動への意欲が鍵になると想定されており（クリック 2011：100）、具体的な争点とのかかわりの中で臨機応変に発揮されるような力を高めることが目指される。すなわち、争点について知り、関心をもつとともに、それを行動につなげることが重視されているのである。

3　政治的シティズンシップ教育

シティズンシップ教育は、その課題や方法を含めてそれが展開される具体的な文脈に影響される部分が大きく、その意味では状況依存的な性格をもつ。イギリスの教育学者J．ベックによれば、1970年代の政治教育論は、自律的な「市民」というよりも政治的権威に対して従順な「臣民」という性格を色濃く残す当時のイギリスの政治文化を前提にしたものであったとされる。同国で1970年に選挙権年齢が18歳に引き下げられたことは、若者の無関心と過剰な行動主義の両方への対応であったが、クリックの議論は、若者に対し通常の政治過程への責任ある関与を要請するという点で、どちらかというと規律重視の傾向にあったという（Beck 2012：3-7）。

それに関連していえば、「政治教育」に代えて「シティズンシップ教育」の語が用いられるようになっても、あるいは、イギリスのナショナル・カリキュラムにせよ、日本での総省庁主導の試みにせよ、それが国家的に展開される場合には、公的な教育制度を通じて特定の目標を追求する動員型教育につながる恐れが生じる。これは多くの論者が指摘するところであり、たとえば、高校でのシティズンシップ教育の試みにおいて多くの実績を残している社会科教諭の杉浦真理も、そのことを警戒して、「上からのシティズンシップ教育」に対する「下からのシティズンシップ教育」の重要性を説く。それによると後者は、政治的リテラシーを高めることを通じて「個人の尊厳・権利を活かす方向で、社会を認識し、アプローチすることができる生徒を育成する」ことであり、それが「真のシティズンシップ教育」だとされる（杉浦 2013：2-4）。教育思想研究者の小玉重夫も、シティズンシップ教育の「政策化」が動員教育に容易に転化しうる危険性を指摘するとともに、クリックの議論においては、政治的リテラシーの重視がそれを避ける鍵になると評価している（小玉 2010：45-

46)。

　この点について、クリック自身は1990年代の初頭の時点で、「……『政治教育』という狭い考え方を脱して、『政治的リテラシー』を取り入れたシティズンシップ教育という広い考え方へと進むことになった」(クリック 2011：137)と述べている。さらに、2000年に新旧の論稿を集めた著書を刊行した際にも、その「序言」において、自身の1970年代の「政治教育」のとらえ方は狭すぎて、(1990年代以降の)「シティズンシップ教育」のほうが「公的な舞台において、職責上の場合であれ自発的な場合であれ、共通善のために権利を行使し、義務を果たす能動的で参加的な国民」という古来の伝統からみても望ましい、との見解を示している(クリック 2011：3-4)。

　また、上述の論集で書き下ろした第1章においては、先述のシティズンシップ教育の3要素、すなわち「社会的・道徳的責任」「社会参加」「政治的リテラシー」のうち、高年次になるにつれ後二者の割合が高まっていくとも述べている(クリック 2011：23)。われわれも、政治に関わる部分が大きく、特に政治的リテラシーの向上を重視するようなシティズンシップ教育のあり方を「政治的シティズンシップ教育」としてとらえ、大学における主権者教育の基礎をなすものと考えることにする。

3　シティズンシップ教育をめぐる論点

1　学校教育と権力

　シティズンシップ教育については、先に述べたように、それが国家プロジェクトとして政策的に展開されると、上からの動員教育という性格を帯びることになりがちだといえる。たとえば、総務省と文部科学省によって準備された2015年の副教材(総務省・文部科学省 2015)においても、行政学者の新藤宗幸が指摘するように、政治参加が説かれる一方で、現代民主政治の基本でもある権力と自由の問題についての記述は欠けている。新藤によれば、現実の政治が生み出している社会関係の意味を問うことなく、政治の決定とそれに従うのであれば、「権力の決定とそれにもとづく政治の営みに異議申し立てすることのない『従順』な人間をつくるのに等しい」のであり、「はたして、これで『主権

者教育』といえるのだろうか」ということになる（新藤 2016：13-15）。

　この点については、省庁の側もそのような批判があり得ることを認識しており、副教材の編纂にあたっては、上述の「下からのシティズンシップ教育」を説く高校教諭の杉浦や、政治的中立の問題に関わって政府が学校教育の現場への統制を強めることに反対する林大介らを「作成協力者」として招いていた。また、その内容も、基本的に対話や討論を重視し、地域の課題を見つけることや、政党の立場を比較することなどを通じて、生徒自身に現実に即して考えるよう促すものになっており、理念や制度に関する知識の獲得を優先する学習方法からは距離がとられている。それでも新藤が指摘するような面がみられるのは、おそらく、それが学校教育として推進される以上、必然的にともなわざるをえない特性ゆえであろう。[8]

　かつてI. イリッチが指摘したように、教育がもっぱら学校によって担われる形で制度化された現代においては、子どもの保護、教化、選抜が大規模に行われることにより社会統制と人間の疎外が進む面があることは否定できないだろう（イリッチ 1977）。教育を学校制度から解放するというイリッチの主張がどこまで実現可能かは別としても、シティズンシップ教育を考える際には、「教育」ないし「教える」という営みそのものの意味を問い直さざるをえない。M. フーコーがいうように、現代においては、「真理」ないし普遍的に価値があるとされるものが学校を含む公的な諸制度を通じて生み出されており、そこに権力がはたらくのである（フーコー 1984）。そのような社会にあって、自律的に行動しうる市民は、少なくともそうした権力関係を認識し、自らが置かれた状況を客観視できる存在でなければならない。その点で、とりわけ政治の領域に関連したシティズンシップ教育も、権力作用に対して批判的な視点をもつことを可能にするようなものでなければならないといえよう。

2　「意識化」を通じた批判的視点の確保

　ここで「教える」という行為に注目するとき、その意味を最も根源的なレベルで問い直そうとした先達として、ブラジル出身の教育者で社会運動家でもあったP. フレイレが挙げられる。フレイレは、特定の内容を教師が生徒に一方的に伝授していくような教育のあり方に反対し、それはあたかも器に物を入

れていくような行為であり、生徒の人間性を軽視することにつながるとして厳しく批判した[9]。彼によれば、そのような教育のもとで受動的な態度を身につけた生徒にとっては、世界は変革しうる対象としては感じられず、所与の現実に順応するしかないととらえられてしまう。すなわち、「知識を詰め込めば詰め込むだけ、生徒は自身が主体となって世界に関わり、変えていくという批判的な意識をもつことができなくなっていく」のである（フレイレ 2011：83）。

　フレイレが提起するもう1つの主要論点であり、政治的リテラシーとも深く関わるのが「意識化」の作用であろう。その活動の初期にブラジル北東部で識字率の向上に取り組んだフレイレは、文字通りの「リテラシー（読み書き能力）」の獲得を通じて、人が自らを取り巻く世界を意識し、そこに働きかける可能性が生まれるという原理を重視する。言葉や文字を用いて自己と世界とを同時に省察できるようになることで、見えていなかったものに意識が向かい、その変革の可能性も含めてそれらを対象化しうるのである（フレイレ 2011：106-107）。

　フレイレにおいては、意識化によって自らを取り巻く環境へのはたらきかけの可能性が生まれるという議論が、一方的な知識の伝達や詰め込みに対置される「対話的教育」へとつながる。それはさらに、「教える教師」と「教えられる生徒」という絶対的な区別を超え、ともに言葉を介して世界を引き受け、見出した問題の解決を目指す「自由の実践としての教育」に向かいうるとされる（フレイレ 2011：第3章）。

　フレイレの議論は、1960年代のラテンアメリカで生まれたものであるが、上述の「意識化」をめぐる基本的な理論枠組みについては、半世紀を経た現代においても通用する部分が少なくない。本章でのわれわれの関心からいえば、「政治的リテラシー」の涵養を通じて、批判的な思考を喚起しつつ、現実の社会や政治への理解を深めることが、その変革を含めた主体的な関与につながりうるという認識を引き出せる点が重要である[10]。

　教育社会学者の里見実は、フレイレが伝統的な教育や知識人のあり方を厳しく批判しながらも、その役割を否定しているわけではないという。里見によれば、世界を対象化しつつ、それを現実の行為によって変えていくためにも、人々が自らの認識から出発して、それを乗り越えていくような学びの過程が組

織されることが必要だという（里見 2010：29）。シティズンシップ教育が学校という場で「教育」としてなされる以上、ここでみたような問題点を完全に克服することはできないが、そのことを十分に自覚し、一方的な知識の伝授という発想を乗り越える努力を続けるべきであろう。

3　シティズンシップ教育における「主体化」

　シティズンシップ教育をめぐる議論には、それを「教える」ことの原理的な矛盾を指摘し、「学ぶ」ことの重要性を説くものもある。オランダ出身の教育哲学研究者G．ビースタは、民主主義を支える学びのあり方を重視し、「シティズンシップの教授」から「民主主義の学習」への転換を唱える。

　ビースタによれば、シティズンシップ教育は、公共圏の衰退に起因する民主主義の危機への「せいぜい部分的な対応」でしかない（ビースタ 2014：10-11）。彼は、シティズンシップ教育の意義をすべて否定するわけではないが、その「社会化」の構想に反対する。それは、共通の内容を国家による政策として社会全体に行き渡らせようとすることを意味しており、社会的・政治的秩序の再生産に関わる教育の役割を強調し、既存秩序への個人の適応を要請するものであるという。ビースタは、これに「主体化」の構想を対置するが、それは未来に向けて開かれた進行中のプロセスとして考えることを重視するものであるという（ビースタ 2014：4, 227-228）。そして、「主体化の構想は、民主主義の実験への関与を通して、政治的主体と民主的な主体性が促進され、また支えられるという、より困難で複雑な方法に明示的な焦点をあてる」とされる[11]（ビースタ 2014：236-238）。

　また、ビースタは、シティズンシップを同質性の高いコミュニティーに結びつける傾向に批判的で、民主的なシティズンシップには多様性と差異が重要であるとする。彼は、社会に適応し、統合的に行動することと結びついた「よきシティズンシップ」という観点からの「社会化」ではなく、市民学習の主体化が重視されるべきであると主張する。すなわち、あらかじめ想定された基準によって「よき市民」を「生産」することはできないのであり、シティズンシップ行使の「許可」の前に、知識・スキル・性向のまとまりを得ておく必要があるわけではないという（ビースタ 2014：238）。これは、政治的リテラシーの重

要性に着目するわれわれにとって、その獲得がシティズンシップの共通の前提になると安易に想定しすぎることへの注意を促すものとなる。

他方で、民主主義が学校と社会で学ばれる方法に焦点を当てるビースタの議論においては、子ども、若者、大人の日常生活を構成するプロセスと実践に関わる民主的な質が重視され、成人教育、生涯学習までが想定されている（ビースタ 2014：2-3）。実践の重要性の指摘と並んで、それが長期的な過程であるという理解は、大学における取り組みの意義を認めることにもつながっている。

4 大学における主権者教育

1 政治的シティズンシップ教育としての主権者教育

これまでみてきたように、現代の主権者教育においては、民主政治と選挙の重要性を説いて投票を促すだけでなく、社会の構成員たる市民を育むシティズンシップ教育として展開することが求められるといえる。とはいえ、シティズンシップ教育が、特定の「よき市民」像を設定し、そのために必要な価値や規範を教授するという発想では、教えられる側の立場を無視した動員型教育になりかねない。その点で、より開かれた民主的決定の過程を前提とし、自ら考え、判断して行動しうる市民に必要な政治リテラシーを高めていくことが不可欠となる。加えてクリックのシティズンシップ教育論においても、比較的高年次になるほど（社会的・道徳的責任に対して）社会参加と政治的リテラシーの比重が増すとされていたように、特に大学における主権者教育を考える場合には、政治的リテラシーの向上を重視したシティズンシップ教育、すなわち、政治的シティズンシップ教育として行うことが基本となる。

その一方で、われわれはフレイレの教育論から、リテラシーの獲得に基づく「意識化」を通じて批判的視点が確保されるという見方を学んだ。政治的リテラシーについても、それが自らをとりまく社会や政治を対象化し、自身との関係を自覚的に考慮することを可能にするからこそ重要なのである。そのことによって、現実に対して疑問や不満を抱いた場合に何らかのはたらきかけを行うことが可能になり、主権者として政治や社会に関与することができるようになる。

また、ビースタの議論からは、教師がシティズンシップや政治的リテラシー

を教えること以上に、市民自らが民主主義の担い手となるために学習することが重要であるという視点を得た。学習者が実践的な経験を通じて現実の社会や政治に主体的に関わることを学ぶ機会が不可欠であり、そのような条件を整える必要がある。

さらに、フレイレとビースタの両者に共通するのが「教える」という行為への深い省察であり、教師が知識を一方的に伝授するようなタイプの教育への批判である。自律的で能動的な市民となるために必要だとされる政治的リテラシーについても、それが普遍的でたしかな内容をもつとは限らず、単純な意味で教師から生徒・学生に伝授できるものでもないということは確認されるべきであろう。教師ないし教育プログラム策定者は、「教える」という行為そのものが自律性や能動性の発展を阻害する契機を含むという点を認識せねばならない。また、フレイレのいう「対話的教育」やビースタのいう「学習の主体化」は、生徒・学生が市民として成長することを期待する一方で、教員の側にも、教育の相互行為を通じて自らが変わり、成長していく姿勢が必要だということを示すものでもある。

2 主権者教育の時期

ここで、現代の日本の大学で主権者教育を試みる場合の条件を考えてみたい。

まず指摘すべきは、「18歳選挙権」の経験が長い国においては、主権者教育は比較的早い時期に行われるべきだと考えられていることである。たとえばクリック・レポートにおいても、イギリスで「キーステージ4」と位置づけられる第10・11学年(14歳から16歳まで)が終了する時点までのシティズンシップ教育が想定されている。そこでは、それ以降の18歳までの2学年についてさえ検討の範囲外とされ、同レポートで示されるシティズンシップ教育の内容が継続されるべきとの提言にとどまる(長沼・大久保 2012:151-156)[12]。

もちろん、日本でも「18歳選挙権」の実現以前から、中学校や高校での取り組みの事例はあり、さまざまに紹介されてもいる(明るい選挙推進協会監修 2016;大友・桐谷 2016;全国民主主義教育研究会 2014;杉浦 2008;2013;日本シティズンシップ教育フォーラム 2015:第Ⅱ部;橋本 2014)。他方、大学では、近年の

「アクティブ・ラーニング」導入の動きにともなって独自の試みがなされるようになってはいるが、元来高等教育・研究機関であったことから、ティズンシップ教育ないし主権者教育の試みは比較的少ない[13]。しかしながら、すでにみたように現状では、少なくとも18〜19歳の大学生に自身の生活が政治と結びついていることを理解したうえで選挙の意義について考えるよう促すという意味での主権者教育は必要になっている。

「18歳選挙権」は、高校の社会科教育の現場にも、「高校２年生終了時までに主権者としての公民的資質の育成を完成させることが求められる」（田中2016：103）という緊張感をもたらしている。しかし、これまでも高校卒業あるいは大学入学以降に体系的な教育・学習の機会が設けられていたわけではない。「解決が容易ではない問題に取り組むために試行錯誤を繰り返し主体的に学習に取り組むプロセスや、他者とのコミュニケーションのなかから自分の意見を再構成していくプロセス、論理的な思考に基づく意思決定のプロセスなどを取り入れた」主権者教育が求められる（田中 2016：103-104）、という点は、現在の大学にも当てはまるといえよう。

3　日本の大学における主権者教育の可能性

主権者教育については、高校と大学が（場合によっては、小・中学校も含めて）ともに取り組むべきものだとしても、大学には固有の事情もあるため、それをふまえて展開されることになるであろう。そのことに関連して、さしあたり次の２点を指摘しておきたい。

その１つは、大学生の時期や立場に関係する。大学生は、学校外の世界との接触が広がり、アルバイトを通じた社会経験も増えるなどして、中学生や高校生に比べれば、実社会、ひいては政治の動きとの関連が強まる環境に置かれている。それゆえ、たとえば、アルバイトや就職活動と結びつけて労働について考える、あるいは、結婚や家族形成の可能性を含めて生活条件を考えるよう促しながら問いかけた場合に、それらを自身の問題として捉えやすい。ビースタをはじめ、本書で取りあげた論者たちが指摘するように、能動的な市民としての能力は実践的な活動を通じて高められるが、大学生の時期にはそのような機会を設けやすい面があり、それを積極的に利用すべきであろう。

もう1つは、大学での学問の特性に関連する。大学生は、義務教育および高校での教育を終えた後、自らの意思で進学してきている。もちろん、大学への進学率も高まり、その大衆化ともいうべき事態が生じている今日においては、その点を過度に評価してはならないが、それでもやはり、学問的な水準として、自身の思考や行為の意味に関する考察を促すことも可能な段階にある。特に社会科学的な関心を抱いて関連する学部に入学してきた学生には、認識の構造自体を問うことはむしろ必要でもあろう。また、国および地方の公的機関の管理下で共通カリキュラムの実施が求められる高校と比較すれば、大学においては、社会の権力構造や学校制度のあり方自体を問うという批判的な思考の重要性を語りうる条件も整っている。

他方で、大学はその学問的な専門性ゆえに、多数の学生を対象に統一的なプログラムを実施するには向かない。また大学は、教育機関であると同時に研究機関でもあり、教育面に割ける時間や労力にも限りがあるため（かつてに比べれば教育の重要性が認識されるようになったとはいえ）、その点での制約もある。

とはいえ、政治的リテラシーを重視したシティズンシップ教育に関しては、大学でも、基礎科目や専門科目の講義、演習、少人数の発展科目など、目的や規模を異にするさまざまな授業、授業外のイベントや学生の自発的な活動への支援などを組み合わせながら、社会科学系の学問に携わる者を中心に、各教員がそれぞれに意識して展開していくことが望まれるといえよう。

5　今後に向けて

本章では、大学における主権者教育の可能性と課題について検討してきた。その過程で、高校や中学校におけるシティズンシップ教育を意識した実践については、社会科を中心とした教育現場での教員の努力もあって、相当な蓄積があることが確認できた。他方で、選挙権年齢の引き下げを受けて高校まででの取り組みがさらに進むとしても、それが短期間で若者の意識や行動様式を劇的に変えることになるとは考えにくく、大学での主権者教育の意義は残る。さらにいえば、大学生の年齢になって必要ないし可能になることもある。また、知識や方法を伝授するという発想だけでは主権者教育が成り立たないとしても、

政党のはたらきやメディアとの接し方を伝えるなど、大学の授業でそれに資する活動を展開する余地は確実にあり、その部分は関係者が自覚的に追求していくべきであろう。

　大学で主権者教育を実施する際には、学生が批判的思考力を備えた自律的な市民（シティズン）として成長しうるような機会を提供することが鍵となるのであり、そのような意味での政治的シティズンシップ教育として展開されねばならない、ということが一応の結論となる。とはいえ、ここまででなしえたのは、最も基本的な原理や方針を確認したことにすぎない。政治的リテラシーの内容や、社会参加の実践的な活動については、本書執筆者の間でもその試みが始められているとはいえ（第3部を参照のこと）、今後の努力に委ねられる部分が大きい。

　十分に学んでいないから投票できない、と考える人に、投票する経験を通じて学ぶことこそが重要だと理解してもらうのは難しい。そのことを直接伝えようしすぎると、自律の大切さを説く教育が、かえって自律を阻害する結果にもなりかねない。この点については、1人の教員が、短期間に状況を変えようとすることに無理がある。教員と学生との相互行為を含め、複数のアクターが関わる複合的な過程のなかで市民ないし主権者としての成長が実現しうると考えるべきだろう。そのような認識のもとで、大学での主権者教育の取り組みを構想し、試行錯誤を重ねていく必要がある。

【注】
1）　本章は、『龍谷法学』50巻4号（2018年）所収の渡辺博明「大学における主権者教育の課題と可能性に関する考察——政治的シティズンシップ教育の観点から」を、同誌編集委員会の転載許可を得たうえで、加筆修正したものである。
2）　調査を実施した「現代社会と政治」は、法学部の「履修指導科目」として一年生が全員受講するもので、全体を学籍番号で3つに分けて実施している授業の1つを筆者が担当していた。したがって、調査対象については、龍谷大学法学部1年生という以外に属性による違いはない。また、調査日が4月22日であったことからすると、7～8割が18歳、それ以外の多くも19歳で、20歳以上の者がわずかに含まれるという状況であった。
3）　その後、2018年7月に、憲法学の授業の受講者である2年生の学生に対し、選挙権年齢の変更について、「18歳に引き下げられてよかった」、「18歳に引き下げないほうがよかった」の二者択一で尋ねたところ、80名の回答者のうち、前者が65％、後者が35％であった。変更から一定の時間が経ち、（龍谷大学の）法学部で1年半ほど学び、さらに少

第Ⅰ部　シティズンシップ教育の課題と日本での取り組み

　　　なくとも一度は国政選挙（2017年の衆議院議員選挙）を経験した学生の3分の1強が、なおも「18歳選挙権」に否定的なのが現状である。
4）　ここでは、学生が記述したものをそのまま転記して紹介している。常体と敬体の文章が混在するのはそのためである（以下、同様）。
5）　市民の資質については多様な議論があり得るが、たとえば、教育学者の中山あおいは、EUでの議論も参照しつつ、その条件を知識、技量、態度などに整理しながら、さまざまなレベルでの環境変化に対応しうる市民の能力としての「アクティブ・シティズンシップ」を重視している（中山2010：16-21）。
6）　「シティズンシップ」の語は、文脈によって、（市民であることに関わる）技量・態度、権利、資格・地位などさまざまな次元で使われてきているが、ここでは主権者教育への関心から、特に資格や地位という側面（たとえば、国籍と結びつく「市民権」を意味する場合）については、一旦考慮の対象から外すこととする。
7）　イギリスにおけるシティズンシップ教育の導入過程およびクリック・レポートの内容については、飯島2014および長沼・大久保編2012第2編第3章が詳しい。また、後者の第3編には、クリック・レポートの（付録資料を除く）全訳が収められている。
8）　同副教材については、このような問題点を指摘しうる一方で、それを自覚しつつも、この機会と素材を最大限に活かして主体的に主権者教育を実践しようとする試みもなされている（おまかせHR研究会2016）。こうした現場の教師たちによる柔軟な対応は、それ自体として評価されるべきであろう。
9）　フレイレの主著『被抑圧者の教育学』（原著はポルトガル語）においてこのような教育のあり方を表すキーワードは、日本語では「銀行型教育」（［フレイレ2011］三砂ちづる訳）ないし「預金型教育」（里見2010）と訳される（英語では "'Banking' Concept of Education"）。教育者を預金者、生徒を通帳に見立てた比喩表現であるが、十分に説明しないとわかりにくいので、ここでは同書の中で使われる別の例えを用いている（フレイレ2011：79, 99）。
10）　教育と民主主義をテーマに研究を続けるイギリスの社会学者P.カーらも、「意識化」をめぐるフレイレの議論の影響を受けながら、認識論的な解放の重要性という観点から、政治的リテラシーの向上が民主主義の発展に不可欠だと論じる（Lund and Carr 2008；Carr 2013）。また、ノルウェーの教育学者K.ヴェストレイムは、（多文化主義と民主主義の関係を論じる文脈で）言語と行為の関係に着目したフレイレの議論から、批判的な政治的意識の生成が、新自由主義的、市場主義的な教育から距離を置くうえで重要だと指摘している（Westrheim 2012：221-223）。
11）　小玉重夫は、「考える市民を育てる」という観点から、ビースタの議論を評価する（小玉2015：14）。すなわち、教師が知識を与えるのではなく、問いを発し、明確な答えのない問題を考えるよう促すことによって、学習者が、それ自体が不断の生成の過程である民主主義の営みに加わることが重要なのである。
12）　クリック自身はその後、「シティズンシップ教育における大学の役割」についてもふれているが、それは、大学生を直接の対象とするのではなく、教員になる者を中心に、シティズンシップ教育について学んだ学生が社会にそれを伝えることで、シティズンシップ（教育）を重視する文化が形成されるという視点からである。

13) この点に関連して、大学生と高校生の交流を通じて双方の社会認識を深めようとする試みがいくつかみられる（石橋 2014；中 2017；杉浦 2014）。龍谷大学での取り組みについては、本書第Ⅲ部を参照されたい。

〔参考文献〕
明るい選挙推進協会監修（2016）『現役先生が教える主権者教育実例集』国政情報センター。
飯島裕希（2014）「政治的リテラシーとその教育——イギリスのシティズンシップ教育を題材にして」橋本渉編著『シティズンシップの授業——市民性を育むための協同学習』東洋館出版社、239-258頁。
石橋章市朗（2014）「政治学教育を通じた市民教育の実践」岩崎千晶編『大学生の学びを育む学習環境のデザイン——新しいパラダイムが拓くアクティブ・ラーニングへの挑戦』関西大学出版部、155-172頁。
イリッチ，イヴァン（1977）『脱学校の社会』東洋・小澤周三訳、東京創元社。
大友秀明・桐谷正信編（2016）『社会を創る市民の教育——協働によるシティズンシップ教育の実践』東信堂。
おまかせHR研究会（2016）『これならできる主権者教育——実践アイデア＆プラン』学事出版。
唐木清志（2015）「学校教育におけるシティズンシップ教育」日本シティズンシップ教育フォーラム編『シティズンシップ教育で創る学校の未来』東洋館出版社、16-23頁。
クリック，バーナード（2011）『シティズンシップ教育論——政治哲学と市民』関口正司監訳、法政大学出版局。
小玉重夫（2010）「いま求められる政治教育と学校のあり方——シティズンシップ教育の観点から」全国民主主義教育研究会編『民主主義教育21　別冊　政権交代とシティズンシップ』同時代社、41-60頁。
──（2015）「政治的リテラシーとシティズンシップ」日本シティズンシップ教育フォーラム編『シティズンシップ教育で創る学校の未来』東洋館出版社、8-15頁。
里見実（2010）『パウロ・フレイレ「被抑圧者の教育学」を読む』太郎次郎社エディタス。
新藤宗幸（2016）『「主権者教育」を問う』岩波書店。
杉浦真理（2008）『主権者を育てる模擬投票——新しいシティズンシップ教育をめざして』きょういくネット。
──（2013）『シティズンシップ教育のすすめ——市民を育てる社会科・公民科授業論』法律文化社。
──（2014）「大学生との（君島ゼミ）コラボ　高校政経憲法授業」全国民主主義教育研究会編『主権者教育のすすめ——未来をひらく社会科の授業』同時代社、86-89頁。
鈴木崇弘ほか編（2005）『シティズン・リテラシー——社会をよりよくするために私たちにできること』教育出版。
全国民主主義教育研究会編（2014）『主権者教育のすすめ——未来をひらく社会科の授業』同時代社。
総務省（2011）「社会に参加し、自ら考え、自ら判断する主権者を目指して——新たなステージ『主権者教育』へ」（「常時啓発事業のあり方等研究会」最終報告書）。

総務省・文部科学省（2015）『私たちが拓く日本の未来——有権者として求められる力を身に付けるために』。
田中一裕（2016）「18歳選挙権によって高校地歴科・公民科はどうかわるか」日本社会科教育学会編『社会科教育の今を問い、未来を拓く』東洋館出版社、103-122頁。
中善則（2017）「主権者教育の『主権者』と『政治的中立性』」中善則編『子どものための主権者教育——大学生と行政でつくるアクティブ・ラーニング型選挙出前授業』ナカニシヤ出版、71-72頁。
中山あおい（2010）「今、なぜシティズンシップ教育か」中山あおいほか編『シティズンシップへの教育』新曜社、11-31頁。
長沼豊・大久保正弘編著、クリック、バーナードほか（2012）『社会を変える教育——英国のシティズンシップ教育とクリック・レポートから』鈴木崇弘・由井一成訳、キーステージ21。
日本シティズンシップ教育フォーラム編（2015）『シティズンシップ教育で創る学校の未来』東洋館出版社。
橋本渉編著（2014）『シティズンシップの授業——市民性を育むための協同学習』東洋館出版社。
ビースタ、ガート（2014）『民主主義を学習する——教育・生涯学習・シティズンシップ』上野正道ほか訳、勁草書房。
フーコー、ミシェル（1984）「真理と権力」（インタビュー、1977年）桑田禮彰ほか編『ミシェル・フーコー　1926-1984　権力・知・歴史』新評論、72-98頁。
フレイレ、パウロ（2011）『被抑圧者の教育学』三砂ちづる訳、亜紀書房。
水山光春（2008）「シティズンシップ教育——『公共性』と『民主主義』を育てる」杉本厚夫ほか『教育の３Ｃ時代——イギリスに学ぶ教養・キャリア・シティズンシップ教育』世界思想社、155-227頁。
宮下与兵衛（2016）『高校生の参加と共同による主権者教育——生徒会活動・部活動・地域活動でシティズンシップを』かもがわ出版。
Beck, John (2012) "A Brief History of Citizenship Education in England and Wales", Arthur, James and Cremin, Hilary eds., *Debates in Citizenship Education*, London and NewYork: Routledge, pp. 3-16.
Carr, Paul R. (2013) "Reshaping the Democratic Truth, and Rethinking Democracy without Elections", Ali A. Abdi and Carr, Paul R. eds., *Educating for Democratic Consciousness: Counter-hegemonic Possibility*, Bern: Peter Lang Publishing, pp. 29-49.
Crick, Bernard and Porter, Alex eds. (1978) *Political Education and Political Literacy*, London: Longman Group Limited.
Lund, Darren E. and Carr, Paul R. (2008) "Introduction: Scanning Democracy", Lund, Darren E. and Carr, Paul R. eds., *Doing Democracy: Striving for Political Literacy and Social Justice*, Bern: Peter Lang Publishing, pp. 1-29.
Westrheim, Kariane (2012) "Demokrati i det flerkulturelle klasserommet", Kjell Lars Berge og Janicke Heldal Stray red., *Demokratisk medborgerskap i skolen*, Bergen: Fagbokforlaget, pp. 212-233.

第2章

政治的シティズンシップ教育と関連諸教育
―― 市民としての自立はいかにして可能か ――

石田　徹

1　自立した市民への移行の困難さと大学教育

　本書では、政治的リテラシーの向上を重視する政治的シティズンシップ教育を大学における主権者教育の基礎をなすものとして位置づけている。この章では政治的シティズンシップ教育と関連する諸教育との間の論争を取り上げ、それら論争における諸論点を整理することを通じて、自立した市民の育成において政治的シティズンシップ教育はいかなる位置にあり、いかなる意義をもっているかをあきらかにしてみたい。

　1990年代以降にシティズンシップ教育も含めて学校教育とりわけ大学教育のあり方への批判と要望が高まった背景の1つとして、日本を含む先進国において青年期から成人期への移行に困難さが増大していることがある（宮本みち子 2005）。成人期への移行すなわち、自立した市民への移行における困難さは、大きく分ければ、「政治的・社会的自立」と「経済的・職業的自立」という2つの側面において現れているといえる（小玉 2003：114-116）。日本では選挙権年齢がようやく2015年に18歳となったばかりであるとはいえ世界的には16歳にまで引き下げる動きさえある中にあって、先進国の若者の間では政治的無関心が増加し、投票率も低下してきている。また、学校での無断欠席、犯罪増加など「若者の疎外」（young alienation）といわれる社会問題が起こっている（Advisory Group on Citizenship 1998：15）。そうした「政治的・社会的自立」の困難さの増大がシティズンシップ教育の必要性を高めることになった。他方、「学校から職業への移行」（transition from school to work）の長期化、不鮮明化が

進む中で、若者において失業率の上昇や非正規雇用の増加、格差・貧困の深刻化がクローズアップされるようになってきている（本田 2005a）。そのような「経済的・職業的自立」の困難さの増大がキャリア教育、職業教育への要望を強めることになった。

　以上を踏まえて、本章で取り上げる諸論争を前もって整理しておこう。大きく分けると、1つはシティズンシップ教育それ自体のあり方をめぐる論争であり、もう1つはシティズンシップ教育とキャリア教育、職業教育との関係をめぐる論争である。前者は、福祉国家段階からポスト福祉国家段階への移行において生じたシティズンシップのあり方、あるいは市民としての「政治的・社会的自立」のあり方の変化と関わって争われたものであり、まず注目を集めたのは地域社会やコミュニティへの社会参加を重視するボランティア（共同体主義）的シティズンシップ論であり、それに対抗する形で政治参加と政治的リテラシーの向上を重視する政治的シティズンシップ論が登場した。次節では、シティズンシップの組み替えをめぐるこの論争を世界史的な流れにおいて捉えて検討を加える。

　後者は、大学教育に対する社会からの要請と関わって、一方では市民としての「経済的・職業的自立」に主眼をおくキャリア教育、職業教育を中心にすべきだという主張があり、他方では市民としての「政治的・社会的自立」を重視するシティズンシップ教育を中心におくべきだという主張がある。それらは2000年代以降において、主に日本を舞台に展開された論争である。ただ、論争の具体的な経緯でいえば、「経済的・職業的自立」重視説としてひとまず一括りにしたキャリア教育を中心におく説と職業教育を中心におく説の間にも対立があって、実際にはまずキャリア教育中心説が登場し、それを職業教育中心説が批判するという形をとった。その後、主に職業教育中心説を対象にして「政治的・社会的自立」重視説、つまりシティズンシップ教育を中心におく説が批判するという流れをたどった。そこで、第3節では、まずキャリア教育と職業教育をめぐる論争を取り上げ、その後にシティズンシップ教育中心説による職業教育中心説への批判の議論を検討することにする。最後に、第4節では、前節までの検討を踏まえながら、大学教育を含む学校教育における政治的シティズンシップ教育の位置と意義に関して総括的に検討を行う。

2　ポスト福祉国家とシティズンシップ
―― 「政治的・社会的自立」はいかにして

1　福祉国家とシティズンシップ

　ポスト福祉国家段階におけるシティズンシップのあり方、市民としての「政治的・社会的自立」のあり方をめぐる論争に触れる前に福祉国家とシティズンシップとの関係を見ておこう。第2次世界大戦後に確立・発展した20世紀型福祉国家をシティズンシップの観点から理論的に基礎づけたのは、T. H. マーシャルである。彼は、「シティズンシップとは、ある共同社会の完全な成員である人びとに与えられた地位身分である。この地位身分を持っているすべての人びとは、その地位身分に付与された権利と義務において平等である」（マーシャル／ボットモア　1993：37）と定義づけた上で、資本主義と民主主義の発展の相互の関連を歴史社会学的に考察しながら、シティズンシップの発展を次のような歴史的な歩みの中で捉えた。所有や契約あるいは思想や言論などに関わる個人的自由を表す市民的権利（civil rights）が17〜18世紀においてまず発展した。次いで選挙権・被選挙権など政治的参加に関わる政治的権利（political rights）が主として19世紀に発展した。そして21世紀に入って最低限の所得保障の権利や教育を受ける権利などを表す社会的権利（social rights）が発展したのである。マーシャルは、資本主義が生みだす階級不平等に対して福祉国家が社会的権利を通じて実現する平等によって対抗させることにより、資本主義と民主主義の間の「和解」ないし「両立」が可能となると考えたのである。

　マーシャルが定式化した、国家による社会的権利の保障を表す福祉国家的シティズンシップの概念は戦後の70年代初頭までにおいてはリアリティをもっていたといえる。福祉国家は、1950年代後半から始まる高度経済成長によって産み出された潤沢な財政にも下支えされて先進諸国を中心に70年代初頭までは黄金期にあったからである。しかし、1973年のオイルショックをきっかけに経済が低成長時代に突入していくと福祉国家は財政危機に陥り、新自由主義、新保守主義による根底的な批判に見舞われることとなる。新自由主義、新保守主義は、国家による経済・社会への介入の最小化と市場における自由競争の強化を

求める考えであり、19世紀以前の小さな政府への回帰をめざす思想である。政策としては規制緩和、民営化、福祉削減などを特徴とし、現実政治では、イギリスのサッチャー保守党政権（1979～1990年）、アメリカのレーガン共和党政権（1981～1989年）などを支えた。新自由主義、新保守主義からすれば、マーシャルのようなシティズンシップの捉え方は市民の権利を重視するあまり市民の義務、責任を軽視していることになり、またマーシャルの、特に福祉国家的シティズンシップ＝社会的権利の捉え方は国家による個人の自由への侵害をもたらすものということになる。

2　ポスト福祉国家と第3の道

　新自由主義、新保守主義の批判を受けるとともに20世紀後半におけるグローバル化や脱工業化のいっそうの進展によって福祉国家は再編、転換を余儀なくされ、ポスト福祉国家段階に移行することになる。他方、新自由主義、新保守主義も1990年代に入ると勢いを失い、それに代わってアメリカでは民主党、ヨーロッパでは社会民主主義政党が復活し、政権を奪取するようになる。アメリカのクリントン政権（1993～2001年）、イギリスのブレア政権（1997～2007年）、ドイツのシュレーダー政権（1998～2005年）がその代表例である。いうまでもなく戦後の福祉国家発展をリードしたのはアメリカでは民主党、ヨーロッパでは社会民主主義政党であったが、特に1990年代に勢いを復活させたヨーロッパの社会民主主義政党は、当然のこととして新自由主義、新保守主義を批判しながらも、かつての福祉国家を支えた旧式の社会民主主義の路線に回帰するものではなかったことから、その違いを表すために自らの立場を「第3の道」（The Third Way）という言葉で表した（ブレア／シュレーダー 2000）。

　ブレアやブレア政権のブレーンとされたA. ギデンズは、第3の道におけるポスト福祉国家の構想つまり福祉のあり方やその中での国家と市民社会の役割を、「積極的福祉」（positive welfare）、「包摂、排除」（inclusion、exclusion）、「社会的投資国家」（social investment state）、「活力ある市民社会」（active civil society）などといったキーワードによって描いた（ブレア 2000；Giddens 1998）。積極的福祉は、旧来の福祉国家では事後的、受動的な所得保障が中心であった福祉を、人々の能力を事前的、積極的にひきだすとともに、経済的発展にも寄

与するものへと転換することからそう名付けられている。また、平等が包摂、不平等が排除と定義し直され、教育を通じて雇用可能性を広げて仕事へのアクセスの機会を拡大することにより、排除された人々を社会へ包摂、つまり平等を実現していくという道筋が示された。国家は、その役割が人的資本への投資つまり教育・訓練を重視したものへと変化することから福祉国家に代えて社会的投資国家という言葉が使われている。そして、国家と市民社会とのパートナーシップが重視され、国家は主役ではなく「権能付与権力」(enabling force)として市民社会つまりコミュニティやボランティア諸組織を守り、育てるという役割に留まり、その代わりに再生された市民社会すなわち活力ある市民社会が積極的福祉において重要な役割を果たすようになると考えられているのである。

3　第3の道とボランティア（共同体主義）的シティズンシップ

　第3の道においては、以上のようにポスト福祉国家の姿が描かれているのであるが、ではポスト福祉国家におけるシティズンシップのあり方はどう捉えられるのか。第3の道のシティズンシップは、ボランティア的シティズンシップ、あるいは共同体主義的シティズンシップと呼ばれたりしている（小玉 2016；Boyte 2003）。ボランティア的シティズンシップと呼ばれるのは、シティズンシップを共同体の構成員としての市民の資質あるいは共同体に貢献する市民的徳性（civic virtue）と捉えながら、そうした資質、徳性はボランティア活動やサービスラーニングなどといった地域社会、コミュニティへの奉仕・貢献といった実践的な活動を通じて培われるものと見ているからである。そして、ボランティア活動等を通じて、人々の間に信頼や互酬性の規範つまり「ソーシャルキャピタル」（social capital）が育まれ、それが市民社会、コミュニティの再活性化につながると考えられているのである（パットナム 2006）。加えて第3の道では、ボランティアなどの自発的活動のみならず、ポスト福祉国家においてもその根幹に位置する労働、雇用への参加を積極的に促そうとしている。国家が人々の雇用可能性（employability）を高めるために人的資本への投資すなわち教育・訓練を行い、それに応えて人々が積極的に求職活動を行って就労することを義務と位置づけているのである。そのことを通じて福祉国家への依

存文化の打破とともに福祉支出の削減も実現できると考えているのである。

　ボランティア活動を含めて社会、共同体への市民の義務、責任の問題を思想的・哲学的に基礎づけたのは共同体主義（＝コミュニタリアニズム、communitarianism）である。共同体主義が第3の道に「直接的で顕著な影響を与えてきた」思想であることはギデンズも認めるところであり（ギデンズ 2003：72）、そこから第3の道におけるシティズンシップは共同体主義的シティズンシップとみなされている（ビースタ 2014：21；ヒーター 2012：137）。共同体主義的シティズンシップ論の特徴は、マーシャルなどの、いわゆる自由主義的シティズンシップ（liberal citizenship）論と呼ばれる考えとの対比で捉えられる（岡野 2003；ヒーター 2012）。自由主義的シティズンシップの立場では、シティズンシップが、自律した主体としての市民がもつ諸権利を中心に組み立てられ、それら諸権利が国家によって構成員に対して平等に保障されるものとして捉えられた。そうした権利論中心のシティズンシップは、市民が国家ないし共同体のためにどのような活動・実践に従事すべきかについての問題意識が弱く、国家と市民の間の契約、権利・義務の関係も相互に限定されて少ない、あるいは市民の諸権利の所有という法的・形式的な地位を規定しているものの市民による共同体への実質的、積極的関与を求めないところから「希薄なシティズンシップ」（thin citizenship）ないしは「受動的シティズンシップ」（passive citizenship）と特徴づけられたりしている。これに対して共同体主義は、自由主義の市民像を、共同体への帰属感をもたず、伝統や道徳からも切り離された「負荷なき自我」（unencumbered self）だと批判しながら、共同体への帰属意識をもつがゆえに共同体への責任、義務を果たしうる存在としての「位置づけられた自我」（situated self）といった市民像を対置する（金田 2000）。共同体主義的シティズンシップは、義務・責任論を中心に展開されており、共同体への能動的、実践的な関与を重視したり、国家と市民との間の契約、権利・義務関係が相互により密であるところから「厚いシティズンシップ」（thick citizenship）ないしは「能動的シティズンシップ」（active citizenship）と特徴づけられている（岡野 2003；フォークス 2011；Tilly 1996）。

4　第3の道、ボランティア（共同体主義）的シティズンシップ論への批判

　ポスト福祉国家段階において新自由主義と並んで、あるいはそれに対抗する思想として有力となった第3の道とそのシティズンシップについての考えを見てきたが、次いで第3の道とそのシティズンシップに対する批判的議論を見てみよう。

　シティズンシップ、つまり共同体に貢献する市民的徳性が育成されるということから、第3の道ではボランティア活動が称揚されているが、それに対して中野敏男は次のように辛らつに批判する。

　ボランティアは、行為者自身にとっての生き方という独自の意味があることは認められるが、しかしそれは「現状とは別様なあり方を求めて行動しようとする諸個人を、抑制するのではなく、むしろそれを『自発性』として承認した上で、その行動の方向を現状の社会システムに適合的なように水路づける方策」（中野 2001：278）に他ならず、結局のところ、ボランティアの理念は「『ボランティア動員型市民社会』の理論的基礎となって、『ポスト福祉国家』の国家機能の再編という時代にむしろ適合的なイデオロギーを与えてしまうことになる」（中野 2001：289）。

　また、渋谷望は日本において1990年代に登場した「参加型福祉社会」の構想に第3の道と共通する指向性を見いだしながら、その構想におけるボランティアとコミュニティ、シティズンシップの関連を次のように見て取る。

　「国家福祉の役割の後退が所与とされ、個人の（地域）『コミュニティ』へのボランティア的――つまり『無償』の――『参加』が『自己実現』の一環として称揚されている」（渋谷 2003：58）。そして、「『コミュニティ参加』の義務のテーゼと『自己実現』のテーゼは互いに交差しつつ、受動的なシティズンシップの条件から、『活動』を核としたそれへと、シティズンシップの意味のシフトに寄与しているのである」（渋谷 2003：60）。

　渋谷は、以上のようにボランティア、コミュニティ、シティズンシップの関連をおさえながら、それら諸概念を包み込む思想としての第3の道と新自由主義、共同体主義の相互の関係を全体として次のように捉え返すのである。

　第3の道のヴィジョンの「核としてしばしば引き合いに出されるのがコミュニタリアニズム（中略）に触発された『コミュニティ』の価値の再評価であ

る」(渋谷 2003：50)。しかし「この『再発見』された〈コミュニティ〉は市場原理に抗するというよりは、それを補完する審級である。(中略) それはネオリベラリズムの市場原理の『貧困』を補うというよりは、むしろその一層の貫徹のための原理を供給するのである」(渋谷 2003：53)。

つまり、第3の道は、新自由主義に共同体主義を接合することによって、粗野な市場万能主義と区別された、より洗練された新自由主義となったと渋谷は見なしているのである (渋谷 2003：63)。

5　政治的シティズンシップ論とは何か

第3の道の考えの中に新自由主義と通底するものを見いだして、ボランティア活動、そしてその背後にあるシティズンシップ思想に対しても否定的な評価を下す考え方を紹介したが、ここではそうした批判を念頭に置きながらも、ボランティア、シティズンシップ思想の可能性を追求しようとする議論すなわち政治的シティズンシップ論を取り上げる。

政治的シティズンシップ論の日本における中心的論者である小玉重夫は、第3の道におけるシティズンシップ思想に対して中野、渋谷らのような批判を呼び起こすことになったのは、その思想においてはボランティアとシティズンシップとの関係が共同体主義的に解釈されたことにあるという (小玉 2016：156-163)。小玉は、共同体主義の代表的論者である R. パットナムのソーシャルキャピタル論を引きながら、共同体主義的解釈の問題点をその論のもつ非政治的・脱政治的性格に見いだしている。つまり市民社会やコミュニティの中にある政治的対立や抗争を重視しないところである。G. デランティもまた同様の観点から、パットナムにとっては、「市民社会の価値は紛争を克服する能力にあるのではなく、信頼、貢献、連帯といった民主主義をより豊かにする価値を促進することに」あり、それゆえに彼は「市民社会内部の紛争を考慮することもなく、また紛争の解決を考慮することもない」(デランティ 2004：68-69) と指摘している。

小玉が自らの政治的シティズンシップ論の形成において影響を受けたと思われる H. ボイトは、アメリカの大統領となった G. W. ブッシュがボランティアを称揚していることと関わって、「ブッシュは、ボランティアとしての市民と

いう彼の理念をアメリカの大学における支配的なシティズンシップ論である共同体主義から得ている」、「アメリカにおいて共同体主義を主導しているのはパットナムである」（Boyte 2002）と指摘しながら、その「共同体主義が、アメリカにおける反政治（anti-politics）、無害の政治（a politics of innocence）、すなわちほとんどの人々が現代の諸課題に立ち向かう責任を回避するような状況の源となっている」（Boyte 2003）と厳しく批判する。このように、ボランティア（共同体主義）的シティズンシップを批判した上で、それに代えてボイトが提起するのはパブリックワーク（public work）としてのシティズンシップというものである。パブリックワークとは、「熟慮によって決められた共通の価値あるものを創造するところの多様な人々によって遂行される、持続的で、概ね自律的な、無償、有償に関わらない協働の努力」とされている。ボイトは、パブリックワークとしてのシティズンシップという考えを再導入することによって、「現代の山積する諸課題に取り組む市民からなる市民中心の民主主義（citizen-centered democracy）を創る」ことが可能となるというのである（Boyte 2013）。

小玉は、ボイトのパブリックワークとしてのシティズンシップという考え方に共鳴しながら言葉としては政治的シティズンシップを使用する。彼は、政治的シティズンシップの特徴は、共同体主義アプローチのもつ、「人々をある１つの価値観に動員していく危険性」を回避するために、「社会を批判的にみる、政治的に対立している様々な問題について議論し、意思決定をし、判断していく」という問題にくい込んでいくところにあるというのである（小玉 2010a：44-45）。

ボイトのパブリックワーク論、小玉の政治的シティズンシップ論の内容は、本書の第１章で詳しく紹介されている B. クリックのシティズンシップ論と重なり合う。クリックは、シティズンシップ教育が①社会的・道徳的責任、②コミュニティ参加、③政治的リテラシーの３つの柱からなるとしながら、なかでも「政治的リテラシー」が重要であるとする。「政治的リテラシー」とは、「知識・技能・価値のいずれの面からも公的生活を学び、公的生活に影響を与えるにはどうしたらよいかを学ぶ」（クリック 2011：21）というものであり、それが身についたといえるのは、「主立った政治論争が何をめぐってなされ、それについて主立った論者達がどう考え、論争が我々にどう影響するかを習得したと

きである」(クリック 2011：89) という。政治論争が生じるのは市民社会やコミュニティの中に対立や抗争が存在しているからであることはいうまでもない。クリックは、「シティズンシップを、イギリスでは『ボランティア活動』に、合衆国では『サービスラーニング』に切り詰めようとしている」こと、それによって「ボランティア活動一辺倒」になったり、「ボランティアが単なる使い捨ての要員にされかねない」状況が生まれたりしていることを問題としながら、そういう事態を防ぐためにもシティズンシップ教育において「政治的リテラシー」を重視すべきだと考えているのである (クリック 2004：199-200)。

　以上から分かるように、小玉、ボイト、クリックらは、ボランティア活動それ自体を否定するのではなく、シティズンシップがボランティア活動に切り詰められること、またシティズンシップにおけるコミュニティへの貢献や奉仕の側面ばかりが強調されることを問題にし、コミュニティにおける対立や抗争を独自に学ぶこと、つまり「政治的リテラシー」を身につけることがシティズンシップ教育において必須であると主張しているのである。今節では、シティズンシップを市民としての「政治的・社会的自立」に関わる概念として把握した上でボランティア（共同体主義）的シティズンシップ論と政治的シティズンシップ論の違いをあきらかにしたが、「政治的・社会的自立」の言葉と絡めてより正確にいえば、前者は「社会的自立」の問題に「政治的自立」の問題を還元ないし解消させてしまっているのに対して、後者は「社会的自立」の問題に還元、解消されえない「政治的自立」の問題の独自の意義を強調しているという点で違いがあるといいかえることもできるであろう[4]。

　小玉らの政治的シティズンシップ論に対しては、仁平典宏の次のような批判がある。

　「政治参加を重んじる市民（公民）的共和主義（civic republicanism）の立場から、共同の徳や伝統を重んじるタイプの共同体主義を批判したもの」であり、「参加一般ではなく政治参加のための力の獲得にシティズンシップ教育の意義を見出すもので、重要な論点を提供している」としつつも、「特定の生の形式の有無で人間を評価する点では共同体主義と同じ地平に立つのではないか」（仁平 2009：190-191）。

　しかし、小玉らの政治的シティズンシップ論を市民（公民）的共和主義とみ

るかどうかは別として、彼らがボランティア的な社会参加に代えて政治参加の意義を強調しているにとどまらず、政治についての見方の転換にまで行き着いていること、すなわち市民社会やコミュニティの中に利害や理念の対立、葛藤があること、それらを根拠に政治が発生すること、政治において統治方針や体制の変革の可能性をも視野に入れていること（クリック 2011：87-106）、そうした捉え方を前提にして「政治的リテラシー」を論じていることを考えれば、仁平の批判は必ずしも正鵠を射ているとはいえないだろう。

3　キャリア教育対職業教育対シティズンシップ教育
──「経済的・職業的自立」と「政治的・社会的自立」

1　キャリア教育か、職業教育か

　日本では2000年代に入ると大学においてもキャリア教育全盛の時代を迎えるが、それ以前においては、大学の「入口」に関わる受験をめぐっては社会の関心が寄せられることはあっても、大学教育の中身への社会からの関心、特に経済界からの関心は決して高くはなかった。その理由としては、かつての日本における「学校から職業への移行」の独特なあり方があった。濱口桂一郎は、それを「教育と労働の密接な無関係」と当を得た表現で表している（濱口 2013：137-138）。「密接」という言葉は、学校から職業への「間断のない移動」のシステムができあがっていたことを示す（菅山 2011：21-22）。「無関係」は、学校で受けた教育の中身と卒業後に実際に従事する仕事の中身とが、特に普通高校や文科系大学では、ほとんど関係がなかったことを表す。新規学卒者が在学中の勉学の中身を問われることなく一括採用されるという仕組みは、日本の若者において他国と比べて失業率を低く維持することに貢献したことはいうまでもない。しかし、そのような関係性は、1990年代後半以降における若年労働市場の変化──非正規雇用の増加、就職後における離職者の増加など──によって大きく崩れることとなる。学校から職業への移行における困難さが増すにつれて、卒業後に就く仕事の中身とほとんど無関係であった学校教育、大学教育の中身が問われるようになる。

　そうした中、文部科学省が唱え、学校、大学も積極的に取り組むようになっ

たのがキャリア教育である。キャリア教育という言葉が文部省の政策文書においてはじめて登場したとされる1999年の中央教育審議会答申では、キャリア教育は「望ましい職業観・勤労観および職業に関する知識や技能を身に付けさせるとともに、自己の個性を理解し、主体的に進路を選択する能力・態度を育てる教育」（中教審 1999；児美川 2013）と定義されていた。その答申では、キャリア教育と職業教育の違いは必ずしも明確にされていなかったが、2011年の中央教育審議会答申では、キャリア教育は「一人一人の社会的・職業的自立に向け、必要な基盤となる能力や態度を育てることを通して、キャリア発達を促す教育」とされ、職業教育は「一定又は特定の職業に従事するために必要な知識、技能、能力や態度を育てる教育」とされて、両者は区別されるようになった。キャリア教育で育成されるのは「基礎的・汎用的能力」であり、その具体的・内容は「人間関係形成・社会形成能力」「自己理解・自己管理能力」「課題対応能力」「キャリアプラニング能力」であるとされた（中教審 2011）。それら基礎的・汎用的能力については、文部科学省「学士力」、経済産業省「社会人基礎力」、厚生労働省「就職基礎能力」、内閣府「人間力」といった形で多様な名称が官庁毎に与えられているが、内容的にはほぼ同じである。

そのように職業教育と切り離されて基礎的・汎用的能力の育成に傾斜していくキャリア教育を厳しく批判し、シティズンシップ教育を含めて大学教育のあり方をめぐる、その後の活発な論争のきっかけを与えたのは本田由紀である（本田 2005b；2009）。本田は、キャリア教育が育成しようとする能力を「ポスト近代型能力」と名付け「近代型能力」と対比する。後者は、「標準化された知識内容の習得度や知的操作の速度など、いわゆる基礎学力としての能力である。標準化されているがゆえにそれは試験などによって共通尺度で個人間の比較を可能にする」（本田 2005b：22）といったものである。他方前者は、「個々人に応じて多様でありかつ意欲などの情動的な部分（中略）を多く含む能力である。（中略）その柔軟性や状況対応性により、明確な輪郭をもった装置で測定・証明されにくい」（本田 2005b：22-24）とされている。本田は、「ポスト近代型能力」の育成をめざすことは、個人の尊厳および社会的不平等という点で大きな問題をはらんでいるという。意欲や対人関係能力など人間の「深く柔らかな部分」までもが不断に求められる状況は、「社会」が「個人」を裸にし、人間

の存在のすべてを動員し活用するという、個人の尊厳を奪う、あまりにも過酷な状態をもたらす。また、「ポスト近代型能力」は家庭の質的な環境によって大きく左右されがゆえに、生まれの違いが社会で生き抜く上での有利・不利というあからさまな不平等を生じさせる、というのである（本田 2005b：31-32）。キャリア教育については、企業の採用行動や政府の労働力政策といった構造的要因を問わずに若者の意識、意欲、能力に主要な関心を集中させていることや労働市場など既存の社会構造に若者を「適応」させる道具になっていることを問題視する意見もある（児美川 2007：134-142）。

　キャリア教育を批判する本田らがそれに代えて重視するのは「教育の職業的意義」の回復、つまり職業教育の復権強化である（本田 2009；濱口 2013：265）。本田によれば、職業教育とは、職業と一定の関連性をもつ専門分野に即した具体的な知識や技能を体系的に教えるとともに、それを足場に隣接分野、より広い分野に拡張、発展させていくような教育だとされる。ところで、本田は若者の仕事の世界への準備として欠かせないものとして2つを挙げる。1つは、働く者すべてが身につけるべき労働に関する基本的知識であり、それは働く側が法律や交渉などの手段を通じて「抵抗」する手段となるものであり、もう1つはここの知識に即した知識やスキルであり、働く側が仕事の世界からの要請に「適応」する手段となるものであるとされている（本田 2009：11）。教育の職業的意義としては、前者の「抵抗」に関わる教育をも重視しているとされるが、職業教育は主として後者の「適応」に関わっていることはいうまでもない。ただ、職業教育を通じて「専門性」を身につけることは、「社会」に晒され吸い取られない「個人」の領域を確保するための「鎧」、「足場」を獲得するという意味をもつ、つまり「抵抗」の手段ともなると考えているのである（本田 2005b：32-33）。

　キャリア教育中心説と職業教育中心説を「経済的・職業的自立」の言葉との関連で整理し直すと、前者は特定の職業能力ではなく、一般的・汎用的能力の育成を重視しているのに対して後者は特定の職業能力、専門能力の育成を重視しているという違いがあることを考えると、より厳密にいえば前者は「経済的自立」一般を目標としており、後者はより限定して「職業的自立」を目標としているという違いがあるといえるであろう。

2　教育の職業的意義か、政治的意義か

「教育の職業的意義」の復活、職業教育の強化を提唱する本田の主張に対して、「教育の政治的意義」の復活、シティズンシップ教育強化の主張を対置したのは、本章で政治的シティズンシップ論者として取り上げた小玉重夫である。小玉は、「有能」「無能」という対語を使って職業教育とシティズンシップ教育の違いを説明する。「有能」とは何かの役に立つことであるのに対して、「無能」とはそれ自体が目的であり、何ものに対しても手段とならない、つまり有用性のないということである、とされる。職業教育は有能なプロを育てて生活者として経済的に自立させることを目的とするのに対して、シティズンシップ教育は無能なアマチュアとして市民を政治的に自立させることを目的するという違いがあるのである。無能いいかえればアマチュアとしての市民とは成熟した無能な市民であるといい、H. アレントによる「群衆」と「民衆」の区別を引きながら、それは「自分たちを排除してきた社会を憎悪」する「群衆」ではなく「有効な政治的代表を求める」「民衆」に相当する存在だという。そうした無能な市民＝民衆をシティズンシップ教育を通じて育てることは扇動的なポピュリズムや全体主義への歯止めとして重要であるというのである（小玉 2010b：200）。

小玉によれば、日本では従来、家族・学校・企業のトライアングルによる国民包摂がうまくいっていたこともあって、公的機関である学校が自立した職業人や市民を社会に送り出すという課題を引き受けなくてもよかった。さらにいえば学校では労働と政治はタブーでもあった。しかし、1990年代から2000年代を通じてその構造が大きく変わり、学校こそが労働と政治を正面から引き受けなければいかないという課題が顕在化してきた、というのである（小玉 2010b：197）。そうした認識を見ると、小玉は労働と政治つまり職業教育とシティズンシップ教育を等価的に捉えているようにもみえる。しかし、次の言葉を見ればあきらかにシティズンシップ教育をより重視していることが分かる。「政治的な自立の課題と職業的な自立の課題を、関連しあいながらも相対的に別個の性格をもつものとして分節化してとらえたうえで、公教育の教師の仕事を、主として政治的な自立の課題に焦点化することを考えるべき時がきたように思われる」（小玉 2003：115）と述べているのである。以上の脈絡で小玉が職

業教育との対比で使っているシティズンシップ教育という言葉は内容的に正確にいえば政治的シティズンシップ教育を指していることはいうまでもない。

4　政治的シティズンシップ教育の位置と意義
――キャリア教育・職業教育とのつながり

　若者の「政治的・社会的自立」に関わるものとしてシティズンシップ教育を捉え、若者の「経済的・職業的自立」に関わるものとしてキャリア教育、職業教育を捉えて、それぞれの内部における論争および両者の間の論争を主として対立点を中心にフォローしてきたが、本章で設定した大学教育を含む学校教育における政治的シティズンシップ教育の位置と意義をあきらかにするという課題と関わらせて、改めて上記諸論争をまとめ直してみることにする。

1　基礎的・汎用的能力と政治的シティズンシップ教育

　まずキャリア教育と職業教育の論争であるが、本田由紀が教育の職業的意義の復活を提起したことは、昨今における「学校から職業への移行」の困難さの増大のことを考えれば、一定の妥当性をもつであろう。困難さは何よりも若者における非正規雇用の増加に現れている。日本では元々非正規雇用と正規雇用の間では賃金、雇用期間等の労働条件の格差や正規雇用への移行における障壁があったが、新規学卒者の大半が正社員として一括採用されるという従来の方式の下ではそれほど矛盾は顕在化しなかった。しかし、新卒者で正社員になれない者の割合が増え、非正規雇用が若年層の３割にまで達するに及んで正規雇用との間の格差や障壁が大きな問題になっていったのである。教育との関連では特に後者の移行の障壁が問題となる。というのは従来の新卒一括採用の下では、正規雇用者の場合には採用時に職業能力を問われることはなく採用後に企業特殊的技能をオンザジョブトレーニングで身につけるというやり方をとっていたのだが、そういった企業内的職業教育訓練は非正規雇用者を対象外にしていたからである。職業能力を身につける機会のないまま非正規雇用者が年を重ねればますます正規雇用への道は狭くなっていくのである。そうした非正規雇用の増加が大学教育を含め学校教育における職業教育の必要性を高める１つの

要因となったことは間違いない[8]。とはいえ、現在でも企業特に大企業では職業能力を問わない新卒一括採用が基本であることを考えると職業教育の有効性の範囲はやはり限定されているといわねばならない。さらに、職業教育に関しては、グローバル化が進む今日の産業構造においては、職業は多様化し職業の境界線も不明瞭になってきており、求められる知識・能力の変化、流動性も激しくなっていることから、特定の職業人養成のための教育が成立しにくくなってきている、つまり「職業教育の終焉」を迎えているといった見方さえある（山内 2014）。

ではキャリア教育はどうか。キャリア教育については、本田のような本質的批判もあるが、その焦点が職業や就労だけに焦点が当たっていることや、またその取り組みが学校教育全体のものになっていないといったことなど、その実施の有り様に対する批判もされている（児美川 2013：44）。けれども、キャリア教育が育成をめざす基礎的・汎用的能力についていえば、日本の文脈を離れて欧米での議論にまで視野を広げると、別の側面が見えてくる。グローバル化、脱工業化、知識経済化の進行は急速な技術革新や新しく創出された業務などに対応しうる人材を必要とするが、欧米においては労働者が限定された範囲、内容の仕事しかしないという、従来からある職務のあり方の固有の狭さが問題となり、新たな状況に対応するためには職務の範囲を拡大、柔軟化しなければならないという文脈において、基礎的・汎用的能力が求められるようになっていったのである（OECD 2012：75-84）。基礎的・汎用的能力に関しては、欧米でも日本と同様に多様な言葉で語られている。キー・コンピテンシー（key competencies）、エンプロイヤビリティ（employability）、ジェネリックスキル（generic skills）などである。OECDは、こうした用語の乱立状況を整理するために、1997年にDeSeCo（Definition and Selection of Competencies）プロジェクトを起ち上げ、国際的に共通する能力概念としてキー・コンピテンシーを理論的に定義づけるとともに評価と指標の枠組みを開発しようとし、その研究成果を2003年に最終報告として出した（ライチェン／サルガニク 2006）。DeSeCoはキー・コンピテンシーを次のように定義づけている。「知識、スキル以上のものである。それは特定の文脈において、心理的・社会的資源（スキルや態度を含む）を引き出し、活用しながら、複雑な要請に応えていく能力を含んでいる」

(OECD 2005：4)。また、キー・コンピテンシーを次の3つの広域的カテゴリーからなるとしている。(1) 言語や技術などの道具を相互作用的に活用する能力、(2) 異質性の高い集団において相互に関わり合う能力、(3) 自律的に行動する能力、である (OECD 2005：5)。

　DeSeCo のキー・コンピテンシー概念に関しては、松下佳代が本田のポスト近代型能力批判を念頭において次のように述べていることが注目される。「能力リストの一つひとつを直接、教育・評価の対象として措定しないことによって、人間の『深く柔らかな部分』を直接、操作の対象とすることが回避されている。また、それは単に労働力として動員・活用されるだけでなく、経済的・政治的・社会的・文化的な側面から自分の人生と社会の両方を豊かにしていくために、どの子どもも学校教育を通じて身につけるべき力ととらえられている」(松下 2010：32-33)。つまり、キャリア教育が個人の尊厳を奪い、不平等を生じさせるという本田の批判は DeSeCo のキー・コンピテンシー概念には当てはまらないとされるである。DeSeCo のキー・コンピテンシーについては、「個人の生存、あるいは民主主義社会の存続や、コミュニティの維持のために必要とされる一連の基本的な技能と基礎的知識」と広く捉えられていることも重要である (ライチェン／サルガニク 2006：130)。また、キー・コンピテンシーを身につけることと関わって、個人の人生に豊かさをもたらす要因として、経済的地位や資源のみならず社会的ネットワークやさらに政治的権利と政治力（政治的決定への参加など）なども挙げられていることも注目される (ライチェン／サルガニク 2006：137-143)。こうしたことから、欧米でも基礎的・汎用的能力をめぐる議論は経済セクター（労働や雇用）からの需要に応えるべく起こったものであったが、DeSeCo のキー・コンピテンシー論においてはクリックらのシティズンシップ教育論、すなわち本書における政治的シティズンシップ教育論と重なるほどの包括性をもつに至ったとされているのである (亀山 2009：100)。

2　政治的シティズンシップ教育と社会権の実質化

　DeSeCo のキー・コンピテンシー概念を介在させることにより、「政治的・社会的自立」のための（政治的）シティズンシップ教育と「経済的・職業的自立」のためのキャリア教育、職業教育の相互のつながり、重なりの関係があき

らかになったといえよう。さらに、政治的シティズンシップ教育論の意義をより深めるために、仁平が政治的シティズンシップ論を含むシティズンシップ教育の問題点として、〈教育〉による社会的シティズンシップの奪取、あるいは社会保障の〈教育〉化による社会権の基礎の掘り崩しを指摘していることを検討してみよう（仁平 2009）。仁平のいう〈教育〉によるシティズンシップの奪取というのは、社会権を無条件で普遍主義的に保障するという政策に代えて、教育や訓練を通じて雇用可能性、社会参加可能性を高めることにより、人々を福祉に依存する存在から福祉に貢献する存在に変えていく政策がとられていることを指している。つまり仁平は、シティズンシップ教育がマーシャルのいう社会的権利、社会的シティズンシップと相互排除的な形において導入されていると見て、「新自由主義によるマーシャル殺しと共犯関係にあるのではないか」（仁平 2009：190）とまでいうのである。確かに、ポスト福祉国家段階では教育や訓練を通じて雇用可能性を高める方策、すなわちワークフェアが先進諸国における社会保障政策、社会的包摂政策の基軸となったこと、そして社会保障支出の抑制を目的として就労自立を義務づけるタイプのワークフェア、すなわちアメリカなどでとられた「ワークファースト」政策の下で社会的排除がかえって悪化するという事態が生まれたことは事実である。

けれども、仁平自身も認めるように、ワークフェアにはもう1つのタイプ、すなわち北欧諸国などでとられた就労支援ないしは就労誘導型の「サービスインテンシブ」、「アクティベーション」政策も存在する（仁平 2015：182；宮本太郎 2013）。アクティベーション政策は、人的資本への投資つまり教育訓練に充実した費用を充てるだけでなく、たとえば失業時には十分な所得保障を行うことなどを前提にしており、それゆえに就労支援、就労誘導型だとされるわけである。また、EU（欧州連合）においても、2000年に採択されたリスボン戦略の下で重要課題に位置づけられた社会的包摂の政策をより発展させた積極的包摂（active inclusion）の政策が2006年以降とられるようになっている。積極的包摂政策は、最も困難な状況におかれた非排除層の貧困と社会的排除をなくしていくことを目的とした包括的統合的な政策ミックスであり、①十分な所得補助、②包摂的な労働市場、③質のよい社会サービスへの権利の3つを政策的な柱とするとされている（石田 2016）。②は〈教育〉、③、④は社会保障すなわち社会

権の保障を指すといえるであろう。以上からいえば、少なくとも政策アイデアとしては、〈教育〉と社会権保障を相互排除的でなく相互補完的に組み立てることは十分可能であると考えられるのである。

さらに、仁平が次のように述べていることも注目される。現実の社会権がますます限定され空洞化していく中で社会権を実質化するためには、社会権の普遍主義化に加えて社会権を実際に行使するためにはいかなる権利があり、どう制度を使いこなすのかを知ることも重要であり、そこに〈教育〉が介在する余地がある（仁平 2009：196）。これは、仁平自身が〈教育〉の必要性、さらにいえば社会権に関する教育はシティズンシップ教育の守備範囲でもあるだろうことを考えれば、シティズンシップ教育の意義をも認めていることを意味しているといえるであろう[9]。加えて、社会権を実質化していくためには、個々の人間が権利を学び、行使していくだけでなく、社会権の空洞化が進む現在においてはとりわけ国の政策を変えていく必要があるであろう。格差や貧困の問題も結局のところ経済次元の問題としてよりも市場を制御する政治次元の問題として位置づけることができるからである。国の政策を変革していくためには大学を含む学校教育において、子どもや学生が身近なところから政治とはそもそも何なのかを学び、そして政治参加の権利はいかなるものであり、どう制度を使いこなすのかを学ぶことが重要となる。若者の仕事の世界への準備として欠かせないものして本田が提起する「適応」と「抵抗」の議論に絡めていえば、「適応」と「抵抗」に関わる「経済的・職業的自立」のためのキャリア教育、職業教育に加えて、シティズンシップ教育、なかでも「変革」に関わる「政治的自立」のための政治的シティズンシップ教育を受けることが若者の市民としての自立への準備として欠かせないものであるといえるのである。

【注】
1） 小玉重夫の場合は「政治的自立」と「経済的自立」を区別している。筆者としては、自立についての見方の違いがシティズンシップ（教育）論の内部およびキャリア教育と職業教育の間でも存在するとの考えから、「政治的自立」と「社会的自立」、「経済的自立」と「職業的自立」の違いも重視している。
2） 「シティズンシップ教育に関する諮問委員会」（Advisory Group on Citizenship）（クリック・レポート）では、それら社会問題はイギリスの事柄として紹介しているが、大なり小なり他の先進諸国も抱えているものである。

3）ここでは、第3の道のシティズンシップを共同体主義的シティズンシップとして捉えているが、ギデンズは共同体主義に影響を受けたことを認めつつ、共同体主義には排他主義的傾向があるところから、第3の道の政治の本質的な要素は「コミュニティ」というよりも「市民社会」にあると述べて、共同体主義とは距離を置こうともしている（ギデンズ 2003：73）。

4）G. ビースタは「政治的なシティズンシップ（シティズンシップの政治的理解）」と「社会的なシティズンシップ（シティズンシップの社会的理解）」とを区別し、複数性と差異に関して、前者は肯定的であるのに対して後者は社会の安定性を脅かすものとして否定的であるという違いがあるとしている（ビースタ 2014：216-220）。

5）共同体主義と市民（公民）的共和主義（civic republicanism）の関係は複雑である。後者を前者の下位タイプとみるものもいる（デランティ 2004）。本章では、クリックのシティズンシップ論を政治的シティズンシップ論の1つとして位置づけて共同体主義的シティズンシップとの違いを強調しているが、クリック自身は自ら座長をつとめたクリック・レポートを公民的共和主義のラディカルな実行宣言と捉えていることを考えると本章の議論は共同体主義と市民（公民）共和主義の間の相違をこそ重視しているといいかえることもできるかもしれない（クリック 2004：198）。

6）本田は、小玉の無能・有能論に対して、何らかの領域で何らかの程度「有能」たりえないで、「無能」でありつつ政治的にのみ発言するような「市民」は想定しがたいと反論している（本田 2009：172-173）。

7）このトライアングルに関しては、本田も同様の認識を持っており、「職業人として未熟な状態の新規学卒者が、教育機関と企業の間で受け渡され、彼らの育成については企業が責任をもつという仕組み」を「赤ちゃん受け渡しモデル」と呼ぶ。本田は、この仕組みは男性が稼ぎ、女性が家庭を守るという性別役割分業とも深く関係していると述べている（本田 2009：188-189）。

8）最近になって政府サイドから、全員参加型社会や働き方改革との関連で、日本企業の主たる採用形態である職務、勤務地、労働時間が限定されない「メンバーシップ型雇用」とは異なる職務、勤務地、労働時間が限定された「ジョブ型雇用」を新たに導入しようとする方向が打ち出されてきている。このことも、中長期的には職業教育を促す要因となるであろう（規制改革会議 2013：64）。

9）職業教育中心説に立つ本田や濱口は、労働に関わる権利についての教育は「抵抗」の手段として職業教育の中に位置づけ、その上でシティズンシップ教育を一般的抽象的な政治性を教育しようとしているとして無意味だと批判しているようである（本田 2009：170-173；濱口 2014：27-30）。だが、市民社会や市場における対立、抗争をも視野に入れる政治的シティズンシップ論からすれば労働に関わる権利もシティズンシップ教育の一環として位置づけて教えられるべきということになる。

〔参考文献〕

石田徹（2016）「積極的包摂と分権型ワークフェア・ガバナンス──ポスト福祉国家とガバナンス改革」石田徹ほか編『ローカル・ガバナンスとデモクラシー──地方自治の新たなかたち』法律文化社、1-24頁。

OECD（2012）『若者の能力開発——働くために学ぶ』岩田克彦・上西充子訳、明石書店。
岡野八代（2003）『シティズンシップの政治学——国民・国家主義批判』白澤社。
金田耕一（2000）『現代福祉国家と自由——ポスト・リベラリズムの展望』新評論。
亀山俊朗（2009）「キャリア教育からシティズンシップ教育へ？——教育政策論の現状と課題」『日本労働研究雑誌』583号、92-104頁。
規制改革会議（2013）「規制改革に関する答申～経済再生への突破口～」。
ギデンズ，アンソニー（2003）『第三の道とその批判』今枝法之・千川剛史訳、晃洋書房。
クリック，バーナード（2004）『デモクラシー』添谷育志・金田耕一訳、岩波書店。
——（2011）『シティズンシップ教育論——政治哲学と市民』関口正司監訳、法政大学出版局。
小玉重夫（2003）『シティズンシップの教育思想』白澤社。
——（2010a）「いま求められる政治教育と学校のあり方——シティズンシップ教育の観点から」全国民主主義教育研究会編『民主主義教育21　別冊　政権交代とシティズンシップ』同時代社、41-60頁。
——（2010b）「『無能』な市民という可能性」本田由紀編『労働再審1　転換期の労働と〈能力〉』大月書店、194-204頁。
——（2016）『教育政治学を拓く——18歳選挙権の時代を見すえて』勁草書房。
児美川孝一郎（2007）『権利としてのキャリア教育』明石書店。
——（2013）『キャリア教育のうそ』筑摩書房。
渋谷望（2003）『魂の労働——ネオリベラリズムの権力論』青土社。
菅山真次（2011）『「就社」社会の誕生——ホワイトカラーからブルーカラーへ』名古屋大学出版会。
中央教育審議会（中教審）（1999）「初等中等教育と高等教育との接続の改善に向けて（答申）」。
——（2011）「今後の学校におけるキャリア教育・職業教育の在り方について（答申）」。
デランティ，ジェラード（2004）『グローバル時代のシティズンシップ——新しい社会理論の地平』佐藤康行訳、日本経済評論社。
中野敏男（2001）『大塚久雄と丸山眞男——動員、主体、戦争責任』青土社。
仁平典宏（2009）「〈シティズンシップ／教育〉の欲望を組みかえる——拡散する〈教育〉と空洞化する社会権」広田照幸編『自由への問い5　教育　せめぎあう「教える」「学ぶ」「育てる」』岩波書店、173-202頁。
——（2015）「〈教育〉化する社会保障と社会的排除——ワークフェア・人的資本・統治性」『教育社会学研究』96集、175-195頁。
パットナム，ロバート・D.（2006）『孤独なボーリング——米国コミュニティの崩壊と再生』柴内康文訳、柏書房。
濱口桂一郎（2013）『若者と労働——「入社」の仕組みから解きほぐす』中央公論新社。
——（2014）「労働市場の変容と教育システム」広田照幸・宮寺昭夫編『教育システムと社会——その理論的検討』世織書房、21-31頁。
ビースタ，ガート（2014）『民主主義を学習する——教育・生涯学習・シティズンシップ』上野正道ほか訳、勁草書房。

第Ⅰ部　シティズンシップ教育の課題と日本での取り組み

ヒーター，デレック（2012）『市民権とは何か』田中俊郎・関根政美訳、岩波書店。
フォークス，キース（2011）『シティズンシップ――自治・権利・責任・参加』中川雄一郎訳、日本経済評論社。
ブレア，トニー（2000）「『第3の道』――新しい世紀の新しい政治」生活経済政策編集部編『ヨーロッパ社会民主主義「第3の道」論集』8-26頁。
ブレア，トニー／シュレーダー，ゲルハルト（2000）「共同声明＝第3の道／新中道――ヨーロッパ社会民主主義の前進の道」生活経済政策編集部編『ヨーロッパ社会民主主義「第3の道」論集』28-39頁。
本田由紀（2005a）『若者と仕事――「学校経由の就職」を超えて』東京大学出版会。
―― （2005b）『多元化する「能力」と日本社会――ハイパー・メリットクラシー化のなかで』NTT出版。
―― （2009）『教育の職業的意義――若者、学校、社会をつなぐ』筑摩書房。
マーシャル，T. H.／ボットモア，トム（1993）『シティズンシップと社会階級――近現代を総括するマニフェスト』岩崎信彦・中村健吾訳、法律文化社。
松下佳代（2010）『〈新しい能力〉は教育を変えるか――学力・リテラシー・コンピテンシー』ミネルヴァ書房。
宮本太郎（2013）『社会的包摂の政治学――自立と承認をめぐる政治対抗』ミネルヴァ書房。
宮本みち子（2005）「先進国における成人期への移行の実態」『教育社会学研究』76集、25-38頁。
山内紀幸（2014）「職業教育の終焉――日本における『積極的普通教育』のすすめ」教育思想学会『近代教育フォーラム』23号、29-37頁。
ライチェン，ドミニク・S.／サルガニク，ローラ・H. 編著（2006）『キー・コンピテンシー――国際標準の学力をめざして』立田慶裕監訳、明石書店。
Advisory Group on Citizenship（1998）*Education for citizenship and the teaching of democracy in schools*, London：Qualifications and Curriculum Authority.
Boyte, Harry. C.（2002）"Citizenship: What does it mean?", *The Minnesota Daily*, Monday, September 9.（http://www.mndaily.com/article/2002/09/citizenship-what-does-it-mean, last visited, 3 September 2018）
―― （2003）"A Different Kind of Politics: John Dewey and the Meaning of Citizenship in the 21st Century", *The Good Society: A PEGS Journal*, vol.12. no.2, pp. 3-15.
―― （2013）*Reinventing Citizenship as public work: Citizen-Centered Democracy and the Empowerment Gap*, Ohio: Kettering Foundation.（https://digitalcommons.unomaha.edu/cgi/viewcontent.cgi?article=1019&context=slceciviceng, last visited, 3 September 2018）
Giddens, Anthony（1998）*The Third Way: The Renewal of Social Democracy*, Cambridge: Polity Press.
OECD（2005）*The Definition and Selection of Key Competences: Execctive summary*,OECD.
Tilly, Charles（1996）"The Emergence of Citiznship in France and Elsewhere", Tilly, Charles ed., *Citizenship, Identity, and Social History*（International Review of Social History Supplements）, Cambridge: Cambridge University Press.

第3章

学校を中心とした日本のシティズンシップ教育の現状と課題
――主権者教育との関わりをふまえて――

水山　光春

1　シティズンシップ教育に関する問題意識と研究の目的・方法

1　問題意識

　21世紀になって、日本では、様々な場面で「シティズンシップ」という言葉を聞く機会が増え、「シティズンシップ」という外来語に対する違和感もかなり薄れてきた。この間、文部科学省の研究開発指定においても、その主題に「シティズンシップ（あるいは市民性）の育成」を冠する学校がいくつか生まれている[1]。しかし、シティズンシップそのものに多様な意味や解釈があるように、シティズンシップ教育においても、何をどこまでどのように教えるかについての共通理解や全体的な見取り図は、残念ながらいまだはっきりしていない。それがために、その必要性は認識するものの、その展開について、特に学校における実践者の間にはかなりの戸惑いが見られる。

　他方、2016年からの18歳選挙権の導入にともなって主権者教育（あるいは有権者教育）が最近、特に注目されている。主権者教育はそれが「社会の構成員としての市民が備えるべき市民性を育成するために行われる教育[2]」である点で、シティズンシップ教育と大きな共通性を持っており、シティズンシップ教育とほぼイコールで語られることも多い。その結果、実践はさらに多様になり、そのことがシティズンシップ教育をますます捉えにくくさせている。

　ちなみに、我が国でシティズンシップ教育について論じる際に、必ずといってよいほど引き合いに出されるのが、シティズンシップ教育発祥の地の一つである英国のイングランドのそれである（以後、本稿では特に必要のない限り、イン

グランドを「英国」と略す)。その英国では近年、ナショナルカリキュラムに基づく学校教育における教科シティズンシップの地位が低下しつつある[3]。

しかるに、このような国内外における流動的な状況を踏まえつつ、シティズンシップ教育のあるべき姿を考究した論考は、管見の限り、なかなか見つけられない。そこで本小論では、日本における先駆的で著名なシティズンシップ教育実践を、主権者教育も視野に入れながら再整理することを通して、前述した実践者からの要請に応えつつ、これからの日本におけるシティズンシップ教育のあり方を展望することとしたい。

2　研究の目的と方法

(1) **研究の目的**　本小論の目的は、現在日本で多様に行われているシティズンシップ教育実践の中から先駆的で著名な事例を取り上げて、それらの概要やそれらが生まれた背景やねらい、カリキュラムの要素や構造、成果や課題等を整理・分析することを通して、今後の日本におけるシティズンシップ教育実践の在り方を展望することにある。

(2) **研究の方法・手続き**

(i) 研究の枠組みと事例の選定　我が国におけるシティズンシップ教育の全体的な枠組みを示した数少ない見取り図の1つである経済産業省の「シティズンシップ教育宣言」(経済産業省 2006)をもとに、学習の場を「学校」および「学社連携」に置き、学習の形態をフォーマル(定型的)な既存教科としての「社会科」と、社会科以外のノンフォーマル(非定型的)な領域や活動をも含む「総合領域」の大きく2つに分けて考察する。学習形態において、社会科を中核教科として設定するのは、シティズンシップ教育の本質的な要素である「知識」「スキル」「価値」のすべてを組み込みながら、日本における第二次世界大戦後のシティズンシップ教育を牽引してきたのは社会科に他ならないからである(Ikeno 2005)。

事例としては、主にシティズンシップ教育を論じているもの及び、主権者教育に関するものをそれぞれ3つずつ選ぶ。その内訳、及び略称は以下の通りである。

○シティズンシップ（市民性）教育
　　社会科アプローチ　　A市社　　お茶の水女子大学大附属小学校（「市民科」）
　　総合アプローチ　　　B市総　　東京都品川区立小・中学校（「市民科」）
　　総合アプローチ　　　C市総　　京都府八幡市立小・中学校群
○主権者教育
　　社会科アプローチ　　D主社　　東京都立雪谷高等学校公民科
　　総合アプローチ　　　E主総　　私立立命館宇治高等学校公民科
　　総合アプローチ　　　F主総　　NPO法人 Youth Create

※１）各アプローチに続く「A市社」、「E主総」等の記号は、「実践の識別記号」「市民性教育 or 主権者教育」「社会科アプローチ or 総合アプローチ」を示している。
※２）事例D、Eを、同じ公民科の実践でありながら、社会科アプローチと総合アプローチに分けたのは、学外組織との連携の度合いによる。

　(ii)　研究の手続き　　各事例を次の(a)〜(d)の４つの視点から比較・検討し、最後に総合的な考察を行う。
　(a)　当該実践の背景　　シティズンシップ教育のねらいや目的については、それぞれの学校にそれぞれの理由や背景がある。ここでは、なぜそのようなねらいが生まれるに至ったのか、背景とねらいとの間に必然性はあるか等について検討することを通して、シティズンシップ教育の意味を明らかにすることをめざす。
　(b)　当該実践のねらい　　各実践事例の特徴を把握するためには、それぞれが何をねらい、目標としているのかを知ることが近道である。それには学習形態や学習場面からの検討だけでは不十分である。そこで、学習の「範囲」と「活動」に着目し、前述した「シティズンシップ教育宣言」の分類枠を図表１のように書き換えることとする。
　図表１のシティズンシップの範囲に違いをもたらすものは、シティズンシップ教育が対象とする「政治教育観」である。「狭いシティズンシップ」を旧来型のシビックス・モデルとすると、「広いシティズンシップ」は前者にとどまらない性格を持っている。他方、活動（静的／動的）に違いをもたらすものは「学習方法観」である。つまり、目標を知識や理解にとどめず、実践や行為までを含める際の、その学習方法としての「活動」の質や意味を問うている。そして、静的で狭いシティズンシップを「小さなシティズンシップ」、動的で広

図表1　シティズンシップ教育の「範囲」と「活動」

活　動＼範　囲	狭いシティズンシップ 国政や地方政治を支える有権者（投票者）個人としての市民性の育成	広いシティズンシップ 広くコミュニティに変化をもたらすことに能動的に関わろうとする「公共人」としての市民性の育成
静的なシティズンシップ 知ることによって学ぶ教養的なシティズンシップ	国政や地方政治に関する政治的教養、政治に関する知識理解、日本国憲法の精神、議会制民主主義のしくみの理解 **小さなシティズンシップ**	個人的には解決することのできない社会的な対立状況（国政や地方政治に関する公的な課題のみではなく、グローバルな問題や私人間の争いといった行政府の枠を超えた公共的な課題をも含む）に関する知識・理解、自由や平等の理念やデモクラシーの理解
動的なシティズンシップ 為すことによって学ぶ実践的なシティズンシップ	政治的権利の行使としての選挙・投票、政治的な活動	コミュニティ活動への参加 コミュニティにおける具体的な問題解決への関与 **大きなシティズンシップ**

出典：筆者作成

いシティズンシップを「大きなシティズンシップ」と呼ぶこととする。

(c)　当該実践における学習内容としての要素と構成　　ここでは、実践がめざすものを学習内容としての構成要素とカリキュラム構造の両面から比較・検討する。このうち構成要素については、英国のクリック・リポート（DfEE/QCA 1998）にならって、知識と技能と価値の3つの側面から比較する。また、カリキュラム構造については、分析視点(b)で示した「ねらい」が当該の学習単独で実現されるのか、それともそのねらいは他の教科や領域等との連携の中で実現されるのかによって、いくつかのタイプに分けることとした。

(d)　当該実践の成果と課題　　分析視点(a)(b)では、シティズンシップ教育を行うにあたっての、言わば入り口におけるインプットとしての背景やねらいについて検討したので、本項では出口におけるアウトプットとしての成果と課題について検討する。

2 実践事例の結果とその考察

1 分析視点⒜ 当該実践の背景

⑴ 事例の概要と背景

・**事例 A（市社）お茶の水女子大学附属小学校「市民科」**　同校は国立大学の附属小学校で、2002年に英国でシティズンシップが必修化されたのに期を合わせて教科「市民」を創設した。「市民」には小学校 3 年生から 6 年生までの間、年間105時間（授業時間の約10％）を充てた（お茶の水女子大学附属小学校 2004a）。なお、同校では、2014年の研究開発期間終了とともに市民科を社会科に戻し、2015年からは社会科の各単元の中に市民科的要素を加えた学習を行っている。

開設当時、同校は、教科「市民」設立の背景として次の 2 点を指摘している。

〇最近の青少年の意識
　「我々が生きる民主主義社会には多様な価値と様々な選択肢が存在し、それが望ましい」一方、「青少年は社会的な事柄に関心を持ち、政治に対する批判力もある。しかし、（略）自分の考えを発表・提案して行動する段階になると、黙ってしまい、行動しなくなる。」
〇学力観の問題
　「得た知識を生かしての価値判断力、意志決定力の育成が不十分であったのは、私たち指導者の学力観にも由来する。すなわち、指導者がお膳立てした文字や知識やモラルを、学習者が貯蓄に励むようにため込むことを是とする『銀行型教育』の学力観にとらわれていたのではないか」（お茶の水女子大学附属小学校 2004b）。

・**事例 B（市総）東京都品川区立小・中学校 「市民科」**　東京都品川区は、国とは異なる独自の教育要領（東京都品川区教育委員会 2005）を定め、平成18年度より区内全ての小・中学校で、9 年間を 4 年・3 年・2 年の 3 つの段階に区分した小中一貫教育をスタートさせた。「市民科」はその時に創設された新設教科の一つである。授業は、「1 ）課題発見、把握、2 ）正しい知識・認識／価値／道徳的心情、3 ）スキルトレーニング／体験活動、4 ）日常実践／

活用、5）まとめ／評価」の5段階からなる実践的な問題解決過程として組織された。

品川区では、9年間の義務教育を見通した時、小4から小5にかけての時期に公的でパブリックなものの見方を獲得するにあたっての大きな壁があり、その壁を乗り越えるのに市民科は必須の教科であると捉えており、まさに同区の小中一貫教育の核として、今も健在である。[4]

品川区資料は、市民科導入の背景を次のように述べている。

> 「ニートの増加、犯罪の増加、就職後の早期離脱、規範意識 自立心の低下、社会的なマナーの欠如、そこから生まれる内面的な問題、やる気・自信がない・夢がもてない・実現への道筋が描けない等。そこで、児童・生徒には『我々の世界』を生きる力（世間、世の中でしっかりと生きていく力）と『我の世界』を生きる力（自分の人生を自分の責任でしっかりと生きていく力）の両方をバランス良く身に付けさせる必要があると考える」（品川区教育委員会 発行年不詳）。

• 事例C（市総）京都府八幡市立小・中学校「やわた市民の時間」　京都府八幡市では、文部科学省の研究開発の指定を受けて、2008年度から3年間、全市すべての小・中学校でシティズンシップ教育研究に取り組むこととなった。同市のシティズンシップ教育の特徴は、「豊かな市民力の育成としなやかな身体力および確かな学力の育成」をセットにして、シティズンシップ教育のさらにその上に「人間力」というより大きな目標を置いていることである。八幡市では2011年に研究開発は終了したが、終了後も、カリキュラムにおいて、総合的な学習の時間の一部を「シティズン」に当て、小中9年間の一貫したシティズンシップ教育を継続している。

> 八幡市シティズンシップ教育研究会は、背景となる子どもたちの様子を次のように捉えている。
> ・明るく素直な子どもが多いが未成熟な面もあり、自己管理能力や自己表現能力に欠ける。
> ・話し合いのルールやマナーなど、民主主義の基礎が身についておらず、すぐに多数決や一部の発言力の強いものに流される傾向がある。
> ・リーダー層には話し合いを進めるスキルや知識が身についていない（京都府八幡市教育委員会 2009）。

•事例D（主社）東京都立雪谷高等学校　　同校は2013年度から東京都教育委員会より学力スタンダード推進校に指定されている。この学力スタンダードは、具体的には「ア　学習指導要領の内容・項目ごとに学習目標を作成」し、「イ　学習指導要領の内容・項目に対して、どの程度学べばよいかがわかるように、具体的な目標として表記」し、「ウ　普通科目については、多様な学校の設置目的・習熟の度合いに配慮して、「基礎」・「応用」・「発展」の３段階で作成」し、「エ　各学校は『都立高校学力スタンダード』に基づき、自校の学力スタンダードを作成し、学力の定着と向上を図る」（東京都教育委員会 2013）というねらいを持つ。本実践は、この学力スタンダードに基づいた公民科「政治・経済」におけるものである[5]。

その背景については次のように述べている。

> シティズンシップ教育では現実の政治の中で何が問題になっているかを知ることが重要であるが、従来の公民科教育では概念を自覚して社会問題を捉えることが少なかった。
> 新科目「公共」では、「現代社会の諸課題を捉え考察し、選択・判断するための手がかりとなる概念や理論を、古今東西の知的蓄積をふまえて習得するとともに、それらを活用して自立した主体として、他者と協働しつつ国家・社会の形成に参画し、持続可能な社会づくりに向けて必要な力を育む」こととされている。そのためには、概念を活用して社会の諸課題を考察し、社会参画を促すような主権者教育が求められている（小貫 2016）。

•事例E（主総）立命館宇治中学校・高等学校　　同校は私立の中高一貫校で、関西初のIBディプロマ・プログラム（DP）校の認定を受けるなど学校の国際化に力を入れている。学校が国際教育に力を入れている分だけ、英語教育以外の分野においては、比較的自由な学習プログラムを展開することができる。本実践は高校公民科（政治経済）における杉浦真理教諭の実践（杉浦 2015）で、「模擬請願」を中心としている[6]。また、その背景については、資料では特に述べられていない。

•事例F（主総）NPO法人 Youth Create　　本実践主体のYouth Createは若者の政治参加や社会参画の推進をめざす特定非営利活動法人である。「教育課程において、投票や自分の働きかけにより生活状況が変わるような政治的有

効体験(失敗体験)を経験する機会はなかなかありません。そうした機会が無い現状において、二十歳になったら突然『投票に行こう』『政治に興味を持とう』ということはあまりに無責任」との認識に立ち、「子ども・若者」が日本や自分の住んでいる地域へ主体的に関心を持ち、政治参加を行う「子ども・若者」の意見が政治・行政の議論の場に載る状況」を目指す。そのために、Youth Create は以下の3つを行っている[7]。

・「子ども・若者」と政治が接する場を増やす
・「子ども・若者」が政治への知識を高める場を作る
・「若者」の政治参画を進める

また、その背景について、以下のように述べている。

　2005年より人口減少社会に転じ、本格的な超高齢社会に突入した日本は「長期的な経済の低迷・財政問題・雇用問題等の日本社会は様々な問題に直面している。このままの状況が続けば、現在の若者世代や、まだ生まれていない次世代に対して様々なツケを押し付けることとなり、さらには日本自体が立ち行かなることも考えられる。新たな日本を作っていくには、次世代を担っていく「子ども・若者」の力を高め、社会の一員として力を発揮していく状況が不可欠であり、今の政策の影響を将来において一番受ける若者が政治に対して声を上げないことは、自らの世代や次世代の未来に対しての責任を放棄することになる」[8]。

(2) **実践事例の背景についての考察**　　以上の6つの実践を概観すると、総じて大きく2つの特色が見て取れる。

○社会科アプローチにしても総合アプローチにしても、未来の民主主義社会を支えるべき現代の若者の消極的な姿勢に対する危機意識という点で共通している。

○主権者教育実践よりもシティズンシップ教育実践の方が、より個人的な背景に焦点化しようとする。例えば、事例B(市総)では、「我々の世界を生きていく力と我の世界を生きる力のバランス」が重要視されたり、事例C(市総)では、今日一般的な子ども像ではなく、八幡市の子どもの「自己管理能力や自己表現能力の欠如」が問題視されている。ただし、この点については、本稿で取り上げたシティズンシップ教育実践事例がすべて義務教育レベルのものであり、主権者教育実践事例が高校レベルであること

とも関連していると考えられる。

2 分析視点(b) 当該実践のねらい

(1) **事例のねらい**　6つの実践のねらいをまとめたものが、次の図表2である。

図表2　シティズンシップ教育のねらい

A（市社）	B（市総）	C（市総）	D（主社）	E（主総）	F（主総）
「提案や意思決定の学びを通して」益々加速する社会や環境の変化に対して、	「市民」を広く社会の形成者という意味でとらえ、社会の構成員としての役割を遂行できる資質・能力とともに、確固たる自分をもち、	多様な価値観や文化で構成される社会において、個人が自己を守り、自己実現を図るとともに、よりよい社会の実現に寄与するという目的のために、	<u>先哲の思想と政策を組み合わせて社会問題を考える主権者教育の授業を開発・実践し、その有効性と課題を分析することを通して、主権者教育のありかたを明らかにする。</u>	市民を育てる教育をローカル、ナショナル、グローバルの三層構造に分ける中で、	
<u>積極的に、適切な社会的価値判断や意思決定をしていく力」としての市民的資質の育成</u>	<u>自らを社会的に有為な存在として意識しながら生きていける「市民性」を育てる</u>	<u>社会の意思決定や運営の過程において個人としての権利と義務を行使し、多様な関係者と積極的に関わろうとする資質の育成</u>		ローカルな政治的リテラシーを高めることをめざす。自分の住む街の状況を知り、他の街と比較することを通して、自分の住む街への誇りを培うとともに、改善点を見つけ出す	「『子ども・若者』が日本や自分の住んでいる地域へ主体的に関心を持ち、政治参加を行う『子ども・若者』の意見が政治・行政の議論の場に載る状況」を目指す。

出典：筆者作成

(2) **事例のねらいについての考察**　以上の6つの実践を概観すると、大きく次の3つの特色が見て取れる。

○6つの事例それぞれのねらいは、単なる目の前の子どもの姿にだけではなく、より広く社会の問題を自らの問題として批判的に捉え直そうとする姿勢にあり。その意味で、ねらいは総じていずれもかなり抽象的な記述になっている。
○図表1における学習が静的であるか動的であるかに関しては、事例C（市総）、事例E（主総）、事例F（主総）において、社会と積極的に関わりながら学ぶという動的な性質をねらいに組み込んでいることが読み取れる。
学習の範囲の広さ、狭さに関しては、事例D（主社）を除くすべての事例が、地域社会への貢献を視野に入れている。以上から、事例C（市総）、事例E（主総）、事例F（主総）は明らかに「大きなシティズンシップ」を目指しているといえる。
○また、事例D（主社）は図表2だけからは小さなシティズンシップを目指しているように見えるが、実際の学習過程においては地域の問題を扱っており、その意味で、抽象的な小さなシティズンシップ育成をめざす教育を目指しているわけではない。（京都府八幡市シティズンシップ教育研究会 2009）

3　分析視点(c)　学習内容としての構成要素とカリキュラム構造

(1)　事例における学習内容の構成要素とカリキュラム構造　　本項目では、6つの実践がめざすものを、学習内容としての構成要素とカリキュラム構造の両面から比較・検討する。このうち構成要素については、英国のクリック・レポート（DfEE/QCA 1998）にならって、知識と技能と価値の3つの側面から比較する。また、カリキュラム構造については、分析視点(b)で示したねらいが当該の学習単独で獲得されるのか、それともそのねらいは他の教科や領域等との連携の中で獲得されるのかによって、いくつかのタイプに分けた。その結果を次の図表3に示す。

図表3　シティズンシップ教育実践の構成要素とカリキュラム構造

		A（市社）	B（市総）	C（市総）	D（主社）	E（主総）	F（主総）
構成要素	知識	ほぼ社会科としての内容に等しい	各学年で設定される活動に応じた	・経済、キャリア ・ルール、マ	6つの先哲の思想の概要	地方自治（行財政）に関する知	政策形成過程に関する知識

	知識	知識	ナー ・民主主義 ・ユニバーサルデザイン	地域駐輪場問題に関する知識	識 憲法16条請願権	
技能	価値判断・意思決定	15の能力	・コミュニケーション ・情報収集、分析 ・社会的判断	地域課題の発見、分析、意思決定、提案	政策調査・請願作成	政策形成に関する技能（現状分析・立案・評価）
価値			・思いやり・自尊心・責任感	価値は相対化されており身につけるべき価値は指定されていない	自分の住む街への誇り	自らの世代や次世代の未来に対しての責任を放棄しない態度
カリキュラム構造	単独・独立	単独・総合	複数・統合	単独・独立	単独・総合	単独・独立

出典：筆者作成

(2) 実践事例の学習内容の構成要素とカリキュラム構造についての考察

○構成要素としての「知識」の面から見ると、事例E（主総）、事例F（主総）においては、課題を解決するために知識は活用されることはあっても、獲得それ自体が直接の目標とはされていない。それに対して、事例A（市社）事例C（市総）、事例D（主社）では、知識の獲得が直接の目標のひとつになっている。とりわけ事例C（市総）においては、シティズンシップ教育固有の知識が「キャリア・経済」等、4つの観点から設定されている。なお、これらの観点は、シティズンシップ教育が本来目ざすべきものの分析や、学習指導要領との関わりから抽出されたというよりも、学校の特性から導き出されたものである。

○「技能」においては、事例A（市社）が分析視点(b)で示したねらいに対応してかなり限定的な内容を示しているのに対して、事例B（市総）はカリキュラムそのものを作り変えているので、総合的な技能の獲得を目ざすものとなっている。また、主権者教育に関わる事例D（主社）、事例E（主総）、事例F（主総）のすべては、地域課題の分析とその課題解決に関わる

技能の獲得を学習のプロセスに組み込んでいる。
○「価値」に関わっては、総じてあまり書き込まれることはない。特に価値判断力そのものの育成をめざす事例A（市社）は、学習者の価値観形成に関わる記述を意識的に避けている。一方、事例C（市総）、事例E（主総）、事例F（主総）は「責任（感）」や「郷土への誇り」といった市民共和主義的な価値を前面に据えている。
○カリキュラム構造からは、構成単位の［単独 vs 複数］、および単位間の関係の［独立 vs 統合／総合］という２つの軸で捉えることができる。既に事例選択の段階から明らかなように、事例A（市社）は従来の社会科をベースに「市民科」という個別の教科単独でカリキュラムを構成しようとする。加えて、事例A（市社）、事例B（市総）、事例D（主社）事例E（主総）は、いずれも学校での時間割上、単独の時間枠を持っている。また、事例A（市社）、事例B（市総）、事例D（主社）、事例F（主総）は単独かつ独立したプログラムとして実施されるので、学ぶ側の子ども達にとってもそれらがどのような性格の教育であるのかについてイメージがつけやすい。
○一方、事例B（市総）は市民科という単独のカリキュラムではあるが、それは旧来の道徳・総合・特別活動という個別の領域を統合したより大きな教科統合的性格を持っている。また、事例C（市総）はカリキュラムを大きく「コア・カリキュラム」と「サブ・カリキュラム」に分け、「サブ」領域に要素を分散しつつも、核となる「コア」領域に結合する形式を取っており、単独・独立型の持つシティズンシップのとらえ方の狭さを免れる一方で、複数・総合型における要素の不統一を避ける構造となっている点が特筆される。このような大きく構造的なカリキュラムが構成されることもシティズンシップ教育のひとつの特色といえる。

4 分析視点(d) シティズンシップ教育の成果と課題

(1) **実践事例の成果と課題**　分析視点(a)(b)では、シティズンシップ教育を行うにあたっての入り口におけるインプットとしてのねらいや背景について検討したので、本項目では出口におけるアウトプットとしての成果と課題の面から

検討する。

- **事例A（市社）お茶の水女子大学大附属小学校「市民科」**　同校市民科は、文部科学省指定の研究開発であったので、その成果と課題もその視点からの評価的側面が強くなる。同校はその成果と課題を次のようにまとめている。

[成果]
- 社会を見る三つの目「①社会には、一個人の工夫や努力では、できることできないことがある。②個人の利害と社会全体の利害は必ずしも一致しない。③だから世の中には、広い視野から社会を調整する仕組みが必要であるとともに、一人一人の工夫や努力が必要である」（お茶の水女子大学附属小学校 2004b）との捉え方には共感するとの声が多い。

[課題]
- 「なかま」（低学年での授業科目）で培われた個人的な意思決定の力、「他人との関係性」がどのように中学年の「市民」で生かされているか、さらに詳しく事例分析する必要がある。
- 提案や意思決定はどのようにポイントを絞るのか。
- 提案や意思決定の学びは日常生活や創造活動でどのように生かされているか（お茶の水女子大学附属小学校 2004b）。

- **事例B（市総）東京都品川区立小・中学校「市民科」**　品川区の「教育改革プラン21」は、その成果と課題を次のようにまとめている。

[成果]
- 児童・生徒の人格形成に小・中学校の教員が連携し、正面から向き合うことで、生活指導上の様々な課題（不登校、いじめ、学級の荒れ等）が改善されるとともに、学校、家庭、地域の教育力が高まることが期待されます。
- 学校では、基本的生活習慣や対人関係などの目の前の児童・生徒の現実的な課題に対し、課題解決を目指し具体的な指導が行われる場面が多く見られるようになりました。また、市民科の必要性や指導内容・方法を十分に理解しながら指導にあたっている教員が増え、より効果的な指導が展開されるようになってきました。
- 小学校において児童の基本的生活習慣に関する調査を実施したところ、特に整理・整頓、規則、礼儀作法などの項目において、高い定着状況が確認され、市民科の指導による効果が見られるようになってきたと考えることができます。

[課題]
- 教員が自らの人間性をかけ、規律規範や生き方にかかわれる学習を行うことが求められます。そのため、教員自身の人間力、授業力をより一層高めていく必要があり

ます。また、市民科の推進については、学校から家庭や地域にどのように働きかけ、子どもの指導を学校及び家庭・地域で充実させるかという「共創の教育」を構築することが必要です（品川区教育委員会 発行年不詳）。

• **事例C（市総）京都府八幡市立小・中学校群**　　八幡市では、3年間の実践の成果と課題を次のようにまとめている。

［成果］
・八幡市が目指す子ども像を踏まえた独自の指導計画を作成することができた。
・年間指導計画を作成することにより小中連携が充実した。
・シティズンシップ教育によって児童生徒が変容した。
　具体的には、授業前と授業後でスキル獲得についての自己評価は必ずしも向上しなかったが、意識や知識に対する自己評価は向上した。また、71％の教員が、「シティズンシップ」を「意識」「知識」「スキル」で構成したことについて、肯定的な評価を下していた。
［課題］
・コアプログラムとサブプログラムで構成された学習プログラムそのものの検証が不十分。
・児童生徒の長期的な変容を示す評価の体制が不十分。
・授業の指導方法のさらなる工夫・改善が必要。
・効果的なシティズンシップ教育のための家庭・地域との連携が不十分。

• **事例D（主社）東京都立雪谷高等学校**　　授業の実践者である小貫篤は、全7時間の授業の前後で生徒の認識や態度の変容をテストし評価している。評価からは、個別の思想や学び方に関する知識やスキルが向上するのみならず、生徒の自由記述から次のような実践上の成果と課題を得た。

［成果］
・多くの生徒は社会参画への意欲の向上について述べた。
・生徒は特定の思想に縛られることなく、多様に考察している。
・生徒は政策について調べ考えたことによって信頼感が増したと感じている。
［課題］
・先哲の思想を具体的な地域の課題に落とし込むことの難しさ。
・生徒の資料収集・分析能力の差の顕在化と作業時間の不足。

• **事例E（主総）立命館宇治中学校・高等学校**　　授業の実践者である杉浦

は、実践の成果と課題を次のようにまとめている。

［成果］
・住民自治を知るにはその仕組みを知ると同時に、どうそれに直接参加できるかを知ることが市民を育てる、さらに何かアクションができれば、なおその有用性が生徒の社会認識を開く。

［課題］
・地域でどのような請願がなされているかを知ることは有用であるが、直接の請願はまさしく政治活動であるので、慎重さが求められる。

● 事例F（主総）NPO法人 Youth Create　授業の実践主体であるYouth Createは、彼らの主権者教育プログラムについて「成果と課題」という形での整理はしていない。しかし、2016年度だけで中高16校から出前授業の依頼を受け、3095人に対して授業を行ってきた実績から鑑みても、彼らのプログラムは広く学校関係者の支持を得ているといえる。また、プログラム参加者としての高校生の声を次のように載せている。

・私たちが政治に参加するにあたって、今までは国会議員や偉い人の意見が重視されているからその人たちと違った意見は若者は控えるべきだと思っていた。しかし今回の話を聞き、私たちの意見が求められていることを知って積極的に参加してもいいんだと思った。（都立高校・3年）
・社会がいま若者を必要としていること。それに応えたいという気持ちを持った。（公立高校・3年）

これらの声からは、若者たちが政治に参加することへの当事者意識を高めつつあるといえる。

(2) **実践事例の成果と課題についての考察**　分析視点(b)に示すように、実践事例A～Fは次のようなねらいを持っていた。
・事例A～Fは総じて、「単なる目の前の子どもの姿にだけではなく、より広く社会の問題を自らの問題として批判的に捉え直す」ことにねらいがあった。
・事例C（市総）、事例E（主総）、事例F（主総）においては、社会と積極的に関わりながら学ぶという動的な学習であることをねらいとしていた。
・事例D（主社）を除くすべての事例が、地域社会への貢献を視野に入れて

いた。
・以上から、事例C（市総）、事例E（主総）、事例F（主総）は明らかに「大きなシティズンシップ」を目指していたといえる。

それに対して、次のような結果を得た。
○すべての学習は主体的、対話的で深く、今日的な意味でのアクティブ・ラーニングとしての動的な学習として行われた。
○シティズンシップ教育はねらいが抽象的である分だけ、教師の側の指導の姿勢の変化は描けても（例えば事例C（市総）「目指す子ども像を踏まえた独自の指導計画を作成することができた」）、学習者の側の姿勢の変化（授業の効果）を明確には描けていない。それに対して、主権者教育の実践には、事例D（主社）「多くの生徒は社会参画への意欲の向上について述べた」とあるように、シティズンシップ教育と比べて、より直接的な成果の記述が見られた。
○地域社会への貢献というねらいは言うは易く行うに難しい。実践を始めるにあたっての方向目標にはなっても、いざ、実際の貢献となると、事例E（主総）に「地域でどのような請願がなされているかを知ることは有用であるが、直接の請願はまさしく政治活動であるので、慎重さが求められる」とあるように、課題が切実で複雑であればあるほど政治性を帯びることになるので、教師はその指導に慎重になっている。

3　総合的考察

　本稿は、主権者教育との関わりを踏まえながらシティズンシップ教育の在り方について検討することを目的としているので、ここではシティズンシップ教育と主権者教育との共通点や相違点を中心に考察していこう。
　まず第1に指摘しておきたいことは、本稿で取り上げた実践は、シティズンシップ教育、主権者教育のどちらも、未来の民主主義社会を担う子どもたちの現状に対する、広く社会のことに関心を持ち、より積極的に関わるようになってほしいという希望、裏を返せば現状はそうはなっていないという危機意識から始まっていることである。そのことが、シティズンシップ教育、主権者教育

ともに、子どもたちにとって身近な地域の課題を題材にアクティブ（動的）に学ぼうとする学習スタイルに現れていた。ただ、そこでの危機意識が個人の内面と外面のどちらにより方向付けられるかによって、シティズンシップ教育と主権者教育に分かれていく。すなわち、シティズンシップ教育は個人と社会との関係においてより個人的な資質にも目を向けようとするのに対して、主権者教育の場合は、より社会的な資質に目を向けようとする。それは、総合アプローチにおける「道徳」という教科（領域）との関わりを見ると、より鮮明になろう。シティズンシップ教育の場合には、事例B（市総）、事例C（市総）のいずれにおいても道徳を包含し、その重要な要素として位置づけるのに対して、主権者教育の場合には、事例E（主総）においても事例F（主総）においても、道徳の学習はほとんど考慮されない。

　第2に、学習の過程に目を向けると、学習を通して獲得される「知識」に関して、社会科アプローチの場合、シティズンシップ教育の事例A（市社）においても主権者教育の事例D（主社）においても、教科固有の知識がまず明確にあり、その獲得が優先されるのに対して、総合アプローチの場合、シティズンシップ教育において獲得をめざす知識は教科を超えた幅の広いものとなり、漠然としたものとなる。それに対して主権者教育においては事例F（主総）に顕著なように、政策形成過程のための手続き的な知識が中心となる。この点は学習を通して獲得される「技能」についても同様で、シティズンシップ教育の場合には価値判断や意思決定（事例A（市社））からコミュニケーション、情報収集（事例C（市総））といった幅の広い技能が獲得されるのに対して、主権者教育（事例A、B、C）の場合には、政策形成・提案のための現状分析・立案・決定・提案といった手続き的な技能に目が向けられる点で、ほぼ共通している。

　第3に、「価値」に関しては、シティズンシップ教育、主権者教育ともに、政治的な問題を扱いながらも学習者にとっての価値観の押しつけ（強制）になることを意図的に避けており、この点は、昨今、問題視されることの多い「政治的な中立性」への配慮であると考えられる。

　第4に、カリキュラムの構造に関しては、主権者教育に比べてシティズンシップ教育の方が複雑で、特に事例B（市総）や事例C（市総）においては、他教科との連携や総合が重要な鍵となる。それに対して主権者教育の場合には

比較的シンプルで、授業のねらいに直結するカリキュラム構造となっている。このような構造は、授業の最終的な成果と課題にも反映していて、主権者教育の場合にはシティズンシップ教育に比べてより明快に、その成果と課題を指摘することができている。

以上の考察を総合して言えることは、主権者教育と比較してシティズンシップ教育は個人の道徳性までをも視野に入れてそのねらいを設定しようとするがために、そのめざすねらいも抽象的になるとともに、学習の内容も広く複雑なものとなり、それがためにその成果もまた曖昧なものになりがちだということである。対するに主権者教育は、そのねらいがシャープな場合には、学習内容も明確で、成果も学習者にはっきりと自覚されやすい。

このことは、学習の内容も成果も、その目標やねらいをどのように設定するかに依存するとともに、授業で獲得すべき知識やスキルを明確に設定する必要がある、といったきわめてシンプルな結論に落ち着く。とはいえ、シティズンシップ教育を主権者教育さらには有権者教育と狭くとらえ、若者の投票率の上昇をもってその成果とするような教育は、暗に「『必ず投票しよう』『日本の未来を支えるのは君たちだ』とか、強制的に促されている感じがしてそれもどうかと思う（『朝日新聞』2018年10月2日）」という素朴な反応を若者にもたらす。

これらの結論や事実は、もしもシティズンシップ教育で個人の道徳性や性向の改善までも視野に入れようとするならば、あたかも傷口に絆創膏を貼るがごとき、一時的で対症療法的な教育は危険であることを示唆している。広く大きな市民性の獲得をめざそうとするシティズンシップ教育は、確かに成果の見えにくい教育で、その達成には時間も手間もかかる。しかし換言すれば、それこそが「民主主義のコスト」であるとも言える。ここで問われているのは、学習者の学習達成度であるとともに、それにもまして、我々指導する側の「民主主義（教育）観」ではあるまいか。

【注】
1) 平成20年度に、お茶の水女子大学附属小学校と京都府八幡市立小中学校群が研究開発学校に指定されている。
2) 総務省常時啓発事業のあり方等研究会は、主権者教育を「社会の構成員としての市民が備えるべき市民性を育成するために行われる教育」と定義している。「常時啓発事業の

第 3 章　学校を中心とした日本のシティズンシップ教育の現状と課題

　あり方等研究会最終報告書─社会に参加し、自ら考え、自ら判断する主権者を目指して〜新たなステージ「主権者教育」へ〜」(2011.12)
3）　英国ナショナルカリキュラムにおけるシティズンシップの地位の低下は、シティズンシップに関する記述が2007年版から2013年版（最新版）にかけて激減したことからも明らかである。QCA（2007）*The National Curriculum for England; Citizenship Programme for Study*, QCA と、DFE（2013）*The National Curriculum in England*, DFE. を比較されたし。
4）　シティズンシップ教育科研（代表：池野範男）「政策から考えるシティズンシップ教育シンポジウム」（中央大学 2015.11.22）における品川区教育委員会教育総合支援センター、村尾勝利氏の発言より。
5）　実践者である小貫は学校が所在する東京都大田区における地域課題である自転車レーン、駐輪場問題に関連して、6つの先哲の思想からの地域課題に対する立場を次のように整理している。（小貫 2016）

思想	自転車レーン	駐輪場
功利主義	人通りが多く、見栄えのよいところ	最も利用者の多い蒲田駅周辺
リベラリズム	もっとも自転車事故の多いところ	もっとも利用者が困っている場所
リバタリアニズム	作らない	作らない
共同体主義	地域で自転車の乗り方講習や安全教育を行う	不法駐輪をしないように近隣住民に注意喚起
フェミニズム	子どもが多く、保育園が多い地域	働く母親が利用しやすくなる
セン、A. の思想	車いすや障害がある人に使いやすいようにする。福祉施設の近くなど	公共交通機関が発達しておらず、自転車でしか移動ができない地域

　そして小貫は、先哲の思想を活用した主権者教育の授業を、地域課題を主題として次のように構成する。

段階	授業内容の概要
1．地域課題の発見	インタビュー調査、アンケート調査
2．先哲の指導と政策の組み合わせ	地域の取り組みの確認、6つの先哲の思想の習得
3．自分の重視する思想の自覚	6つの先哲の思想の中から、自分に近い思想の自覚
4．重視する思想に基づく政策づくり	政党つくりと重視する思想に基づく政策づくり
5．クラスでの意思決定	政策討論会と模擬選挙
6．提案・参画	政策の修正と社会（区役所）への提案
7．振り返り	自分の考えの振り返り

6）　杉浦の学習は春休みから翌年度の6月までの長期にわたって、次のようなステージで展開される。

第Ⅰ部　シティズンシップ教育の課題と日本での取り組み

　　　1）地域財政・福祉調査
　　　　地域調査（春休み）
　　　　講義（市町村の行政、地方自治）
　　　　調査（市町村財政と福祉に特化）とその分析
　　　　まとめ（分析から見えてきたことをマニフェストにする）
　　　2）市長への請願を書いてみる
　　　　課題探索（フィールドワーク）
　　　　講義（請願権（16条）、請願書モデルの提示、書き方）
　　　　ワーク（請願書や意見書を書いてみる）
　　　　政策化（地域の総合政策をグループに分かれてまとめる）
　　　3）市議会に遊びに行こう
　　　　講義（憲法における地方自治、地方自治法の学習）
　　　　調査（自分たちや保護者の市への要望のチェック）
　　　　調整（議会事務局との調整（時間、項目、会派））
　　　　現地見学（議会見学、会派訪問）
　　　　振り返り（議会傍聴、会派の対応）
7）またYouth Createは次のようなねらいに基づいて15コマの学習プログラムを作成し、各地で出前授業を行っている。

Ⅰ 知識—主権者として必要最低限の知識を知る		
1	政策めがねを通して地域を見てみよう	地域の写真に政策を探す
2	地域での生活を支えるしくみを知ろう	政策に関わるヒト、モノ、コトを書き出す
3	地域の生活を動かすしくみを知ろう	公園計画シミュレーション、地方議会解体新書
4	若者と政治について考える	「家族でどこへ食べに行く」（議論・説得・妥協）
Ⅱ 思考・行動—主権者としての考え方・見方を学び、行動へつなげる		
5	政治に触れる	議会・役所の見学、首長・議員・行政職と話す
6	政策・政策分野をもっと解体する	政策は人生のどの場面でどのように関わるか
7	政策を読み解く「自分の軸」を持つ	8つの政策を書き出し、関心を10段階で示す
8	いざ選挙、だれに投票する？	選挙公報を読み解いて投票するヒトを選ぶ
Ⅲ 実践—実際に主権者として行動する		
9	政策形成体験①　地域での生活の「いま」を知る	自治体総合計画を読む
10	政策形成体験②　地域での生活の「いま」を知る	政策グループ毎に議論
11	政策形成体験③　地域の生活の「これから」を考える	ヒアリングの準備
12	政策形成体験④　地域の生活の「これから」を考える	ヒアリングの実施
13	政策形成体験⑤　目指す地域の「これから」にたどり着くには	ヒアリングのまとめ
14	政策形成体験⑥　様々な地域の「これから」	解決策発表会

| 15 | 政策形成体験⑦　私の思う地域の「これから」 | 発表会に振り返り |

8） Youth Create ホームページ（http://youth-create.jp/youthcreate/vision, last visited, 10 October, 2018）。
9） Youth Create、同上。

〔参考文献〕
お茶の水女子大学附属小学校（2004a）「教育実践指導研究会発表要項」。
──（2004b）『市民』2-3頁。
小貫篤（2016）「先哲の思想×政策で社会的課題を考える主権者教育の有効性と課題──重視する価値を自覚しての政策提言」全国社会科教育学会第60会研究大会、発表資料
京都府八幡市教育委員会（2009）「平成20～22年度　文部科学省研究旧開発学校指定　研究の概要（効率的で効果的な指導方法の研究開発──基盤技術の定着とシティズンシップ教育の研究を通して）」。
京都府八幡市シティズンシップ教育研究会（2009）学習指導案資料（2009.6.1）。
経済産業省（2006）「シティズンシップ教育宣言」経済産業省／三菱総合研究所。
品川区教育委員会（2005）『品川区小中一貫教育要領』講談社。
──（発行年不詳）「品川の教育改革21」27頁。
杉浦真理（2015）「模擬請願を通して地域の願いを届けるトレーニング」J-CEF NEWS、No.7、3-7頁。
東京都教育委員会（2013）「『都立高校学力スタンダード』の策定及び推進校の指定について」東京都教育庁（2013.3.28）。
DFEE/QCA（1998）*Education for citizenship and the teaching of democracy in schools, Final report of the Advisory Group on Citizenship.*
Ikeno, N.（2005）Citizenship Education in Japan after World War II, *International Journal of Citizenship and Teacher Education*, Vol.1, No.2, pp. 93-95.

第**4**章

教育と民主主義
――シティズンシップ教育の試みに触れつつ――

奥野　恒久

1　主権者教育とシティズンシップ教育

1　日本で始まった主権者教育

　2007年5月に成立した「日本国憲法の改正手続に関する法律」（以下、憲法改正手続法）は、3条で「日本国民で年齢満18歳以上の者は、国民投票の投票権を有する」と規定している。そして同法附則で、国は、この法律が施行されるまでの間に、年齢18歳以上満20歳未満の者が国政選挙に参加することができるよう、選挙権を有する者の年齢を定める公職選挙法等の規定について検討を加え、必要な法制上の措置を講ずるものと定めた。その後、憲法改正手続法は2014年6月に改正され、その附則にて、以後4年以内に国民投票がある場合には満20歳以上を投票権年齢とするとともに、速やかに満18歳以上満20歳未満の者が国政選挙に参加することができるよう必要な法制上の措置を講ずるものとする、とした。これを受け、2015年6月に公職選挙法が改正され、選挙権年齢が18歳に引き下げられたのである。このように、選挙権年齢の引下げは、若者を中心とする国民の運動の成果として獲得されたものではない。
　ところで、選挙権年齢の引下げを契機として新たに選挙権を有することとなる生徒や学生に対する「政治参加意識の促進や周知啓発」が課題として浮上する。2015年9月に、総務省・文部科学省は、『私たちが拓く日本の未来――有権者として求められる力を身に付けるために』という補助教材を作成している。また文部科学省は、2015年11月に義家弘介文部科学副大臣の下に「主権者教育の推進に関する検討チーム」を設置し、主権者に求められる力の養成に係

る方策について検討を進め、2016年3月に中間まとめを公表し、2016年6月に最終まとめを公表している。この検討チームは、主権者教育の目的を「単に政治の仕組みについて必要な知識を習得させるにとどまらず、主権者として社会の中で自立し、他者と連携・協働しながら、社会を生き抜く力や地域の課題解決を社会の構成員の一人として主体的に担うことができる力を身に付けさせること」と規定している。

　このように、政府は主権者教育なるものに本腰を入れだしたのだが、問題はそれが何を目的としどのように行うか、である。本章では、この主権者教育を手がかりに、イギリスでのシティズンシップ教育も参照しながら、民主主義の担い手を育てる教育（本書でいう「シティズンシップ教育」）とはいかなるものかを考えたい。結論を先取りすると、私見は、個々人が自らの価値を形成していくよう促す教育が何よりも必要だと考えている。そしてそのためには、授業にて、政治的に対立する時事問題を正面から扱うことが有効だと考える。本章では、価値形成を促す教育の困難をも視野に入れながら、政治的に対立する時事問題の扱い方について、自らの教育実践に触れながら検討してみたい。

2　補助教材『私たちが拓く日本の未来』

　補助教材『私たちが拓く日本の未来』は、「選挙権年齢が満18歳以上に引き下げられたことを踏まえて、高校生の間から有権者となりうる高校生世代が、これまでの歴史、つまり今まで受け継がれてきた蓄積や先人の取組や知恵といったものを踏まえ、自分が暮らしている地域の在り方や日本・世界の未来について調べ、考え、話し合うことによって、国家・社会の形成者として現在から未来を担っていくという公共の精神を育み、行動につなげていくことを目指したものです」（5頁）と、その意図を明らかにする。同教材は〈解説編〉〈実践編〉〈参考編〉の3編からなる。〈解説編〉の総論部にあたる第1章「有権者になるということ」にて、「有権者として身に付けるべき資質とは」との問いを立て、「政治的な教養を育むことが必要」だと応じている。そして具体的に身に付けるべきものとして、第1に「政治の仕組みや原理について知ること」「政治が対象としている社会、経済、国際関係など様々な分野において日本の現状はどうなっているのか、また課題は何かといったことについて理解するこ

と」が必要だとする。第2には「課題を多面的・多角的に考え、自分なりの考えを作っていく力」、第3には「根拠をもって自分の考えを主張し説得する力」をあげている。そしてこれらの力を育むために、生徒会活動など学校生活のみならず、家庭や地域社会での決定に積極的にかかわる機会をもつことを重要視している（7頁）。

　第1章でも触れられているが、新藤宗幸は、同教材には「現代民主制の基本である権力と自由についての記述がまったくみられない」とし、「権力への自由」に対置される「権力からの自由」が思考の埒外にあると指摘する。また同教材が「我が国では……間接民主主義の原則に基づき行われています」と述べたうえで、「国民や地域の住民の意思に基づき選ばれた議員が皆の意見を議論し合意された決定に対しては、構成員の一人として従う義務が生じることとなるのです」としている点に着目し、「『政治』を『議会の決定』と等置することは、政治についての視野の狭窄をもたらさざるをえないであろう」「政治の決定＝権力の決定に従わねばならないと教えるのは、権力の決定とそれにもとづく政治の営みに異議申し立てすることのない『従順』な人間をつくるのに等しい」（新藤 2016：12-15以下）と厳しく批判する。さらに新藤は、ディベートのテーマとしてあげられている「サマータイム導入の是非」についても疑問を投げかけ、「派遣労働のしくみの是非」、「原子力発電のあり方」といった世論を二分するようなテーマを積極的に取り上げることによって、「政治についての学習はより生き生きとしたものとなるといえよう」と主張する（新藤 2016：19-21）。

　新藤の指摘は正鵠を射ている。加えて、本章の問題意識からすると同教材によって「自分なりの考えを作っていく力」が育つのか、という疑問を呈しておきたい。〈解説編〉では、選挙の実際、政治の仕組み、年代別投票率と政策、憲法改正国民投票の順に、制度や仕組み、実態についての解説がなされているものの、「政治が対象としている社会、経済、国際関係など様々な分野において日本の現状はどうなっているのか、また課題は何かといったことについて」理解するための素材は提供されていない。〈実践編〉では、ディベートなど話合い・討論の手法に頁が割かれたうえで、模擬選挙、模擬請願、模擬議会の順に、選挙過程や議会での審議過程の体験が促されている。この体験を通じて、

第4章　教育と民主主義

生徒たちに「自分なりの考えを作っていく力」や「自分の考えを主張し説得する力」を育成しようというのであろうが、個別の政策の背後にある政治理念や利害関係、支持勢力、さらには歴史的文脈を理解させることなく、生徒たちに選択を迫ることは、「場当たり的な判断」を求めることにならないか、との疑問をもつ。個別の選択の背後にある自分なりの考え方をもつよう促すことが、大切なのではなかろうか。

3　イギリスでのシティズンシップ教育

イギリスでは、2000年のシティズンシップ教育施行令によって公立学校にてシティズンシップ教育の必修化が始まった。1960年代末から学校での市民育成教育の必要性を訴え、労働党のブレア政権成立後にシティズンシップ教育に関する諮問委員会の委員長として委員会報告（「クリック・レポート」）をまとめたB. クリックは、シティズンシップ教育の目的は「能動的で責任ある市民を創り出すこと」だとし、「クリック・レポート」の背後には、市民的共和主義と多元主義という哲学がある、という。それゆえ、生徒に対し、「自分自身の価値や集団的アイデンティティを発見し系統的に整理する」こと、「イギリスでも、国民的、宗教的、地域的、民族的な側面で多様な価値があるという認識」を促し、「他者の価値を平等に尊重することを学ばなければならない」と主張する（クリック 2011：169-170）。

では、教え方についてである。幻滅や冷笑的態度を危惧するクリックは、「参加自体が目的だと教えても、現実への幻滅を生むだけある」として、討論や模擬議会には懐疑的であり、それよりも政府は何をどう決定しようとしているのか、現実に何が起こっているのかを知ることが必要だとし、十分な情報に裏付けられたコミュニケーションの重要性を説く（クリック 2011：50-52）。また、生徒に議会手続や憲法制度に関する細々とした知識を満たすことが、「制度や状況と理念との多種多様な関係」という政治教育の本質的事柄への知識欲を減退させると述べ、「すでに懐疑的になっている若者に対して、政治をさまざまな理想や利害の活気に満ちた対立として捉え、迫真的で生気があり現場直結で、参加したくなるものとして」教えることを推奨する（クリック 2011：29-30）。それゆえ、「時事問題や現代史を素材に教え始めるべきだ」と主張するの

である（クリック 2011：64）。

　現実に生じている政治的対立を教材として正面から位置づけ、生徒は政治制度との関係を理解するとともに、対立の背後にある政治理念や政治信条を学ぶことで、他者の立場を理解しつつ自らの価値形成を促す。日本で進められている主権者教育が制度の理解から入るのとは、出発点からして異なる。次節では、日本のシティズンシップ教育において、何が求められているのかを検討したい。

2　教育と個々人の価値

1　個々人の価値形成の必要性

(1)　**現代版「超国家主義」の兆候**　2017年以来、いわゆる「森友学園」・「加計学園」問題として、公文書の改ざんをはじめとする日本の官僚機構の凄まじい劣化が顕在化している。これら問題の発覚時に文部科学省事務次官でその直後に退官した前川喜平は、自著にて、後輩にあたる現役公務員に対し、「組織の論理に従って職務を遂行するときにおいても、自分が尊厳のある個人であること、思想、良心の自由を持つ個人であることを決して忘れてはならない……組織人である前に一個人であれ」（前川 2018：7）と檄を飛ばしている。裏を返すと、官僚機構の構成員たる公務員が個人としての尊厳や良心を失っているということであろう。「安倍一強体制」と呼ばれる現政権の特異な事情こそ問題の本質であるが、政権に抵抗できない個々の公務員の側の問題性も看過することはできない。これは、敗戦直後に丸山眞男が先の戦争に駆り立てたイデオロギー的要因である「超国家主義」を彷彿させる。

　周知の通り、丸山は、ヨーロッパ近代国家が中性国家として、価値の選択と判断を教会など社会的集団や個人の良心に委ね、真理や道徳といった価値内容について中立的立場をとったのに対して、明治以後の「日本の国家主権は内容的価値の実体たることにどこまでも自己の支配根拠を置こうとした」との認識を示す。そして、価値内容を国家が独占的に決定するもとでは、各人は自由なる主体意識も良心も持ちえず、持っていたのは「究極的価値たる天皇への相対的な近接の意識」だという（丸山 2015：15-25）。そこではもちろん、「責任の自

覚」なるものもなければ、自由なる主体意識を前提とした「個人というものは上から下まで存在しえない」（丸山 2015：30）。誰もが個人として自らの価値を保持しようとしないところでは、権力の命令や指示、マスメディアの誘導、あるいは周囲の動きに抵抗できないのはおろか、容易に流されてしまうであろう。その結末は、1945年8月の敗戦に至る過程が如実に示すところである。

　この事態への根本的反省に立って、戦後の日本国憲法は「個人の尊重」（憲法13条）を核に人権保障を構想し、憲法19条で思想・良心の自由を保障している。樋口陽一は、日本国憲法の想定する「ほんとうの意味での自由社会」について次のように述べる。「世の中をつくっている人びととそれぞれが、まず自分の考えをもつということです。そして必ずしもいつもではなくても、自分にとって必要だと感じたときには、それを他人に伝える勇気をもつ、ということです。場合によっては、そういうことをすると、損得勘定でいうと損になることがあるかもしれない。しかし自分が自分でなくなることへのおそれを、いつもどこか、頭か心のなかにおいているような人びとによってつくられている社会、それが私の考える自由社会です」と（樋口 1990：27）。では、現在の日本社会は、樋口のいう「ほんとうの意味での自由社会」であろうか。自らにとって「譲ることのできないもの」を見出し、それを保持しようとしている個人によってつくられている社会といえるだろうか。個々の公務員のみならず多くの人が、自らを棄て、いやそもそも自らをもつことなく、多勢に時勢に、あるいは強いものに従順に流される状況にありはしないか。

(2)　**現代版「自由からの逃走」**　　先の認識に対しては、「現在の日本社会は、言いたいことを自由に言える社会ではないか」との反論もあろう。では、自由のもつその危険性について警鐘を鳴らした E. フロムの『自由からの逃走』を思い起こしたい。フロムは、「人間は他人となんらかの協同なしには生きることができない」ということを前提に、精神的孤独の恐怖を重く受け止め、「人間が自由となればなるほど、そしてまたかれがますます『個人』となればなるほど、人間に残された道は、愛や生産的な仕事の自発性のなかで外界と結ばれるか、でなければ、自由や個人的自我の統一性を破壊するような絆によって一種の安定感を求めるか、どちらかだ」と主張する（フロム 2005：27–29）。人が周囲の自然や人間たちから分離し個人になると、独りで「外界のすべての恐ろ

第Ⅰ部　シティズンシップ教育の課題と日本での取り組み

しい圧倒的な面」と向き合わなければならず、個性をなげすてて「服従」さえ求めるという衝動が生まれる。しかし、「服従」ではなく、個性を放棄することもなく孤独と不安を回避するもう一つの方法は、愛情や生産的な仕事など個人が自発的に人間や自然と結びつくことだというのである（フロム 2005：34-40）。孤独と不安から逃れるため、「服従」すら求める傾向は、現在の日本でも見て取れるように思われる。

　個人の解放を目指した近代が行き着いた現代において、個人はそもそも他者と連帯して社会変革を展望するのではなく、私的領域における自己実現を追求するようになった。また、政党や組合といった〈私〉と〈公〉をつなぐ伝統的な回路が弱まっている反面、「法的・政治的過程を媒介とすることなしに、〈私〉と〈公〉をひたすら実感レベルでつなごうとする試みが……しばしば試みられている」との議論がある。この論者は、〈私〉と〈公〉を実感レベルでつなごうとする試みとして、小泉純一郎元首相の政治手法を念頭に置いているが、その表裏の関係にあるものとして、「過剰なまでの〈私〉の内面への志向が、無媒介に愛国心へとつながること」をあげている（宇野 2010：105-112）。背景にあるのは、不安や空虚さ、精神的孤独であろう。SNS（ソーシャル・ネット・ワーキング・サービス）時代の到来により、孤独な人の承認欲求の受け皿になっているのがネット上のヘイトスピーチではないかとの指摘もある。[2]

　ヘイトスピーチは深刻な問題であるが、その背景に精神的孤独に苦しむ人がいることがあるとするならば、この現実に教育の場はいかに向き合うべきか。「他者を害してはならない」、「他者の立場を想像する」、「他者を尊重する」との教育はもちろん重要である。だが、フロムに学ぶならば、まずはそれぞれが自らをしっかりもつこと、そして自らがいかに他者や社会とかかわるべきかを熟考し模索することを促すことではなかろうか。

　(3)　**若年層の政治意識**　　若年層に自民党支持者が多いとされる。小熊英二は、若年層に9条改正は「必要ない」とする意見が多いことや、夫婦別姓や同性婚に肯定的な意見が多いことも視野に入れ、「政党を位置づける軸を十分に持っておらず」、人格形成期にあたる90年代は新党の現れては消えていく時代であったため、「自民党以外の政党は、『ゴチャゴチャしてよくわからない』の一語に尽きるのではないか」と述べる（小熊 2018：79）。ここで注目したいの

は、小熊の言う「政党を位置づける軸」である。おそらく、この軸があって自らの政治的立場や価値が形成されるであろうし、この軸がなければ、自らが体感する事柄や直に接するリアルな情報には敏感であっても、政治理念やそこから導かれる具体の政策を評価することは困難となる。そもそも政治に対して、主体的に関心をもつこと自体ありえないように思われる。

　他方で、若者世代の「コミュニケーションのあり方」と自民党支持・「野党ぎらい」の関係を説く議論がある。野口雅弘によると、若者が「コミュニケーションの軋轢、行き違い、齟齬とそれが生み出す気まずい雰囲気を巧妙に避け、会話を円滑に回す」コミュニケーション能力（「コミュ力」）を重視するようになったことから、スムーズな「空気」に疑問を呈し、ときにそれをひっくり返す野党の振舞いは、嫌われる対象になるという（野口 2018：2）。コミュニケーションのあり方はその場に応じて、たとえばサークルでの話し合いと労働組合の行う団体交渉とでは自ずと異なってくるのだから、若者が実生活で「コミュ力」を求めるとしても、「コミュ力」を基準に、国会論戦での政治家を評価することはないと思われる。しかし、若い人が、街頭等で政党や政治的主張を行う人を評価するさい、その主張内容だけでなく、それ以上に主張の仕方を重視するようになっているのは事実であろう。とりわけ、熱を込めてなされる「〇〇反対！」という訴えは、多くの若者から距離を置かれ、ときに憎悪の対象にもなる[3]。それは、批判的な言論を嫌悪する傾向が生じていることもあるだろうが、最大の要因は主張内容にそもそも関心がないことであろう。だとすると、主張する側も、自らの主張が若者の切実な悩みや願望とかみ合っていないことを精査する必要があるが、同時にここでも若者の政治的価値が形成されていないことを問題にすべきであろう。民主主義の担い手を育てるためには、個々人の価値形成を促す教育が必要なゆえんである。

2　教育による価値形成の支援

(1)　**教育内容への国家介入の抑制法理**　　個々人が自らの価値を形成していくことが必要だとしても、教育が個々人の価値形成にいかに関わるかは、慎重な検討を要する。周知の通り、最高裁は旭川学テ訴訟において、国家が教育内容を決定する権能を有することを認めつつも、以下のように教育内容への国家介

入の抑制法理を説いた。すなわち「本来人間の内面的価値に関する文化的な営みとして、党派的な政治的観念や利害によって支配されるべきでない教育にそのような政治的影響が深く入り込む危険があることを考えるときは、教育内容に対する右のごとき国家的介入についてはできるだけ抑制的であることが要請されるし、殊に個人の基本的自由を認め、その人格の独立を国政上尊重すべきものとしている憲法の下においては、子どもが自由かつ独立の人格として成長することを妨げるような国家的介入、例えば、誤った知識や一方的な観念を子どもに植えつけるような内容の教育を施すことを強制するようなことは、憲法26条、13条の規定からも許されないと解することができる」と（最大判1976年5月21日判時814号37頁、42頁）。

学校教育法施行規則が2015年3月に改正され、「道徳」は「特別の教科である道徳」となったが、その「中学校学習指導要領解説（特別の教科道徳編）」においても、「道徳科の授業では、特定の価値観を生徒に押し付けたり、主体性をもたずに言われるままに行動するよう指導したりすることは、道徳教育の目指す方向の対極にあると言わなければならない。多様な価値観の、時に対立がある場合を含めて、自立した個人として、また、国家・社会の形成者としてよりよく生きるために道徳的価値に向き合い、いかに生きるべきかを自ら考え続ける姿勢こそ道徳教育が求めるものである」(13頁)と記している。[4]

(2) **実質的価値と手続的価値**　クリックは、価値を、宗教、倫理規範、政治的教義といった実質的価値と、「自由、寛容、公正、真実の尊重、理由を示す議論の尊重」といった手続的価値とに区分し、教師は前者について「影響を与えようとすべきではない」としつつ、後者を「育成し強化しようとするのは、適切であり可能でもある」と述べる（クリック 2011：99）。参考になる指摘である。

教育基本法は、14条1項で「良識ある公民として必要な政治的教養は、教育上尊重されなければならない」と規定する。ここでいう「政治的教養」について、総務省・文部科学省の発行する『私たちが拓く日本の未来――有権者として求められる力を身に付けるために』の教員用『活用のための指導資料』（以下、『指導資料』）は「平和で民主的な国家・社会の形成者として必要となる主体的な選択・判断を行い、他者と協働しながら様々な課題を解決していく資質や能力」(85頁)と説明している。「他者と協働しながら様々な課題を解決して

いく資質や能力」とは、「他者の立場の尊重」や「理由を示す議論の尊重」など手続的価値といえるであろう。これらは、たたき込まれるものではなく、主として実地の生活の中で育まれるものであるが、学校でも訓練され、育成・強化されるべきである。

他方、特定の政治的教義など実質的価値を学校教育にて強要・勧奨することは、教育の政治的中立性に反する以前の問題として、生徒・学生の主体的な選択・判断を阻害する点で、断じて許されない。しかしそれは、実質的価値にかかわる問題を扱ってはならないというのではなく、むしろそれぞれが自主的に自らの価値を形成できるような仕方で、積極的に扱うことが求められているというべきである。求められているのは、特定の価値を教育するのではなく、それぞれの価値形成を支援する教育である。

3　教育の政治的中立性

1　政治的に対立する時事問題

政治に対する興味関心を喚起し、それぞれの価値形成を促す格好の素材は、政治的に対立する時事問題であろう。原発問題でも憲法 9 条改正問題でも、ただ賛否双方の主張や理由だけでなく、その背後にある理念や利害、歴史的背景、双方の目指す国家像なり将来像、さらには双方を支持する政党や階層などを学ぶなかで、政治と自身とのつながりや政治に対する自らの立ち位置が刺激され、個々の政治的価値の形成が促されるはずである。時事的な問題だけに、さまざまな情報や考え方の入手も容易で、新聞をはじめ情報源への関心も高まり、それらが日常的な話題になることもあろう。生徒や学生はそれらをテーマとするデモや集会に関心をもち、場合によってはデモ等に参加する者もあらわれるだろう。選挙にさいしても意識や関心は格段に高まり、当事者として意味ある投票行動がなされるはずである。民主主義の担い手を育てるとは、本来このようなものではなかろうか。ボランティアや地域活動も民主主義を担う活動であり、社会を形成する意義や多様な価値を実地のなかで学ぶ重要な機会である。しかし活動に参加する前提には、いかなる活動が必要なのか、いかなる地域をつくるのかという価値にかかわる問題があるはずであり、当人は活動を評

価する基準を持ち合わせていなければならない。

　政治的に対立する時事問題を教員がいかに扱うかは、難しい問題である。先述の旭川学テ訴訟最高裁判決は、「子どもの教育が、教師と子どもとの間の直接の人格的接触を通じ、子どもの個性に応じて弾力的に行われなければならず、そこに教師の自由な創意と工夫の余地が要請される」（判時814号37頁、43頁）と述べる。それぞれの価値形成を促すという極めて微妙な問題だけに、教員と生徒・学生の直接の人格的接触が重要となり、教員の力量と工夫が問われることとなろう。ディベートや模擬議会も有効かもしれないが、形式的・技術的なものに終始するのではなく、実質的価値をめぐる思考を促すものでなければならない。そして時事問題を扱うにあたっては、教員自身が当該問題について自らの考えを深め「本気」になって受け止めていなければ、それを通じて生徒・学生と人格的接触などはかれるはずもない。教員には、この観点からも思想・良心、そして表現の自由が最大限保障されなければならず、また教育にあたって自由な創意と工夫が存分に発揮できる環境が確保されなければならない。しかしながら、教員の置かれている実情は、次に見るように、学校での教育活動においても、学校外での個人の活動においても「政治的中立性」の要請によって広範に規制されている。

2　教員に対する政治的中立性の要請

(1)　**学校における政治的中立性**　　前節で見た教育基本法14条は、1項で政治的教養の尊重を規定したうえで、2項で「法律の定める学校は、特定の政党を支持し、又はこれに反対するための政治教育その他政治的活動をしてはならない」と定める。学校における党派的政治教育の禁止が規定されているが、裏返すと、禁止されているのは党派的政治教育だけである。政治的に対立する問題を扱うことは何ら禁じられていないし、『指導資料』も「生徒が現実の政治について具体的なイメージをはぐくむことに役に立つなどの効果が考えられます」と述べる。しかしながら、『指導資料』は政治的中立性を持ち出して、「教員は中立かつ公正な立場で指導する」、「特定の見方や偏った取扱いとならないよう指導する」としたうえで、「教員が特定の見解を自分の考えとして述べることについては、教員の認識が生徒に大きな影響を与える立場にあることか

ら、避けることが必要です」とし、さらに「2015年3月4日の文部科学省通知」により、視聴覚教材や新聞といった補助教材の使用にあたっては、あらかじめ教育委員会に届け出なければならず、教育委員会に管理されることになる（85-87頁）。教員が萎縮することは必至である。

竹内俊子は、「教員が自己の見解を述べることで、生徒は、その中から政治課題を見いだし、理解・分析し、自分の意見をもち、意見を表明し、行動できるようになる。すなわち政治的な『成熟』を獲得することができるのではなかろうか。教員が自己の見解を述べることは、『政治的教養』の教育にとって、有害どころか、逆にむしろ大変有益な教育方法ということができる。教員の意見を生徒に押し付けるのでない限り、ここで禁止されている『政治教育その他政治的活動』には該当しないと見るべきであろう」（竹内 2017：198-199）と主張する。

政治教育を行う教員のあり方としてしばしば参照される、ドイツの「ボイテルスバッハ合意」は、①生徒を期待される見解をもって圧倒し、自らの判断の獲得を妨害することがあってはならない、②学問と政治において議論のあることについては、授業においても議論のあるものとして扱わなければならない、③生徒は、政治的状況と自らの利害関係を分析し、自分の利害に基いて所与の政治的状況に影響を与える手段と方法を追求できるようにならなければならない、という三点からなる（近藤 2007：118頁）。

政治的に対立する時事問題を学校で扱う目的は、当該問題の本質を理解させたうえで、生徒・学生の政治的価値形成を促すことである。そのために、教員が生徒・学生の論争相手になることが有益な場合もあろうし、教員が様々な角度から問題点を指摘することやあえて沈黙を貫くことで、生徒・学生の思考を深めさせることが有益な場合もあろう。教員は対立する時事問題につき、多様な立場があることを示し、特定の立場を押しつけないことを前提に、あとは当該教員の専門的な裁量に委ねられている、とするべきである。

(2) **教員の政治的自由**　教育公務員特例法（以下、教特法）18条1項は、教育公務員の政治的行為の制限は国家公務員の例によるとする。それゆえ、国家公務員法（以下、国公法）102条1項および人事院規則14-7により、「特定の政党その他の政治的団体を支持しまたはこれに反対すること」のみならず、「政治

の方向に影響を与える意図で特定の政策を主張しまたはこれに反対すること」なども政治的目的とされ、それらを目的として集会等で拡声器を利用して意見を述べるといった政治的行為は禁じられている。

　公務員の政治活動の規制をめぐっては、猿払事件最高裁判決（最大判1974年11月6日刑集8巻9号393頁）以降、憲法学には議論の蓄積がある。猿払事件とは、郵便局に勤務する現業公務員が勤務時間外に組合推薦の議員候補者の選挙用ポスターを掲示・配布したことが、国公法102条1項および人事院規則14-7に違反するとして起訴された事件である。この事件で最高裁は、憲法15条2項の「全体の奉仕者」規定から、「公務員の政治的中立性」を導き、行政の中立的運営のみならず「国民の信頼の確保」という要請も持ち出して、公務員の政治活動への規制を認めた。すなわち、行政の実質的公正さよりも公正らしさという外観を保つことを重視したのである（浦部 2016：181）。また、「公務員の政治的中立性」により、公務員の地位や職務内容といった個別事情を捨象し、「一体となって国民全体に奉仕すべき責務を負う行政組織」の中立性確保を強調した。それゆえ、「公務員も国民の一人として政治活動の自由を有するという前提そのものが否定されてしまう結果になっている」（佐藤 2011：164）などと、憲法学説から強い批判がなされた。そして最高裁は2012年、国公法102条にいう「『政治的行為』とは、公務員の職務の遂行の政治的中立性を損なうおそれが、観念的なものにとどまらず、現実的に起こり得るものとして実質的に認められるものを指」すと限定解釈を施している（最判2012年12月7日刑集66巻12号1722頁、1726頁）。2012年判決を踏まえるならば、学校外での教員の行為に国公法102条を適用することは、極めて困難だと思われる。

　そもそも教員が原発や安保関連法といった特定の政治的問題について、集会等でマイクをもって意見表明することは、禁じられるべきであろうか。先に述べたように、政治的に対立する時事問題を通じて、教員が生徒・学生と人格的接触をはかるには、教員は当該問題に「本気」で向き合っていなければならない。そのためには、教員自身が当該問題を論評対象としてではなく、自らの問題として受け止め、自らの考えを深めていなければならない。だとすると、教員が市民的な議論の場に積極的に参加し、新たな情報や多様な知見に接するとともに自身の立場を述べることは、自身の考えを深める重要な手法の一つであ

ろう。また、このような市民的政治集会の「熱量」に触れること自体が、問題の重大性を体感するまたとない機会だと思われる。教員が集会等に積極的に参加することは、生徒・学生の教育にとっても有用ではなかろうか。

4　個々の価値形成を促す試み──「外国人の選挙権問題」を素材に

　筆者は憲法学を専攻し、龍谷大学の教養教育において「人権論」の講義も担当している。この講義では、裁判となった時事的な人権問題を素材に、「個人の尊重」、個人主義という視点から当該問題を捉え、学生たちの個々の価値形成を促そうと試みている。その意味では、政治的価値に関わる問題を直接の対象とするものではないが、筆者としてはシティズンシップ教育の一つと位置付けている。素材としては、たとえば「エホバの証人の輸血拒否事件」、「教員の『君が代』拒否事件」、「安保関連法問題」、「ヘイトスピーチの刑罰法規による規制」、「死刑制度の存廃問題」、「外国人の選挙権問題」、「選択的夫婦別姓の導入問題」、「派遣労働問題」などである。

　「個人の尊重」、個人主義を視点とするのは、何よりもそれが日本国憲法の人権尊重主義の核心原理であるからであり、またそれは他者とともに社会を形成していくにあたっての手続的価値だと考えるからである（奥野 2018：152-153）。もちろん、個人主義に対して批判があることも伝える。以下、2018年度前期の講義にて、学生にミニレポートの提出を求めた「外国人の選挙権問題」について、個々の価値形成を促す試みとして、授業の概要とその後の学生からの応答について報告する。

1　授業の概要

　以下のような設問を提示し、学生に考える時間を設けてから授業に入る。心がけていることは、学生たちに必要な知識・情報と多様な立場の存在を提示し、思考の深化を促すことである。もちろん、前提として学生たちの当事者意識を触発しなければならない。

> 【設問】外国人の選挙権につき、「外国人は、日本に帰化して日本国籍を取得してから選挙権を得るべきだ」との主張を検討しなさい。

　授業では、まず血統主義、出生地主義といった国籍法制と帰化制度について、国籍法4条・5条の要件を確認しつつ解説する。たとえば、帰化申請にさいしての名前の変更について、「帰化後の氏名は、原則として常用漢字表、人名漢字表に掲げる漢字及びひらがな又はカタカナ以外は使用できません」との制約があるため、崔、姜、趙、尹といった朝鮮民族や漢民族の一般的な姓を放棄せざるを得ない人がいることを紹介する（岡本 2010：6-7）。

　次いで、歴史的背景について、在日朝鮮人を中心に植民地支配にはじまる強制連行を含む日本居住の経緯、関東大震災時の虐殺、戦後の在日朝鮮人政策の転換、さらに1970年代以降のニューカマー政策等を概観する（水野・文 2015：2-28）。とりわけ、関東大震災時の虐殺については、当時の経済状況を含め、その背景が今日の外国人労働者問題にも示唆的なだけに熟考を促す（在日韓国青年同盟編 1970：15-20）。そのうえで、在日外国人も多様であることを類型化によって示し、本題の外国人の選挙権問題に焦点を当てる。

　従来の憲法学説は、国政選挙・地方選挙を区分することなく、憲法の国民主権原理を根拠に、選挙権を認めることに消極的であった。ところが、1995年2月28日の最高裁判決が画期となる（最判1995年2月28日民集49巻639頁）。すなわち、「憲法93条2項にいう『住民』とは、地方公共団体の区域内に住所を有する日本国民を意味するものと解するのが相当であり、右規定は、我が国に在留する外国人に対して、地方公共団体の長、その議会の議員等の選挙の権利を保障したものということはできない」としたうえで、地方自治に関する規定は、「民主主義社会における地方自治の重要性に鑑み、住民の日常生活に密接な関連を有する公共的事務は、その地方の住民の意思に基づきその区域の地方公共団体が処理するという政治形態を憲法上の制度として保障しようとする趣旨に出たものと解されるから我が国に在留する外国人のうちでも永住者等であってその居住する区域の地方公共団体と特段に密接な関連を持つに至ったと認められるものについて、その意思を日常生活に密接な関連を有する地方公共団体の公共的事務の処理に反映させるべく、法律をもって、地方公共団体の長、その

議会の議員等に対する選挙権を付与する措置を講ずることは、憲法上禁止されているものではない」という。すなわち、地方の選挙において、最高裁は立法府の裁量にゆだねるという「容認」論をとったのである。この判決は、選挙を国政と地方とで区分したこと、地方の選挙について憲法は「禁止」も「要請」もしていないとしたことを強調する。この判決を評価する憲法学説は多いものの、学説のなかには「容認」ではなく「要請」とするものがあることを、授業では紹介する（浦部 2016：514-516）。このように判例と、様々な学説を紹介したうえで、改めて設問について、考える時間を設ける。

　日本の現状は、国政・地方ともに外国人の選挙権を認めていない。だとすると、学生は「認めるべき」という主張と向き合うべきだと考え、在日コリアン２世・呉文子の「私の一票が地域社会に貢献できたら」という雑誌への投書を読んで感想文の提出を求めた。呉は、東京郊外の多摩地区で「異文化を愉しむ会」を運営し多くの日本人から受け入れられているのだが、政治家や周囲からの「日本国籍に帰化すれば自動的に選挙権が付与されるのになぜしないのか」という議論に対して、以下のように批判し自身の主張を展開する。

　　こうした議論は、あまりにも日本と朝鮮半島との歴史（日本居住の歴史的経緯や生活実態）などを知らない発想としか思えない。在日コリアンの定住が植民地支配に起因していることを記憶から呼び覚ましてほしい。在日コリアンが、何ゆえに人権と民族的尊厳とをかけて国籍を維持しようとしているのか。とくに、日本社会の厳しい差別に耐えてきた在日一世にとっては、国籍を変えることへの屈辱感は拭えないし、いまやアイデンティティの砦ともなっているのである。
　　いっぽう世代交代が進む中で、在日コリアンにとって国籍は、差別、アイデンティティ、機能性などといったさまざまな問題が混在していて、簡単な問題でなくなっている。複雑にからんでいる現状があるだけに、いろんな選択肢があってもいいはず。しかし、私は国籍を変えることなく永住外国人の一人として日本社会で生きる道を選択したい。
　　地方参政権は、福祉や生活など地域社会に密着した問題を地域住民の総意で解決するために住民に認められたものである。納税をはじめ地域住民としての義務を果たしている外国籍住民に、地方参政権が付与され、外国人への施策がどのようなものであるかを知り、意思決定することは地域住民として当然の権利だと思っている。
　　そのためにも、ぜひ外国籍住民である私も一票を投じたいと願っている。……。
　　……この地で生を享け育まれた私にとって、もはやこの地はいとおしい「ふるさ

と」となっている。

　「ふるさと」に住む外国籍住民の一人として、自分のルーツとアイデンティティを大切にしながら、この地域での義務と責任を果たし、地域社会の発展に貢献したい。

2　学生の応答

　帰化の問題を含む外国人の選挙権をめぐっては、留学経験も含め外国人と接する機会の多くなった現在の学生にとって、比較的当事者意識をもって受け止めやすい問題のようである。また、自分らしさを大切にすることへの共感は強いと見えて、「民族的尊厳をかけて国籍を維持しようとするのはすごいと思った」、「国籍を維持することがアイデンティティの砦だと思っている人がいることに気付かされた」という感想が複数見られた。それゆえ、「自分のルーツとアイデンティティを大切にしながら、地域社会に参画すること」は当然の権利ではないかなど、多くの学生が「定住外国人に地方参政権を認めるべき」というものであった。

　もちろん、「いくら日本が『ふるさと』になっているとしても、国籍が違うということは、まだその国に想いがあるのではないかと思ってしまう」、「日本人だからこそ、同じ歴史や文化があって分かり合えるものがあると思う」、「外国人の多い特定の地域では、日本人ばかりの地域とは違った政治がなされるのではないか」といった否定的な意見もある。

　全体的な特徴として、歴史的経緯に言及した意見はほとんど見られず、「外国人が政治に参加する方が、多様性を認めるいい社会になる」といった、現在を起点に前向きな地域づくりを展望する意見が多かった。なかには、「定住外国人の地方参政権の付与に反対する政治家が多数いるとは信じられない」との意見もあり、これなどを手がかりに、外国人の選挙権をめぐる各政党の立場を紹介することは、「政党を位置づける軸」の形成に寄与するかもしれないが、「人権論」の授業ということもあり、展開しなかった。

　感想のなかには、「私もこの人と同じ在日です」として、「私が生まれて、アパートを借りるとき、国籍を書くところがあり、韓国と書いたら追い出されたそうです。そのとき、父は、私がもう少し大きくなったら帰化しようと決めたそうです。父の家族は反対し、『国籍を変えることほど屈辱的なことはない』と

言われたとそうです。……私は父が帰化したことはありがたいと思っているが、変えたことへの屈辱感はすごいあります」と自らのことを記述したものがある。次回の授業で、もちろん名前を伏せて紹介すると、自分に近くリアリティのある問題だけに、学生たちの表情も教室の雰囲気も少し厳粛なものへと変わる。

　筆者は、現在の若者は身近な人間関係など自分をとりまく環境に対し、敏感な感性を持ち合わせていると確信している。それが政治的な問題になると距離を置いてしまうのは、メディア、とりわけSNSの発達もあって身近な問題で手一杯であること、政治的な議論は人間関係を複雑にするという認識に加え、そもそも政治的な問題と自身との関係が見えていない、見る機会をもってこなかったことが要因だと考える。筆者の見るところ、学生たちは時事的な問題に強い関心を示す、もっと言えば「飢えている」かのごとく求めているようである。むしろ、学校や教員、さらには社会の側が時事的な問題、率直に言って「政治」を避けてきたというべきである。

　争点となる問題提起を「騒動」として忌避する社会を問題にする土山希美枝は、「『騒動』に内包される『争点』こそ、むしろ議論し検討される本質ではないか」と主張する（土山 2018：106–108）。日本のシティズンシップ教育の最大の課題は、「政治」と正面から向き合うことではなかろうか。

5　「政治」との向き合い方を問い直す

　ところが、「政治」を忌避し、生徒を「政治」から遠ざけようとする戦後の日本政府の姿勢は、「政治的教養を育む教育」を強調しているにもかかわらず、変わるところがない。2015年10月29日の「高等学校等における政治的教養の教育と高等学校等の生徒による政治的活動等について」なる文部科学省の「通知」は、18歳選挙制の実現を考慮したものであるが、18歳以上の生徒に対しても、政治的活動等を基本的に制限・禁止するもので、可能な限り自由な活動を促そうという姿勢は見られない。これこそが問われなければならない。

　本章では、生徒・学生が政治について関心を持ちつつ自身の政治的立場や価値を形成していくことが、シティズンシップ教育の重要な目的だと述べてきた。そのような価値形成過程においてあるいはその結果として、生徒・学生が

デモや集会などに興味を持ち、ときに参加することは当人の成長という点のみならず、この国の民主主義を活性化させるという点からも歓迎すべきことではなかろうか。教育基本法1条は、教育の目的の一つとして「平和で民主的な国家及び社会の形成者」の育成をあげている。「国家及び社会の形成者」が、国家や社会の問題につき関心をもち意見を述べることは至極もっともなことである。

政府の進める主権者教育には、本章のような目的設定はなされていないが、それでも「主権者として」の「力を身に付けさせる」教育を行うというのであれば、教育が「政治」と正面から向き合わなければならない。主権者教育、シティズンシップ教育は、日本社会での「政治」との向き合い方を変革する可能性を有しているのである。

【注】
1) もちろん、戦前・戦中においても「何が善か」を問いつづけた人は存在する。たとえば倉田百三の自問は、戦時下で自らの価値をいかに見いだすかを模索しているという点で興味深い（倉田2018：149）。
2) 作家の中村文則は、「そもそもヘイトスピーチは一人ではやりません。自分がSNSで過激な発言をすると、それを支持する人から賛同され、内面を満たされる。リベラルとか共通の敵さえいれば、排外的な集団ができて盛り上がるわけです。しかも排外主義によって『世直しをしている』という錯覚までもてる。……中傷する相手の表情が見えないから罪悪感が軽減されても、相手は現実に傷ついている。そして愚かな言葉を放つ側は、正体を隠し責任を負わない」と主張する（『毎日新聞』2018年8月20日夕刊）。
3) 間宮陽介は、「反対という言葉はマイナス・イメージを帯びているから、反対には心理的抵抗が伴い、かつ賛成に比べると理由説明の義務が格段に増える」と指摘する（間宮2017：66）。
4) もっとも同書には、その具体的な内容項目のなかに、たとえば「勤労を通じて社会に貢献する」、「日本人としての帰属意識を再考する」といった、特定の価値観の押しつけではないか、と思われる記述もある。また、新しい学習指導要領について、児美川孝一郎は「学校教育が全体として、子どもたちの生き方を一定の方向性や許容範囲内にコントロールする『生き方教育』化していくのではないか」と危惧するが（児美川2018：170）、この指摘は重要である。

〔参考文献〕
宇野重規（2010）『〈私〉時代のデモクラシー』岩波書店。
浦部法穂（2016）『憲法学教室［第3版］』日本評論社。
呉文子（2010）「私の一票が地域社会に貢献できたら」『週刊金曜日』794号。
岡本雅享（2010）「国籍所得と名前の変更——常用・人名用漢字による漢・朝鮮民族姓への

制約」『法学セミナー』663号、6‐7頁。
奥野恒久（2012）「教育と思想・良心の自由――『君が代』訴訟最高裁判決を手がかりに」『龍谷法学』44巻4号、127-153頁。
――（2018）「思想・良心の自由をめぐる今日的問題」『龍谷政策学論集』7巻1・2合併号、151-162頁。
小熊英二（2018）「3：2：5の構図――現代日本の得票構造と『ブロック帰属意識』」『世界』903号、79-92頁。
倉田百三（2018）『新版 法然と親鸞の信仰』講談社。
クリック，バーナード（2011）『シティズンシップ教育論――政治哲学と市民』関口正司監訳、法政大学出版局。
児美川孝一郎（2018）「学校の〈道徳化〉とは何か――新学習指導要領に見る、生き方コントロールの未来形」『世界』914号、170-180頁。
近藤孝弘（2007）「ヨーロッパ統合のなかでのドイツの政治的教育」『南山大学ヨーロッパ研究センター報』13号、113-124頁。
在日韓国青年同盟中央本部編著（1970）『在日韓国人の歴史と現実』洋洋社。
佐藤幸治（2011）『日本国憲法論』成文堂。
新藤宗幸（2016）『「主権者教育」を問う』岩波書店。
総務省・文部科学省（2015）『私たちが拓く日本の未来――有権者として求められる力を身に付けるために』。
――『私たちが拓く日本の未来――有権者として求められる力を身に付けるために』（活用のための指導資料）。
竹内俊子（2017）「『政治教育』と主権者教育――「18歳選挙権」の制度化を契機として」『修道法学』39巻2号、179-203頁。
土山希美枝（2018）「主権者教育と政治争点――若者有権者の声から『騒動』を忌避する社会と教育を考える」『龍谷政策学論集』7巻1・2合併号、99-109頁。
西原博史（2004）「教師における『職務の公共性』とは何か――職務命令に対する不服従の権利と義務を考える」『世界』725号、74-82頁。
――（2007）「『君が代』伴奏拒否訴訟最高裁判決批判――『子どもの自由』を中心に」『世界』765号、137-145頁。
野口雅弘（2018）「『コミュ力重視』の若者世代はこうして『野党ぎらい』になっていく――「批判」や「対立」への強い不快感『現代ビジネス』2018.7.13（http://gendai.ismedia.jp/articles/-/56509, last visited, 16 October 2018）。
樋口陽一（1990）『ほんとうの自由社会とは――憲法にてらして』岩波書店。
フロム，エーリッヒ（2005）『自由からの逃走』日高六郎訳、東京創元社。
前川喜平（2018）『面従腹背』毎日新聞出版。
間宮陽介（2017）「非政治化する時代の政治」『世界』902号、64-68頁。
丸山眞男・古矢旬編（2015）『超国家主義の論理と心理』岩波書店。
水野直樹・文京洙（2015）『在日朝鮮人――歴史と現在』岩波書店。
文部科学省（2017）『中学校学習指導要領解説 特別の教科 道徳編』。

第5章

民主主義と政治教育
――蠟山政道の政治教育論をもとに――

城下　賢一

1　シティズンシップ教育の先例としての政治教育

　本章は、蠟山政道（1895-1980）の政治教育論をとりあげ、戦前から戦後にかけ、議論の背景とともにその展開を明らかにしようとするものである。
　ここではまず、蠟山の政治教育論を取り上げる問題意識について確認し、本章全体の構成について概観しよう。
　近年、日本でもシティズンシップやシティズンシップ教育に関する議論や取り組みが盛んになっている。ここでいうシティズンシップは、もともといわゆる先進民主主義国家において国民が有する権利の総体として理解されてきたが、グローバル化や福祉国家の危機・再編によって国家・社会の多元化や既存の権利・義務体系の揺らぎが見られるようになると、国家・社会における義務や役割を認識し、その維持や発展のために行動できる資質をその意味に包含するようになった。かつまた、そうした資質を育成するためのシティズンシップ教育が必要であると認識されるようになった（小玉 2015：2016；髙橋 2014）。
　こうした意味でのシティズンシップやその教育は、もちろん民主主義体制を前提とし、その維持や発展に貢献するために構想されるものである。シティズンシップ教育に関する先駆的文書として知られるクリック・レポート（長沼・大久保 2012）はシティズンシップ教育の重要性を説き、政府に対してシティズンシップを法令教科とするよう勧告したものだが、それはシティズンシップを社会的道徳的責任、コミュニティへの参加、政治的リテラシーの集合体と捉え、シティズンシップを備えた参加する市民で構成される国とならなければ、

民主主義体制が安泰とはならないと考えたためであった。

　このように、シティズンシップ教育を民主主義との関連で理解したとき、同時に日本近現代史を振り返ると、そこに極めてよく似た状況が存在していることに気付かされる。政治参加の拡大過程では教育の重要性が繰り返し指摘されてきたが、特に、1920年代半ばに、男子普通選挙が実現して国民の政治参加が一挙に拡大すると、政治に関する教育の必要性が盛んに議論され、そのための取り組みも多く行われた。また、その後しばらく経って、敗戦後の占領改革で男女普選など広く政治参加が制度化されたときにも、同様に政治に関する教育についての議論や取り組みが盛んに見られた。これらの歴史的経験は、現代日本でシティズンシップ教育を行うにあたっても参考になろう。

　本章では、このような観点から、蝋山政道の政治教育論を採り上げて検討したい。蝋山は1920年代から1970年代にかけ、学術、論壇、実践という時間的にも領域的にも非常に息長く幅広い活動を行った人物として知られる（蝋山政道追想集刊行会 1982）。そして、上述のいずれの時期においても、民主主義と関連させて政治教育の重要性を論じ、またときに実践した人物である。そもそも民主主義はどのような政治制度か、民主主義の維持・発展のために個人に期待される資質はどのようなものか、そして、そのような資質を身につけるためにどのような教育が必要か。こうした問題設定から蝋山の政治教育論を明らかにすることで、現代のシティズンシップ教育論に先立つその先駆性を明らかにできるとともに、現代への示唆を得ることが期待できよう。

　蝋山については、すぐれた先行研究が積み重ねられてきたが（石田 1958；今村 2009；小関 1997；酒井 1998；松沢 1962）、多くは戦時体制期の政治家のブレーンとしての活動や、その前史としての言論活動に注目したもので、彼の政治教育論に関してはあまり検討されてこなかった。そうしたなか、比較的最近になって、上原（2006；2017）や河野（2016）のように蝋山の政治教育論を対象とした研究が発表されてきている。

　本章の問題設定から見て、特に注目されるのは後者である。河野は、『公民政治論』（蝋山 1931）の検討をもとに、蝋山が、社会の動的状況のなかで利害の対立した人々が競争・調停によって暫定的な秩序を形成するものであることを認めつつ、（ニヒリズムに陥ることなく）暫定的な秩序をより高いものへと引き

上げようとする行為に政治の意味を見出し、暫定的な秩序を継続的に改善していくものとして政党と多数決の意義を認めていたことを指摘している。当時の公民教育については、人々の政治参加を形式的なものに留め、その政治意識を空洞化させるものに過ぎないとし、蝋山の公民教育論についてもその視点から評価するものがあるが（堀尾 1987）、こうした評価に対し、河野の見解は公民教育を積極的に評価するもので、そのような政治との関わりをもとに構想される公民教育が政治教育を中核とするものであることを適切に指摘している。

以上の問題設定と先行研究を踏まえて、本章では、まず第2節で、蝋山の政治教育論について『公民政治論』を出発点とし、シティズンシップ教育論との関係から、民主主義体制のあり様とともに、個人に求められる資質やその教育方法を中心に抽出する。次に第3節で、この点をさらに具体的に明らかにするため、蝋山が河合とともに出版した共著『学生思想問題』（河合・蝋山 1932）を取り上げて検討する。その上で、第4節で戦後の政治教育論について、この時期に出版された主要な著作（蝋山 1955：1956）から、やはり民主主義体制のあり様と、個人に求められる資質やその教育方法を中心に抽出し、最後に第5節でまとめたい。検討にあたっては、関係する当時の政治状況についても適宜説明を加えている。また、史料引用にあたっては旧漢字を新漢字に改めている。

2　政治教育論と民主主義

本節では、『公民政治論』をもとに、蝋山の政治教育論について、民主主義体制のあり様を中心に明らかにしていこう。

作業の前提として、まず当時の政治情勢について概観したい。本書刊行の時期は五・一五事件の前年にあたり、歴史的には大正期のデモクラシー風潮の高まりを受けて成立した政党内閣期（1924-32年）の末期にあたる。1924年に総選挙で勝利した護憲三派内閣の発足以降、衆議院に政治的基盤を有する憲政会（のち立憲民政党）と立憲政友会の二大政党の党首がそれぞれ総理大臣を務め、閣僚の多くも政党員がこれを占めていた。護憲三派は男子普通選挙実現を掲げて総選挙に勝利して発足しており、公約通り、1925年に男子普選法が成立し、1928年総選挙以降、普通選挙が実施されるようになっていた。

第5章　民主主義と政治教育

　このように総選挙での有権者の支持を背景に成立した政党内閣であるが、成立後には必ずしもその支持を維持することができず、相次ぐ経済恐慌や財閥優遇、汚職事件や選挙不正、国際環境の悪化などのため、かえって政党や議会、選挙の現状に対する批判が高まり、政党内閣自体を否定する主張さえ目立つようになっていた。

　このような情勢の下で出版された『公民政治論』は、(現状のさまざまな問題を認めつつも) 政党政治や民主主義を擁護し、その充実のために理念的存在としての公民や公民政治、公民社会を措定し、現実の世界がそれらに接近するための公民教育すなわち政治教育のあり方について解説したものであった。以下、『公民政治論』から、政治教育に関して重要な論点を抽出しながら、蝋山の考えを明らかにしていきたい。

　そもそも公民とは、どのような存在か。蝋山は古代ギリシャにまでその淵源を求めながら、現代 (当時) においては、典型的には選挙権を有する者や、政治的社会の構成員などとして用いられているように、政治への参加を期待される存在であるとして、次のように述べた。

> 　現代のような産業的大社会に於ては、国家なくして個人の存在は覚束ない。この意味から、現代の公民は国家の下に於てのみその存在が容認される。しかし、その国家たるや、各社会集団の政治的勢力の妥協的或は協調的連合体である。従って、各個人は単に国家の力によつてその存在を保障されるだけではなくて、個人は集団的個人としてその国家の運用に参加しなければならぬ。つまり、国家を利用すると共に、国家に作用されるものでなければならぬ。自ら参加すること無き国家の作用を受動的に享くるだけでは、旧き主権国家又は父長国家の臣民と異なる所がない。自ら治者にして同時に被治者たるのが、現代の個人であらねばならぬ。かかる個人が発見され、確立される時に新たなる公民が生誕するのである (蝋山 1931：75)。

　公民がそのような存在であるとして、その淵源は古代ギリシャに求められるものの、もちろん古代ギリシャと異なり産業革命を経て複雑化・専門家した現代国家において、蝋山が、古代ギリシャのような直接民主主義を採用することはない。古代とのさまざまな違いを踏まえれば、現代の公民には、(古代民主主義とは異なる) 近代民主主義とその具体的な制度化が適当かつ必要だとされる。

　近代民主主義について、蝋山は、アメリカ独立宣言とフランス人権宣言とを

参照し、自由の原理と平等の原理の意義を強調する。また、近代民主主義を実現するための制度上の原理として、権利保障の原理と多数決とをあげる。以上の諸原理を中心とする近代民主主義の現実の制度として、基本的には政党政治を擁護する立場から、議会と政党とによるのが適切であるとされる。

なぜ議会が適切か。議会は議員が議論をするところであって、議論があるということは、さまざまな問題について社会的な意思の統一がないことを示す。しかも、実際、「世の中には、一方的に定め得る絶対標準がない、即ち科学的な技術的標準もないやうな問題が多くある。その様な問題があるとすれば、その際には誰か一人が定めて、後はみな従つて行くと云ふ定め方では困る。そこで、くだらないと見える議会の討論に、意義が出て来る」（蠟山 1931：117）というわけである。公民による政治を是とする視点に立つ蠟山からすれば、特定の個人や集団だけが決定に関わるような体制が認められないのは当然であったろう。

一方、政党はどうか。この点は、近代民主主義において実際問題として政党の存在が切り離せないことを強調し、「政党に関する問題を考ふる場合には、政党そのものの存在理由は、最初から肯定してかからねばならぬ。デモクラシーの政治に政党は欠くべからざる存在であり、政治家は勿論、公民も亦政党を通してでなければ政治行動は出来ない」「私は、政党の存在を積極的に肯定するものであるのみならず、数箇の政党の存在してゐる場合には、公民はその何れかの政党に賛しなければならぬ、と考へる。これは、今日の社会組織からは許容しなければならぬことであると思ふ」（蠟山 1931：149）とまで述べている。

このように、公民による政治の充実のために近代民主主義を基軸に据え、具体的には議会や政党によって制度化しようとすることが、蠟山の基本的な考えであったということができ、大きく分ければ、彼は、この頃まで行われてきた政党政治を支持する側にいると言えるだろう。この点は、「十年前、デモクラシーが単なる議論として、学者論客の間に論唱批議されたものが、今日では一箇の実際問題として論議されるに至つたのである。単なる政治の理論或は観念形態としては最早我国に於てもデモクラシーは古臭くなつたであらうが、現実の問題としては今漸く問題になり始めたと見るのが至当と考へられる」（蠟山 1931：148）と述べているところからも窺われる。

ただし、蠟山は、当時の政党政治の実際を必ずしも肯定的に見ていたわけで

はなく、むしろ、現状の議会や政党には大きな問題があると考えていた。議会について、議員に技術的専門的知識が不足しているのに、例えば「鉄道の敷設と言ふ様な問題」など、本来技術的専門的に取り扱うべき問題までも取り扱ってしまう。そのため、議員は自己の利益や感情から議論し、「政党の地盤開拓の具に供せられる」状態を問題視した（蝋山 1931：124-126）。あるいは政党について、疑獄などに見られる政党政治家の遵法精神の低さ、党内対立や分裂の多さ、買収や贈収賄などの選挙不正などを問題視していたのであった（蝋山 1931：143-146）。

　ここまで、理念的存在としての公民や公民政治につき、その概略を述べてきたが、要するに、日本政治が政党政治へと進んできたことを評価しつつ、問題とされるべき点はなお多く、民主主義のあり様自体さらに改善を要するというわけであった。

　確かに、蝋山は、当時の政治状況を前提として、世論が政治に十分反映されるよう、そして世論が政治に関して適切な判断を下せるよう、大衆の政治に対する興味と理解とを進めるようにしなければならないとか、また、「大衆の智能を啓発して、その判断力を養ひ、然る後に大衆自身をして自由に政治的判断をなさしむる」ことが賢明な方法で、その際、政府が世論誘導・宣伝のために行うのではなく、「飽くまで大衆の批判力、判断力の養成といふことが主眼とならねばならぬ」（蝋山 1931：32）などと求められる資質や教育方法についても若干言及してはいる。

　しかし、『公民政治論』の議論は、民主主義のあり様をより大きく問題にするものであった。政治教育につき、蝋山は、当時の政治状況を前提として、それに対応する教育でよしとすることは決してなかった。そもそも、当時の政治状況が公民による政治としてなお未成熟であり、成熟のために近代民主主義の尊重やそのための議会や政党などの改善、そして公民としての国民全体の教育が重要であって、そのような公民政治の将来を見据えて政治教育は行われなければならなかった。

　また、そのような教育は初等中等教育の授業で完結するものだとか、教育の対象が被治者としての大衆であるとは決して考えなかった。公民としての国民全体の教育が重要である以上、対象は全国民に及ぶことになる。したがって、

職業として政治に携わっている政治家に政治教育は不要かと言えば、そうではない。なぜなら、彼らが習熟している政治は、公民政治としては不十分な現在の政治だからである。また、近代民主主義に必要な技術的専門的知識を提供する専門家はどうか。上述の通り、確かに現代国家の運用には「専門的技術的智識」が必要であって、専門家集団との協力によってはじめて、現代の公民は国家の構成と運用に参加することができる。ただし重要なことは、この専門家と公民とは相互排他的な概念ではない。「一方の専門家もその専門事項以外に対しては非専門家であるから、あらゆる人々が専門家であつて、同時に公民である」（蝋山 1931：76）。それぞれの専門性を尊重しつつ、専門性では解決できない問題について、公民として取り組むことが期待されるのであった。

3　個人に求められる資質と政治教育の方法

前節で取り上げた『公民政治論』では、政治教育について、その意義や目的の分析が主であって、民主主義体制のあり様が詳細に検討されているものの、必ずしも個人に求められる資質や教育方法について十分に議論が展開されたものではなかった。それを知るための手懸りとして、本節では、1932年5月、蝋山が盟友である河合栄治郎とともに参画した学生思想問題調査委員会の答申と対比させて、蝋山が河合との共著で答申に反対を示して出版した『学生思想問題』（河合・蝋山 1932）を採り上げて検討しよう。

委員会の名称に見られる学生思想問題とは、当時、学生の間へのマルクス主義思想の浸透が危険視されたものであり、これが政治教育に注目が集まるようになった背景の一つでもあった。マルクス主義は、第一次大戦後に広まった新しい思想の一つであったが、皇室制度を批判するなど、特に危ぶまれていた。このため政府は1925年、普選導入と併せて治安維持法を制定して取り締まりを強化し、1926年には最初の適用事件として、京都学連事件が発生した。この事件は、マルクス主義を指導理論とした日本学生社会科学連合会（学連）を摘発し、京大生を中心に数十名が逮捕・起訴され、有罪判決を受けたものである。さらにその後、三・一五事件（1928年）や四・一六事件（1929年）が相次ぎ、学生や教員など大学関係者が多く含まれ、マルクス主義思想に関連した学生思想

問題とその対処が課題となっていたのである（菊川 1931）。

蝋山は河合とともに学生思想問題調査委員会に参加し、この問題に直接関与する立場となった。学生思想問題調査委員会は、学生思想問題への対処法を検討するために設置されたもので、同委員会は1931年7月、学生生徒左傾の原因と対策とについて諮問を受け、諮問を行った鳩山一郎文部大臣自ら会長を務めて審議を進め、1932年5月、その答申を発表した（以下、本文中では「答申」と略記）。

「答申」の内容を見よう。そこでは、学生生徒左傾の原因として、大きく次の7点の大項目、すなわち、社会の情勢、思想界・学界の傾向、教育の欠陥、マルキシズムの性質、左傾運動、青年の心理、境遇及び素質をあげ、さらにそれぞれの大項目の中で簡単な説明と、さらに小分けにした小項目とを示している。そして、この対策として、大きく次の4点の大項目、すなわち、社会情勢の改善、思想界・学界の匡正、教育の改善、左傾運動の防止をあげ、同様に説明・小項目を付している。

「答申」を見ると、左傾の原因・対策を社会情勢や社会の指導的立場にあるものの意識に求める点がないわけではない。「左傾学生・生徒の社会問題に対する関心の原因は、主として現時の世界の経済的・政治的情勢並びに我が国経済界及び財界の情勢に不満を感じ、疑問を持つに始る」（学生思想問題調査委員会 1932：3-4）とし、その対策として「思想問題は独り教育のみに依りてこれを解決し得るものにあらず、同時に政治・行政並びに社会改善等の方面に於ても、それぞれ其の原因に対応して適切有効なる方策を講ずるの必要あるを認む」という認識の上に、「社会情勢の改善……の根本は、社会の指導的地位にあるものの反省と自覚とに俟つもの多し。就中為政者・資本家等が常に国家公共の立場に立つて行動し、真に国家の公務に当り、社会の儀表たるの責任を尽くさざるべからず」として、「党争の弊害を除去し、選挙の浄化を図り、議会の機能を振作して議会制度に対する国民の信望を高むる」とか「我が国情に適する社会政策を充実して、無産者及び小作者の生活不安を除き、其の他適切なる産業政策に依りて国民生活の向上を期すること」、「時代の推移に対して富豪及び有産者の自覚を促すと共に、財力に応じて国民の経済上の負担の公正を期すること」などの対策をあげている（学生思想問題調査委員会 1932：15-17）。

とはいえ、（上記の諸対策が文部省の権限をはるかに超える問題のためもあろうが）

原因・対策の中心は、やはり学生生徒や教師、学校に求められた。この種の原因のうち主な点をあげると、第一には、学生生徒の左傾は「現代我が国の思想界・学界の風潮に誘導せらるゝもの少なからず」として、プロレタリヤ文学及びマルキシズム理論の流行などが問題視されている。第二には、主として学校教育の問題が指摘され、「特に我が国の深遠なる国体に対する明確な観念を養成するに欠くる所あり……現下の社会問題・思想問題に関する正常なる推理力・判断力を育成」させることができないとされている。そして第三には、左翼運動に加入する直接の原因として「学内及び学外に於ける左傾運動の誘惑」があげられている（学生思想問題調査委員会 1932：5-9）。

このような学生生徒や教師、学校における原因への対策として打ち出されたのは、主として国体観念の闡明、マルキシズムの批判、そしてその成果に基づいた教育であった。すなわち、「我が国体・国民精神の原理を闡明し、国民文化を発揚し、外来思想を批判し、マルキシズムに対抗するに足る理論体系の建設を目的とする、有力なる研究機関を設くること」を求め、また、教育内容の是正のため「学校に於ける諸学科の教授内容と学生の思想傾向との関係を具体的に調査し其の結果を有効に実施すること」とし、さらに左傾運動に対する厳しい取り締まりを行うよう求めていた（学生思想問題調査委員会 1932：20）。

以上、「答申」の内容を見てきたが、それは、蠟山にも河合にもそのままでは受け入れがたいものであった。そのため、二人は、学生思想問題に関する彼らの主張を共著『学生思想問題』にまとめて出版し、「答申」に対する彼らの批判的立場を明らかにした。この書籍は、「答申」同様に学生思想問題の原因・対策を提出しているが、小項目一つ一つにも説明を付すとともに、その前提として、学生思想問題の性質・観点を概観しており、「答申」に比べるとかなり大部のものであった。以下、主要な主張を三点採り上げ、「答申」と対照させながら見ていこう。

蠟山らの批判は、第一に、「答申」がマルキシズムの排撃を強く押し出し、そのためにマルキシズムに対抗しうる理論体系の構築を目的として、国体・国民精神の原理を闡明し、国民文化を発揚するとしながら、マルキシズムにしても、国体・国民精神・国民文化にしてもいずれもその内容の検討が不十分で、前者に対しては過度に排撃に傾き、後者に対しては過度に称揚に傾いていると

いうものであった。前者のマルキシズムについて、蝋山らは構成要素を分解し、その「唯物弁証法の哲学」や「社会主義を実現する方法として暴力革命主義と無産者独裁主義を持つ政治思想」などを強く批判するものの、マルキシズムが持つ「資本主義を変革して之に代わるべきものを社会主義に求めんとする社会思想」という要素には共感を示していた（河合・蝋山 1932：1-3）。また、後者に関しても、国体について、「元来国体思想はマルキシズムと全面的に対立するものではない。唯物弁証法の哲学の一部とは対立するかも知れないが、資本主義の解剖とか社会主義とか暴力革命主義や独裁主義とは、正面から対立する思想にはならない」として、国体・国民精神、あるいは国家主義を涵養したとしてもマルキシズムの勢力を阻止することにならないとした（河合・蝋山 1932：35-37）。

　批判の第二は、マルキシズムを排撃するにしても、その前提としてなぜそれが悪いかが明らかにされていなければならないはずだが、答申にはその点が曖昧にされているというものであった。国法に反するから、社会や学校の秩序を乱すから、あるいは、国体に反するからなどといってもそれらは十分な理由にならない。なぜなら、国法の定まる以前を想定すればマルキシズムを認めてよいということになるか、社会や学校の秩序を乱すわけでない心情的左翼学生は認めてよいことにならないか、あるいは、外国でマルキシズムを信奉することを認められるかと問えば、マルキシズムを排撃しようとする論者はこれらを肯定しないだろうと考えられるからである。詰まるところ、蝋山らは、「自己の正しと信じる思想体系を所有しなければ」、マルキシズムが悪いかという問いに答えることはできないとした（河合・蝋山 1932：13-14）。

　批判の第三は、「答申」がとかくマルキシズムの批判や取り締まりに傾きがちなことに対し、そうした強圧的な手法によっては、決して学生を期待される方向に導くことはできないというものであった。実際、学生は同世代で優れた資質を有しており、将来は各界の指導者となることが期待される。しかしながら、「マルキシズムにせよ、反マルキシズムにせよ、凡そ複雑なる現代文化の所産たる思想を単に知識として注入され、又意見として押し付けられて、自らの思想的独立を喪失してゐることが現代青年の病弊であり、懊悩の素因である」（河合・蝋山 1932：15）って、そのため蝋山らから見れば、マルキシズムについ

てはその採るべき点のみに目が惹かれ、暴力主義革命などの問題点には注意が向かずに済まされてしまうのであった。

「答申」に対する蝋山らの批判のうち主要な三点を採り上げてきたが、これらについてどのような対策を提案していたのだろうか。

対策の第一として、「答申」では「我が国体・国民精神の原理を闡明」する等の目的の研究所設置を提案していたが、蝋山らはより広範な対象を研究するものとして、思想研究所の設置を提案した。マルキシズムの普及の原因には「マルキシズムに代るべき有力なる思想体系の存在せざるに依る」が、その思想体系は単に国体・国民精神の原理を闡明したところで得られるものでなく、「思想問題の核心に触れ、且広範なる領域の思想の研究」を行う必要があると考えたからであった。そのため、同研究所にはマルキシズムに関する部門を並置し、その批判のみならず研究に当たらせようとするものであった。また、日本の古典思想を含む在来思想に関する部門についても同様に研究のみならず批判に当たらせようとした。その上で、将来の思想の樹立に関する部門の設置を構想していた（河合・蝋山 1932：50-53）。

対策の第二として、蝋山らは、自らとマルキシズムとの対立を明確にするため、暴力革命主義や独裁主義に対置して議会政治と言論自由主義を肯定し、その上でそれらの再建を主張した。本来、期待されて実現したはずの「立憲政治及び議会主義が公正有効にその機能を発揮せざる」（河合・蝋山 1932：40-41）ために原理的な批判を招くことになったため、「選挙に於る買収その他の不正行為を絶滅することを目的とする徹底的なる選挙法改正と議会制度の機構を改革して真に国策樹立の中心たり、社会問題の解決処理の指導機関たる内容を具備せしめる諸改革は是非断行しなければならぬ」（河合・蝋山 1932：43-44）としたのであった。併せて、現状が言論不自由状態であるために却って反対思想を盲信させる結果に陥っており、国民の理解と承認の上に立つ政治を実現して国民の忠誠を喚起するため、また万機公論に決する立憲政治の振興や、衆知を集め国策の中心となるべき議会制度のためにも、言論自由主義の確立・普及が必要であると訴えた（河合・蝋山 1932：45）。

対策の第三として、上記の言論自由主義とも関連するが、学生の思想・運動を抑圧せず、なるべくその自由を認め、「如何に思想すべきか」の思惟的能力

の養成と、批判的判断力の涵養に主眼を置こうという方針を示した（河合・蝋山 1932：15）。その方針が端的に現れているのが、学内でのマルクス主義団体の活動についてである。「答申」では「共産党・共産青年同盟及び其の外郭団体・プロレタリヤ文化団体等の運動を厳重に取締ること」「学内及び学外に於ける学生・生徒の左傾運動に就いては、学校・家庭・内務及び司法機関相連絡して其の取締を周密にすること」など厳格な方針を示しているが、これに対して、蝋山らは、「マルクス主義の研究と実践とは決して容易に区別し得るものではないが、さりとて之を今日の如く一般的に禁圧することは、何時までも彼等をして合法的に許さるべき学生の自治権を名としてその活動に根拠あらしめ、非マルクス学生をしてその主義に共鳴せざるに拘わらず、之を声援し同情するの態度を執らしむる。故にマルクス団体と雖も厳にその研究に止まる限り、之を公認し、その行動に対しては厳格なる制限を付すことが得策であろう」とし述べ、寛大な対応の必要性を示したのである。

以上、「答申」への批判を中心に『学生思想問題』の内容を見てきた。これによって、民主主義についての内容が『公民政治論』の延長線上に理解できることが理解されよう。さらに、マルキシズムの批判に終始しない研究といった自由な研究の確保、思惟的能力の養成や批判的判断力の涵養など個人に求められる資質や教育方法について前節よりも明瞭にそれを確認することができた。

4　戦後の政治教育論の再生

前節まで戦前の蝋山の政治教育論を、1930年代前半の2つの著作をもとに、民主主義のあり様、個人に求められる資質、教育方法を中心に検討してきた。これを承け、本節では、戦後に展開された蝋山の政治教育論について、これらの点を中心に検討していきたい。

検討の対象が1930年代初めと戦後とで時期的に大きく隔たってしまうのは、上記の著作の刊行後、蝋山がまとまって政治教育をテーマとして採り上げることが（1936年3月に刊行された講演録『立憲的政治教育論』を例外として）ほとんど見られなくなったためであり、しかしまた、敗戦後に再び主要なテーマの一つとしてたびたび採り上げるようになったためである。

第Ⅰ部　シティズンシップ教育の課題と日本での取り組み

　この間、なぜ蝋山がまとまって政治教育を論じなかったか。もちろんそれは、1930年代後半以降に進んだ戦時体制への移行を反映したものであろう。蝋山の政治教育論の前提となる議会や政党の力が衰え、自由な言論空間が抑圧されるという状況では、これまで見てきた政治教育の意義や役割は成立しなくなる。

　そのことを窺わせるものとして、新聞紙上の論説から「国策計画と教育　官僚独善の弊風を矯正せよ」（蝋山1939）を採り上げよう。この小文は政府によって種々の国策計画が策定される状況下で、同時に必要とされるはずの国民生活への「特別の考慮」や国民への「教育」が欠落していることを憂え、糾弾するものである。ここで言う教育とは、国策計画の実施にあたって国民の理解を得て摩擦を少なくするべく、計画のための「立法に当つて十分国民を啓導し、その趣旨の徹底を図るために十分不断の努力をすること」であって、端的に言えば、国民の協力を惹き出すため、国策の必要性を理解させようとするものであった。そこでは、自由な意見表明や議論によって政治に主体的に関わろうとする公民観を明示し、肯定することはなかった。

　第二次世界大戦の敗戦とそれに続く占領改革は、日本の政治と教育とを大きく変化させ、政治教育に関する蝋山の議論を再び活性化させた。米国を中心とした連合国は敗戦後の日本を占領し、日本が再び彼らの脅威となることのないよう民主化・非軍事化を進めた。その結果、1946年、日本国憲法が制定されて議院内閣制が規定され、政党はまさしく政治権力を占める存在となった。また、1947年には、旧来の教育を否定した教育基本法が制定され、個人の尊厳を重んじるなど日本国憲法の理念と合致する教育の実施がうたわれた。政治・教育に関して、かつて蝋山が望んだ制度が一挙に整備されることになったのであった。蝋山が、敗戦後に再び政治教育について活発に論じるようになったのは、まるで戦時体制下の空白を埋めようとしたかのように感じられる。

　ただしかし、蝋山にとって、戦後の政治と教育をめぐる情勢は彼の期待通りには展開しなかった。占領改革の結果として政党と議会とが政治権力を占めるようになったものの、1952年に占領が終了して独立を回復すると、政権を継続して担うようになった保守政党は、その前後から、占領改革に行き過ぎがあったとしてその修正を図ろうとし、教育制度はその対象の一つであった。教育制度がそのような対象とみなされたのは、教員の労働組合である日本教職員組合

第5章　民主主義と政治教育

が政治運動に積極的で、革新政党と連携して保守政権と対立したことも影響していた。さらにまた、戦後には学生運動も活発化し、やはり保守政権を批判していたことも同様に関係していた。このため、保守政権は国・自治体による学校管理を強化し、占領政策の行き過ぎを改めようとした。このような対立関係は、1950～60年代にかけて激化していった。

　こうした情勢に対する蠟山の主張は、日本において民主主義が定着・発展するためにこそ、民主主義のための教育が必要であるというものだった。そうした教育の研究・普及・実践のため、蠟山が自ら中心となって設立されたのが、民主教育協会（現・IDE大学協会）である。同協会は1954年7月に設立されたもので、1957年3月に発行された機関誌第一号の紹介記事によれば（『IDE民主教育協会誌』第1号、1957年3月）、会長に蠟山、副会長には日高第四郎（元文部次官）や坂西志保（評論家）が就き、さらに東北・東海・近畿・九州に置かれた各支部では、新明正道、勝沼精蔵、鳥養利三郎、平塚益徳という各地の（総長級を含む）旧帝大関係者が代表者を務める組織であった。政治的色彩のない民間団体として、教育を通じて日本に民主主義を樹立する目的を標榜し、調査研究、普及、援助、国際交流の各事業を行っていた。具体的には、海外の大学関係者の招聘や海外への研究者の派遣の他、成人教育として協会関係者が出講する「成人大学」や、学生と教員とがともに合宿して議論する「IDE夏季セミナー」（『IDE民主教育協会誌』19号：12–19）などの活動を行ったりしていたが、民主主義や教育に関する書籍・雑誌を多く発行する活動にも熱心で、IDE教育選書やIDE教育資料と題したシリーズを発行していた。IDE教育選書だけでも1956年以降1970年代までおおよそ毎年10冊以上を発行しており、蠟山も1956年から会長を退任した1962年までの7年間に6冊の小冊子（『民主主義と教育の基本問題』〔第3号、1956年〕『政治と倫理』〔第9号、同年〕『日本の前途と教育政策』〔第29号、1959年〕『あたらしい国家観と地方自治』〔第32号、1960年〕『日本の民主主義　その文脈』〔第50号、1961年〕『教育の中立性』〔第51号、1962年〕）をこのシリーズから刊行したほどであった。

　1956年に発表した小冊子『民主主義と教育の基本問題』（蠟山 1956）もそのうちの1冊で、民主主義教育について論じたものである。蠟山は、占領下で行われた制度改革を評価しつつ、民主主義の定着・発展の条件を探るため、民主

主義が制度のみで成立するものでなく、「理念と制度と生活という3つの次元」から成立しているとして腑分けしてみせた。それによれば、「民主主義の第一次元は、自由、平等、友愛といったようなフランス革命以来世界に拡がった理念であり、その理念を中心とする思想である」。そして、「民主主義が実際に実現するためには、それがなんらかの制度または方法を伴い、それによって支えられねばならない。それが民主主義の第二次元を成す制度または方法である」。しかし、民主主義が定着・発展するためにはさらに重要な第三次元、つまり国民の生活の仕方が重要であるという。「その生活の仕方が民主的であるか、……民主化しやすい条件をもっている米国のような国はよいが、そうではなくて封建的な、非民主的な伝統的な生活をして来た場合には、民主主義の第三次元的な支柱が弱いことになる」（蝋山 1956：10-14）のであった。

　第三次元が重要であるのは、第一の次元にも第二の次元にも矛盾と困難があるためであった。民主主義の理念・思想としてまず挙げられる自由と平等も、それぞれ詳細に検討すれば矛盾し、対立した要素を持つ。さらに、民主主義の理念・思想の実現のために用いられるはずの議会や政党、多数決といった各種制度も、政治家が権力闘争にばかり明け暮れると、かえって民主主義を毀損しかねない。民主主義の理念・思想を調和させ、その実現のために制度を適切に運用するには、第三次元である国民の生活の仕方に支えられる必要があるのであった。そして、この国民の生活の仕方を民主主義の支えとするために、民主的な教育を行う必要があるとされた（蝋山 1956：14-17）。

　では、民主主義のための教育、あるいは民主的な教育とはどのようなものか。この点に対する蝋山の直接の説明はごく簡潔で、先の三次元構造を想起させるように、次のように述べられている。

　　理論的には、民主主義の構造は単なる観念でも憲法上の規定でもなく、それは種々な制度に現れておるのみならず、国民のひとりひとりの生活態度や行動、つまり生活の仕方に根ざしているものである。民主主義教育は構造的にいって民主主義に内在しているのである。従って、民主国家においては、民主主義教育は超越的な外在的な理想または原理によるものではなく、政治と共通な内在的な理想または原理によるのである（蝋山 1956：32）。

　この説明は、『公民政治論』以来の蝋山の強調点、すなわち政治教育は学校

でのみ、学生生徒のみを対象として行われるのでなく、社会全体が政治教育の場であり、社会生活全体は政治教育の実践でもあり、その教育の対象は全国民に及ぶという主張と対応していることが察せられる。そうであれば、そこで重視されることは、「憲法に合致してそれに忠誠な国民を育成すべく民主主義教育を発達せしめようとする」(蝋山 1956：32) ような教育でなく、当然、(段階によって多少の差異はあるにせよ) 学習者の思想・運動に自由を認め、思惟的能力を養成し、批判的判断力を涵養することであったろう (蝋山 1956：42-53 も参照)。

　このような教育を可能にするためには、本質的に人格的な交渉である教育 (蝋山 1956：24) の場に、外部からの圧力や介入を受け入れないようにしなければならず、そうした圧力や介入を生み出すものに対する批判が必要であった。

　一つには、それは、当時の自民党政権が進めようとする国による教育管理化への批判であった。無論、国家制度としての教育には大いに必要性が認められた。国家や公共団体の手によって、組織的に学校制度として教育が営まれるようになって、規模・質量ともに従来に見られない発展を遂げてきた。その成果として、「教育施設が普及し、教育の機会が拡大し、普通教育の如きは世界的水準に達し、また高等教育の如きも相当の程度において発達した」ことは確かである。しかし、問題だったのは、国家教育の別の側面、政治権力者の国家理想のため、国家政策遂行のために国家主義教育が行われたことであった。そのため、「敗戦という破局に当面したとき、国民はその外面的な物質的存在を脅かされたのみならず、内面的な精神的存在としても虚脱状態に陥っ」てしまった。その反省を踏まえれば、「教育の内容は教育機関や教育者自身の人格的責任において自主的な行為によって決定させることが望ましいのであって」、国家の責任は教育施設・機会の保障・供給を主とすべきで、国家が教育内容を政治的に規制したり、政治的イデオロギーによる指導をしたりすることは最小限に留めなければならないとされた (蝋山 1956：25-29)。

　このように、蝋山は当時の自民党政権に見られた教育管理化の動きを批判するのであるが、加えてもう一つ、同様に、教育者の政治活動に対しても批判が向けられた。この批判については、前掲『民主主義と教育の基本問題』には採り上げられていないが、同時期、前年の1955年に発表された論文「政治と教育はどうあるべきか」(蝋山 1955) に詳しく述べられている。これは、同年に刊

行された『政治教育の理論と実践』の巻頭に掲載されたもので、当時、教員の政治活動を禁止した教育二法が成立した情勢を受けて執筆されたものであった。この論文によれば、もちろん教育者は市民として基本的な自由と人権を保障されており、市民として政治活動を行うのは当然であるとされる。それが認められないのであれば、政府の教育政策に盲従することになり、教育の自主性ということがほとんど無意味になるからである。しかし、(公民とは異なり)市民という立場は教育者としての立場を包含するものではなく、二つの立場は併存し、区別されなければならず、教育者として生徒・学生に接している場合、市民としての立場から自由に政権や政策の是非を論議するような態度は教育的でないため、とってはならないとされたのであった(蠟山 1955：24-29)。

　ここで言われる教育的とは、どのような意味だろうか。蠟山は、さらに教育者の立場についての検討を進める。それによれば、教育者の任務は「次の世代をつくること」にある。「自分の考える善き政治を実現し得るような次の世代をつくり上げるところに、教育者の使命があり……、現在の政治的権威ではなくして、次代の政治的権威をつくり上げることが、教育者の任務」であるという。これを見れば、教育的という言葉の意味が、やはり批判的判断力の涵養等にあることは明らかであろう。教育の場においては、教育者は学生生徒に対して優越的地位に立っており、教育者が自己の見解を自由に述べることは、いわば現在の教育上権威として振る舞うことを意味しよう。それは学生生徒への抑圧になるというのが蠟山の意図と推測される。

5　蠟山の政治教育論から何を汲み取るか

　本章では、シティズンシップやシティズンシップ教育が民主主義体制を前提とし、その維持や発展に貢献するために構想されるものであることを踏まえて、政治教育がその中核であると考え、民主主義との関係で政治教育を論じる前例を日本近現代史の中に求め、蠟山の戦前から戦後にかけての政治教育論を検討してきた。その際、民主主義のあり様とともに、個人に求められる資質やその教育方法を中心に、蠟山の政治教育論の構造を明らかにしてきた。

　その結果、彼は議会や政党を中心とした民主主義に期待し、その改善を常に

求め、それにつながるような政治教育を常に志向してきたことを明らかにしてきた。現実の民主主義が広く満足を得られるものになることは稀である。民主主義のあり様として、まずは現実の民主主義につき、改善が常に必要であるという共通認識が社会に行き渡ることが期待された。その上で、個人に求められる資質として彼が学習者に期待するのは思惟的思考力と批判的判断力で、現状の問題を認識し、その改善のための方策を案出し、その実現のために行動できるようになることであった。教育方法について、学習者がそのような資質を身につけるためには、教育者が自由に教育・研究を行うための環境が必要であるとともに、学習者についてもその議論や行動をなるべく自由に認めることが期待される。そのためには教育内容に関する国家介入は最小限に留められなければならないのであった。

　このような彼の政治教育論は、本章で論じた範囲では1930年代と1950年代とでほとんど一致していた。もし際立った違いがあるとすれば、戦後改革に対応して活発化した教育者の政治活動に関する言及であるが、これについても、学習者の資質の育成という観点から理解できることを説明してきた。

　彼の政治教育論を、当時の政治状況と関連付けながら見ていくと、現在と通じる問題が多く看取される。シティズンシップやシティズンシップ教育の議論のためにも、参照されるべき歴史的先例であろう。

〔参考文献〕
石田雄（1958）「日本的「代表」の展開過程」『年報政治学』9号、85-105頁。
今村都南雄（2009）『ガバナンスの探求――蝋山政道を読む』勁草書房。
上原直人（2006）「社会教育における公民教育論の検討――蝋山政道を中心に」『日本社会教育学会紀要』42号、13-22頁。
――（2017）『近代日本公民教育思想と社会教育――戦後公民館構想の思想構造』大学教育出版。
小関素明（1997）「民本主義論の終焉と二大政党制論の改造――蝋山政道のナショナル・デモクラシー論と二大政党制論」『史林』80巻1号、109-146頁。
学生思想問題調査委員会（1932）『学生思想問題調査委員会答申』国立公文書館デジタルアーカイブ。
河合栄治郎・蝋山政道（1932）『学生思想問題』岩波書店。
菊川忠雄（1931）『学生社会運動史』中央公論社。
河野有理（2016）「「公民政治」の残影――蝋山政道と政治的教養のゆくえ」『年報政治学』2016-1、53-76頁。

第Ⅰ部　シティズンシップ教育の課題と日本での取り組み

小玉重夫（2015）「日本における政治教育・市民教育の現状と課題」『政治思想研究』15号、81-96頁。
――（2016）『教育政治学を拓く――18歳選挙権の時代を見すえて』勁草書房。
酒井哲哉（1998）「「東亜共同体論」から「近代化論」へ――蝋山政道における地域・開発・ナショナリズム論の位相」『年報政治学1998』109-128頁。
高橋進（2014）「大学におけるシティズンシップ教育のための予備的考察――グローバル化時代のシティズンシップのあり方を求めて」『社会科学研究年報』44号、185-189頁。
長沼豊・大久保正弘編著、クリック，バーナードほか（2012）『社会を変える教育――英国のシティズンシップ教育とクリック・レポートから』鈴木崇弘・由井一成訳、キーステージ21。
堀尾輝久（1987）「《公民》および公民教育――近代社会における《公民》概念の検討と日本における公民教育の意義」『天皇制国家と教育――近代日本教育思想史研究』青木書店。
松沢弘陽（1962）「民主社会主義の人びと――蝋山政道ほか」思想の科学研究会編『共同研究転向』下巻、平凡社。
蝋山政道（1931）『公民政治論』雄風館書房。
――（1936）『立憲的政治教育論』帝国大学新聞社。
――（1939）「国策計画と教育――官僚独善の弊風を矯正せよ」『読売新聞』1939年8月21日付朝刊。
――（1955）「政治と教育はどうあるべきか」蝋山政道他『政治教育の理論と実践』新日本教育協会。
――（1956）『民主主義と教育の基本問題』民主教育協会。
蝋山政道追想集刊行会編（1982）『追想の蝋山政道』同会。
『IDE民主教育協会誌』。

第Ⅱ部

諸外国の取り組み

第**6**章

イギリスにおけるシティズンシップ教育の政治
―― 政治教育と若者の政治参加をめぐる問題 ――

大村　和正

1　なぜイギリスはシティズンシップ教育に消極的だったのか

　イギリスではブレア労働党政権（1997-2007年）の下、1998年のクリック・レポート[1]に基づき義務教育にシティズンシップ教育の教科が導入され、2002年度からは中等学校で必修化された。日本でも選挙年齢の18歳への引き下げに伴い高校等での主権者教育の必要性等の理由から、欧米諸国のシティズンシップ教育、特にイギリスのシティズンシップ教育への関心が高まり、その詳細な紹介や事例研究等も含めた優れた研究がなされている（杉本ほか 2008；長沼・大久保 2012；川口 2017；北山 2013；2014；2017；武藤・新井 2007）。クリック・レポートで表明されたシティズンシップ教育の理念やイギリスの取り組みから、イギリスのシティズンシップ教育は非常に注目されてきた。しかしながら歴史的にシティズンシップ教育に積極的に取り組んできたアメリカ合衆国やフランスと比較すると、20世紀末になるまでイギリスは政治の担い手を育成する政治教育としてのシティズンシップ教育に消極的であった。この点でイギリスはアメリカ合衆国やフランスとは対照的であった。日本でイギリスのシティズンシップ教育への注目は高いものの、21世紀になって初めて政治教育も含めたシシティズンシップ教育を導入したイギリスの歴史的背景や政治的文脈は必ずしも十分に検討されているとは言い難いように思われる。

　イギリスのシティズンシップ教育を論じる場合、クリック・レポートやB.クリックの政治思想が重要であり、先行研究でも良く言及されている（本書の第1章、第2章、第3章、第4章も参照）。しかしながらB.クリックのシティズン

第6章　イギリスにおけるシティズンシップ教育の政治

シップ教育の理念やその解釈をめぐり、様々な対立や葛藤がある他、クリックの立場と異なり、政治参加よりも人格教育や道徳教育を重視する立場や、ラディカルな参加民主主義論の立場、民族マイノリティやジェンダー・マイノリティの権利実現の観点からより批判的なシティズンシップ教育の議論や実践も存在している。シティズンシップの理解や若者の参加、政治教育の必要性やそのあり方に関する理解は一様ではなく、むしろ緊張や対立をもはらんでおり、これらは現代イギリスの政治・社会的な対立を反映したものであるとも言える。しかしながら、シティズンシップ教育の導入に至る歴史を扱い、マイノリティの多文化主義教育をめぐる問題を掘り下げて考察した北山の研究を除き、日本の先行研究で、シティズンシップ教育の歴史的・政治的文脈や、様々なシティズンシップ教育をめぐる対立やその政治的意味を掘り下げて考察したものは少ないように思われる。以下、次節では歴史的経緯も踏まえ、イギリスでシティズンシップ教育が導入された政治的文脈を考察する。その後、クリックも含め、様々なシティズンシップ教育の潮流とその争点を明らかにして、その政治的な意味を考察したい。日本では高く評価される傾向にあるイギリスのシティズンシップ教育について、イギリスでの政治的文脈とその政治的意味や問題点を考察することが本章の課題である。

　なおイギリスはイングランド、スコットランド、ウェールズ、北アイルランドから構成される連合王国であり、シティズンシップ教育も含め、教育制度のあり方もそれぞれの地域で多様であるが、本章は対象をイングランドのシティズンシップ教育に限定する。[2]

2　シティズンシップ教育の背景——歴史と政治的文脈

　アメリカ合衆国やフランスと異なり、イギリスは伝統的に若者への政治教育には消極的な態度をとってきた。アメリカ合衆国やフランスは、それぞれ革命を通じて共和政の政治体制を樹立した歴史を持つため、共和国の担い手である市民を育成するためのシティズンシップ教育に取り組んできた（本書の第7章と第8章を参照）。これに対してイギリスでは歴史的に市民（citizen）よりも、帝国の臣民（subject）としての認識が強かったため、アメリカ合衆国やフラン

スの共和政のように政治の担い手である市民を育成するための教育は発達してこなかった（Frazer 2008：179；MacLaughin 2008：342-343）。

　戦後、イギリスの公立中等学校は、指導的なエリート層を育成する学校と義務教育の終了後すぐに就労する一般人を教育する学校に分かれていた。前者の学校は学校教育の「隠れたカリキュラム」[3]によって指導的なエリートを育成する役割を果たし、後者の学校は工場長等の職場での中間的な管理職を育成することを目指していた。支配的なエリート層と支配される一般人といった階級に対応して学校の類型は別れていて、支配的なエリート層と一般人を包括する英国市民の政治教育が必要であるとは認識されてこなかった[4]。イギリスの学校教育では政治教育の代わりに、ホイッグ史観的な歴史教育等によって政治制度等の基本的な知識を伝えることで十分であると考えられていた（Lister 2008：322-324）。他方でイギリスのシティズンシップ育成に関する教育では、価値教育や道徳教育や精神的教育が重視されてきたことも政治教育を軽視する傾向を強めることになった（Frazer 2008：175-176）。

　イギリスで政治教育の必要性が認識され始めるのは1970年代以降のことである。1970年に選挙の投票権の年齢を18歳に引き下げたこと、1972年に義務教育の期間を16歳まで引き上げたことにより、10代の若者の政治への無関心が問題とみなさるようになった。他方で学生等による過激な行動による「悪い種類」の政治的な活動主義も懸念された。このため選挙での投票等の政治過程に参加する責任を持てるように10代の若者を学校で教育することが必要であることが認識されるようになった。1970年に学校での政治教育を普及させることを啓蒙する政治協会（Political Association）が政治学者のクリックやD. ヒーターの指導によって結成された（Beck 2012：5-6）。また1974年には政治教育のための全国プログラム（the national Programme for Political Education）が推進されたが、このプログラムは中心的な概念として、「政治的リテラシー」を提唱して、教員がいかにして政治問題を教室で扱うのかを示したガイドラインを公表した。このガイドラインは、政治教育は実際の政治争点を扱うべきであること、中央政府や地方自治体等の制度だけでなく、工場や環境等、「政治」の概念を幅広く把握すること、自由、寛容、公平、真実の尊敬等、手続きの価値を重視した（Lister 2008：326-327）。

第6章　イギリスにおけるシティズンシップ教育の政治

　しかしクリックによる政治協会等の活動にかかわらず、1970年代から1980年代にかけて学校への政治教育は普及しなかった（Beck 2012：5-6）。この時代、クリック等が推進する政治教育は多数の学校現場には積極的に受けいれられなかった。一部には優れ政治教育の実践も存在していたが、伝統的に政治教育の必要性を認識してこなかった多数の教員や学校にクリック等が提唱する政治教育は広まらなかった。これは教員が政治や現実の問題に関して教員個人の主観を生徒に教え込むことをためらったからでもあった。また多数の学校で歴史等の既存の社会科教育が重視され、政治教育の位置づけが低かった（Lister 2008：327-331）。他方で1970年代の前後、左翼やフェミニズムの影響を受けた政治的に急進的な理念を持つ教員による平和教育やジェンダー教育、人権教育等の「進歩的な」教育の実践が都市部を中心とした学校で行われるようになっていた。これに対して保守党の政治家や支持者から急進的な教員による学校教育の「政治化」への批判が強まった（Beck 2012 6-7）。逆に進歩的な平和教育やジェンダー教育、人種差別反対の教育を目指す急進的な左派の教育関係者は英国の既存の政治制度そのものが制度的にレイシズムや性差別を内包しているとみなして批判的な姿勢を示し、英国の政治制度を前提とする政治教育には懐疑的であった。「進歩的な」教育を嫌う保守派も、「進歩的な」教育を目指す急進的な左派も、政治教育に対して懐疑的で批判的な見方を表明していた。このように1980年代まで英国の教育には学校で政治教育を行うことは好ましくないと考える「反政治的な文化」が存在した（Frazer 2008：184-185）。クリックや政治協会等の政治教育を普及させようとする試みが成功しなかった要因として、大多数の学校現場が政治教育の必要性を認識していなかったことに加え、政治的には保守派と急進的な左派の両方が政治教育を批判する等の「反政治的な文化」の存在を挙げることができる[5]。

　1980年代に入り、1988年教育改革法の制定等、サッチャー保守党政権は戦後教育を大きく変える教育政策を行った。サッチャー政権が導入したナショナル・カリキュラムの中に、教科横断的なシティズンシップ教育が導入された。しかしシティズンシップ教育は必修科目にならなかった。またサッチャー政権は学校現場に全国レベルで学力試験等の成果を求める競争原理を導入したため、学校現場はシティズンシップ教育よりも、全国試験の成果を挙げるのに重

要な数学や英語等のナショナル・カリキュラムのコア科目を重視する傾向にあった（Beck 2012：7；北山 2017：49-50）。教科横断的なシティズンシップ教育が導入されたものの、上記の事情で不十分な扱いを受け、サッチャー政権の姿勢もあって、イギリスは政治教育に消極的なままであった。

3 ブレア政権のシティズンシップ教育の推進とその政治的背景

　1980年代に至るまでイギリスでは若者への政治教育を行うことに消極的であったが、なぜ1990年代末にブレア政権は政治教育を含むシティズンシップ教育を推進することを決定したのだろうか。クリック・レポートやブレア政権の政治家が若者の政治への無関心を懸念していたことはよく指摘されている。しかし若者の政治への認識を懸念して政治教育が必要であるという議論自体は、選挙年齢が18歳に引き下げられた1970年代から存在していた。

　政策の転換や新しい政策の導入が可能となる政策過程を説明するため、政策過程論研究のJ.キングダンは以下のように論じている。政策過程には、ある問題に対応するために新しい政策が必要であると広範に認識される「問題の流れ」、様々な政策アイデアが競合する「政策の流れ」、政策決定者が政策のアジェンダを設定する「政治の流れ」がある。あるタイミングでこれら3つの流れが一致した時に、いわば「政策の窓」が開かれ、政策の転換や新しい政策の導入、あるいは政策の廃止が可能となる（キングダン 2017）。

　このキングダンの議論を用いると、本章の課題に関して以下のように考えることができる。「政策の流れ」としては、すでに選挙年齢が引き下げられた1970年代頃から政治学者クリック等の政治協会が政治教育の必要性を訴える政策アイデアを主張していた。しかし前節で説明したように、若者の政治教育の必要性に関して教育関係者や政治家等の間に広範な合意が形成されておらず、歴代の政権も消極的であった。このような「問題の流れ」や「政治の流れ」のため、クリック等が主張する政治教育の必要性という政策アイデアは政策決定のアジェンダに載ることがなかった。

　ブレア労働党はその政治理念に新しい中道左派である「第三の道」を掲げており、この理念は市民の政治参加を活性化することを主張している（谷川

2018)。「第三の道」の理念を提唱した社会学者の A. ギデンズも市民の政治参加を活性化する「民主主義の民主化」を唱えた。「第三の道」系の知識人は様々な政策提言等を通じて、ブレア労働党を支援し、一部の知識人はブレア政権の発足後、政策アドバイザーとして政権に参加した者もいた。このような知識人とブレア労働党の人的なつながり、あるいは知識人の団体（シンクタンク）と労働党やブレア政権との連携がある程度、政策面に影響を与えた（本書の第2章も参照）。クリックや D. ハルペルン等、シティズンシップ教育を主張してきた知識人や団体もブレア労働党の政治家とのネットワーク的なつながりがあった。教育政策の決定に関しては、政権や政治家と様々な教育政策のアイデアを提言するシンクタンクや知識人、教育関係者とのネットワークが重要である。ブレア労働党は政治教育やシティズンシップ教育を主張する知識人や団体と密接に連携していた。この点で政治教育に極めて消極的であった、以前の保守党政権（サッチャー及びメイジャー政権）と対照的であった（Kisby 2012；Jerome 2012）。ブレア労働党政権の成立という「政治の流れ」がシティズンシップ教育推進を実現する「政策の窓」を開くことになった。

　政治教育の必要性を主張してきたクリックはブレア政権第1期の教育雇用大臣であった D. ブランケットの恩師であった。ブランケットはシティズンシップ教育の導入を審議する諮問委員会の委員長にクリックを任命して、クリック・レポートが成立することになった（長沼・大久保 2012）。もっともこの諮問委員会の構成メンバーは超党派の性格を保つために、労働党に近い知識人だけでなく、保守党政権の教育大臣であった K. ベーカーも委員に入れる等の配慮を払っていた。このためクリックの主張する理念だけでシティズンシップ教育の内容が提言されたわけではないが、ブレア政権におけるシティズンシップ教育推進の政策決定には、クリック等の知識人やシンクタンクとのつながりが重要であった（Kisby 2012）。

　しかしクリック等の知識人とのつながりがあったとは言え、なぜブレア労働党の政治家は政治教育を重視するシティズンシップ教育を推進する政策アイデアを受け入れたのだろうか。シティズンシップ教育推進という政策決定にはブレア政権の成立という「政治の流れ」が重要であったが、しかしその前提として「問題の流れ」において、ブレア労働党政権の関係者の間で政治教育を含め

たシティズンシップ教育の必要性が広く共有される必要があった。クリックのような知識人はともかく、労働党政権の政治家はなぜこのような認識を共有するようになったのか。クリック・レポートやシティズンシップ教育を推進する教育雇用省は、選挙での投票率の低下や若者の政治的無関心の増大、あるいはを若者の反社会的行為を問題にしていた。選挙での投票率等、若者の政治への認識や政治参加に関する懸念をブレア等の政治家も示していた。以下、若者の政治参加の観点から、シティズンシップ教育導入の政治的背景と政治的意味を考察したい。

4 「政治参加」の問題と教育

　1979年から労働党は4回連続総選挙に敗北し続け、18年間保守党の長期政権を許した後、1997年の総選挙でブレア労働党は圧倒的な勝利をおさめて政権交代を実現した。しかし戦後イギリスの総選挙は概ね70％台の投票率で推移してきたが、1990年代になって低下し、1997年の総選挙は60％台に落ち込み、戦後これまでの総選挙では最低の投票率となった（成廣 2014：115）。選挙によって有権者から支持を得ることは、民主政治において政治的な正当性を得るうえで重要である。投票率の低下は政治的な正当性を揺るがすことにもなる。同時に20世紀末になって人々の政治への不信感が増大している。投票率の低下や人々の政治への無関心、政治不信の増大は、民主政治の衰退もしくは危機として認識されるようになってきた（クラウチ 2007；ヘイ 2012）。

　1970年代まで高い投票率を示してきた戦後イギリス政治の特色は「政治の安定」にあると言われた。2大政党である保守党と労働党は安定した支持層を持ち、1970年代になるまで有権者の投票は安定したものであった。この時代までイギリスの有権者は一般的に権威を尊重し、政治エリートを尊敬して信頼する敬譲（deference）の政治文化があったと言われていた（ローズ 1979；モラン 1998）。しかしこのような「政治の安定」や政治エリートを信頼する敬譲の政治文化は1970年代以降衰退していくことになる。1970年代以降、2大政党の得票率は低下していくことになり、人々の政党への帰属意識も低下する傾向が見られ、保守党と労働党は以前と比較すると、固定的な支持者の安定的な支持を

期待することが困難な状況になってきている。しかしながら選挙での投票や政党への参加等、市民の「公式の政治参加」は低下しているが、「政治参加」の定義を広めると、必ずしも人々の政治参加が低下しているとは言えない。政治に関する抗議運動、市民の関心がある問題の請願運動、環境問題やジェンダー等の様々な問題に関するキャンペーン活動、問題がある企業の商品への不買運動等、「広い定義の政治参加」はむしろ活性化する傾向にある。このため、選挙の投票の低下等の現象は、単に人々の政治の無関心が増大しているのではなく、むしろ政治の側が市民のニーズに対応できていないことを意味しているようにも思われる（梅川 2001；2008：763-801；Jerome 2012；Parry *et al.* 1992：16-20；Pattie *et al.* 2004）。

　T．ブレア等の政治家にとって、投票率の低下や政治への無関心、あるいは政治不信の増大は憂慮すべき事態であろう。投票率の低下や固定的な政党支持の衰退、政治不信の増大等の現象はイギリスに限らず、他の国々でも認められる。「公式の政治参加」が低下している理由として様々な要因を指摘することができるが、その一つに教育の影響を挙げることができる。一般に年齢が高い層よりも若い年齢層の方が選挙の投票等の政治への関わりや関心が低いこと指摘されている。教育歴が長い者が政治への関心が高く、逆に教育歴が短い者は政治への関心が低くなる傾向も指摘されている。人生の若い時期に政治への関心が高い者はその後も政治への関心が高い傾向にあるが、若い時期に政治への関心が低いとその後も政治への関心が低い状態が続く傾向にあり、子ども時代の家庭環境や親の影響が子どもの大人になってからの政治への関心、あるいは無関心に影響をあたえていると考えられている。高い教育を受けた親や政治に関心が高い親の家庭の子どもは成人になってから政治への関心が高くなり、逆の場合の家庭の子どもは将来、政治への関心が低くなることが指摘されている。この点から、政治への関心や参加を高めるためには、人生の早い段階（10代の年齢）で政治に関する教育を若者に行うことが重要であると考えられる（Hartung 2017）。ブレア政権が政治教育を含めたシティズンシップ教育を推進した理由に、「公式の政治参加」の低下を防ぎ、政治への信頼や政治の正当性を高めることを教育に期待していることが考えられる。

5　若者の「政治参加」と教育

　ブレア政権が成立した1997年総選挙で、18歳から24歳の若者の投票率は59.7％で有権者の全体の投票率（60％台）よりも若干低い。更に4年後の2001年の総選挙では、50％を切って、39％にまで下がり、2005年の総選挙では37％になった。ブレア労働党が勝利した3回の総選挙で18-24歳の若者の投票率は一貫して減少し続けており、40％を切るまでに下がっている。1990年代初頭、この年齢層の投票率は60％を超えていた（Chou 2017：5-6）。これを若者の政治への無関心の増大と理解することができるかもしれないが、若者の観点から見ると別の理解も可能である。

　選挙での投票率のような「公式の政治参加」は低下しているが、しかし若者の社会運動への参加やオンラインでの意志表明等、非公式な活動も含めた「広い定義の政治参加」はむしろ活性化している。若者が参加する社会運動やオンラインでの意志表明で、若者は政治家や政党等、既存の政治エリートや政治制度への不信や批判を表明することが少なくない（Chou 2017：12-13）。公式の政治への関心は低いが、地域のボランティア活動等へのインフォーマルな活動への若者の参加は活発であり、「広い定義」の「参加」に若者は熱心である（Mason 2012）。この点で、選挙での投票率の低下は若者の政治への無関心への増大というよりも、政治の側が若者の期待に応えることができていないとも考えられる。若者が投票しない等の行為は、既存の政治への無言の抗議を意味していると見なすことも可能かもしれない。若者の政治への無関心が増大することによって「民主政治の危機」に陥っているというよりも、既存の政治のあり方に異議を表明する若者の政治的行動としての側面もあり、むしろ民主政治における意見の衝突の表面化と見なすことが可能であるとも考えられる（Gagnon 2017）。

　もちろん全ての若者が社会運動やオンラインでの意思表明、ボランティア活動等の「政治参加」に熱心なわけではない。若者の側にも政治的無関心の要因が認められる。若者が政治参加に無関心な要因として若者の社会的バックグラウンドや教育があたえる影響が指摘されている。労働者階級の若者よりも中流

階級の若者の方が政治参加の動機や能力が高いことが指摘されている。高校を卒業していない者は高校卒業者と比較して投票率が50%低い等、10代の学校教育が政治参加に影響をあたえていることが指摘されている（Chou 2017：10-11；Pattie *et al.* 2004：199-209）。ボランティア活動等に関しても、貧困層が多い地域の若者の参加が低いこと等も明らかにされている（Mason 2012）。

　イギリスにおいて10代の若者の政治参加を促すためには、教育に以下のことが必要ではないかと思われる。若者は既存の政治には不信を持っているが、広い意味で政治・社会への興味や参加の意欲がないわけではない。若者自身の関心や意欲と政治を繋げるような教育が求められていると思われる。また貧困や格差問題といった社会的バックグラウンドも若者の政治への無関心に影響することが明らかになっているので、若者の貧困問題への対応と社会的に不利な状態の若者の教育ニーズに即した対応も必要と思われる。

6　保守党政権と労働党政権のシティズンシップ理念

　シティズンシップ概念とシティズンシップ教育のあり方に関して、政治思想的には次の2つの理解がある。シティズンシップ概念を市民の権利と義務と理解して、シティズンシップ教育を市民としての権利と義務を教えるものであるとする自由主義的なシティズンシップの理解がある。自由主義的シティズンシップにおける市民の権利として、18世紀から19世紀にかけては個人の思想・良心の自由、言論の自由、財産権や経済活動の自由等を挙げることができるが、20世紀になって社会権の権利も含むと考えられている（本書の第2章も参照）。

　これに対してシティズンシップを市民の権利と義務だけでなく、市民が属する政治共同体への参加をその本質と理解して、政治参加を行う市民を育成することをシティズンシップ教育の本質と考える共和主義的なシティズンシップの理解がある（寺島 2013：5-6；ビースタ 2014；ヒーター 2002；MacLaughlin 2008：352；Jerome 2012：7-12）。

　政治参加という観点からすると、M. サッチャーや J. メイジャーの保守党政権時代（1979～1990年と1990～1997年）はこれに否定的で、シティズンシップを主として古典的で消極的な「権利と義務」として把握した。この保守党政権は

戦後福祉国家の理念に否定的で、「小さな政府」を指向して、市民に国家の福祉制度に依存せず、自立することを求めた。また就労等の市民の義務や家族生活や青少年に道徳や規律を求める傾向が強かった。権利に関しても、福祉に関する社会的な権利には否定的で、個人の自立を強く求め、「消極的な権利」に限定していた。保守党政権時代に「アクティブ・シティズンシップ」という用語が使用されたが、これは「小さな政府」を前提にして、自立した市民の義務と（消極的な）権利で理解されるシティズンシップであった。1980年代以降の保守党政権は教育政策等の公共サービス政策において、「消費者」である市民の選択を重視する政策を推進したが、この「アクティブ・シティズンシップ」理念に基づくものと理解できる。市民のあり方を政治的主体として理解するよりも、市場における消極的な権利の担い手として解釈する理解は教育やシティズンシップ概念を「脱政治化」する役割を果たしている（Carr 2008：36）。サッチャーおよびメイジャーの保守党政権は共和主義的シティズンシップの要素は認められず、社会権にも否定的なため現代的な自由主義的シティズンシップとも言い難い。これは社会権が確立していない、19世紀以前の古典的で消極手な自由権の権利や伝統的な義務を重視するシティズンシップ理念であると言える。

　これに対して政治教育を重視している点でクリック・レポートやブレア労働党政権時代のシティズンシップ教育は、保守党政権時代のシティズンシップ理解と異なる面がある。「アクティブ・シティズンシップ」の言葉はブレア政権時代にも用いられているが、その意味は能動的に社会や政治に参加する市民に変化しているように理解できる。しかしながらブレア政権も市民の「権利と義務」の両方を強調している。社会保障の政策において就労の義務を強調している。教育等の公共サービスで消費者としての権利を強調している点も保守党と同様である。ブレア政権のシティズンシップ教育や教育を含む公共政策全般に、保守党政権と同様、就労や個人が経済に適応するため、メリトクラシー（能力主義）的な要素が認められる（Beck 2008；Clarke *et al.* 2007；Needham 2007）。クリックの提唱する政治教育の導入により、労働党政権のシティズンシップ教育は保守党政権の政策と異なる面もあるが、市民の権利や義務の強調、市民の能力主義や消費者としての市民象も追求している面では保守党政権との連続性も認められる。ブレア政権は市場主義的で消極的なシティズンシップ理念と共

和主義的な政治参加の理念とが混在している（Jerome 2012；北山 2014）。

7　様々なシティズンシップ教育とその葛藤

　このような政党や政権の政策理念における相違だけでなく、シティズンシップ教育の政策アイデアそれ自体に様々な潮流の間に緊張や葛藤が存在している。クリックは政治教育や政治リテラシーの育成を重視するのに対して、シティズンシップ教育において政治教育よりも若者の道徳や人格の育成を重視する立場が存在する。思想的には古代ギリシャの哲学者アリストテレス以来の市民の道徳や人格の育成を重視する思想に立脚した教育理念である。このような道徳教育や人格教育は20世紀以前の学校教育にも存在していた。この立場からすると道徳や人格を育成する価値教育こそがシティズンシップ教育の核心であり、政治教育や政治参加を重視していない。[8]明確に政治教育や政治参加を否定しているわけではないものの、道徳教育や人格教育を重視する立場は、同じくシティズンシップ教育の名称を掲げながらも、政治教育重視のクリック等の理念とは距離があるように思われる（Arthur 2008；Arthur et al. 2015；Halstead and Pike 2006）。

　クリックと道徳・人格教育重視派は政治教育に対するスタンスのみならず、教育における道徳の理解の仕方も異なる。1990年代は家族生活や性生活のモラルの変容や薬物問題や非行・犯罪行為等、若者の道徳問題が注目されるようになった。サッチャーやメイジャーの保守党政権はこのような若者の動向を社会の規律からの逸脱ととらえ、「基本に帰れ」キャンペーンを行う等、道徳回帰を主張した。シティズンシップ教育における道徳教育の重視は保守党政権の理念と親和的であると思われる。[9]他方、ブレア労働党政権も若者の反社会的行為を社会の規律からの逸脱とみなしている点は同様である。道徳教育や人格教育の必要性に関しては、保守党政権と労働党政権の間で著しい相違点はないようにも思われる。

　クリック・レポートで道徳・社会的責任を涵養することが述べられている点は、諮問委員会における労働党系知識人と保守派との妥協かもしれない。しかしクリックがシティズンシップ教育において求めている道徳は、保守的な道徳

重視や規律を求める立場と異なる。クリックが貧困層の家庭の子どもが多い地域の学校を訪問した際、両親との家庭生活が困難な状態にある子どもへの教員の対応を述べた記述で、教員は大人の道徳や規律を一方的に子どもに教え込むのではなく、子どものリアルな家族生活状況や貧困等の社会的背景に即した対応や子どもとの対話的な対応が重要であることを述べている（クリック 2011）。これは規律重視の道徳教育と異なる教育像であろう。

　このように政治教育の重要性や道徳教育の理解に関するクリックと道徳・人格教育派との対立が存在する他、政治の理解や政治参加のあり方に関して、よりラディカルな立場からより批判的な潮流も存在している。上記で述べたように1970年代頃から平和教育や人権教育等の「進歩的な」教育実践は、現実の政治制度を前提にした政治教育に批判的であった。また近年、グローバル化や移民の増大、社会の多文化化に伴い、マイノリティ擁護の立場でラディカルな多文化主義のシティズンシップ教育を求める潮流が存在している。

　クリック・レポートもイギリスにおける民族・人種の多様性や多文化を尊重することは謳われている[10]。これに対して A. オスラーは、子どもの権利や、社会的排除にさらされている少数派民族や障害者等の権利が、イギリス政府の政策に十分反映されていないと批判的に論じている。オスラー等の立場からは、これまでのシティズンシップ概念はイギリスの多数派・主流派社会の価値に基づくものであり、多様な少数派の価値が十分考慮されていないと主張している。また政治教育や「政治参加」に関して、学校の場において子ども自身が決定に参加することや、多数派や主流派ではない多様な少数派の権利の尊重や参加を主張している（オスラー／スターキー 2009）。

　シティズンシップ教育の推進を主張する動きにおいて、クリック等の政治教育重視の立場、政治教育よりも道徳・人格教育を重視する立場、多様な非主流の少数派の権利や参加を重視する立場といった様々なシティズンシップ教育のアイデアが競合している。

8　シティズンシップ教育の行方――「若者市長」を中心に

シティズンシップ教育において若者の主体的な政治参加を促す試みが重要で

あるが、とりわけ教育からも排除される傾向にある貧困層やマイノリティの若者の参加を促す試みが重要な課題であろう。この問題点に関連して、貧困者が多く、人種・民族的多様性が大きい地域において若者の政治参加を実践している「若者市長」を取り上げたい。「若者市長」や「若者市議会」[11]はシティズンシップ教育の教育政策として実施されている制度ではなく、都市部の地方自治体が10代の若者の政治参加を促すために導入したものである。教育を所轄している地方当局の担当ではないものの、「選挙」を行い、「選挙」で選出された地域の10代の代表者自身がその地域の課題を議論して、政策提言を行うもので、10代の若者の政治教育の役割を果たしている。「若者市長」を導入している地域であるロンドンのルイシャム区やニューハム区は、全国的に貧困地区として知られており、住民の人種・民族の多様性が著しく高い地区でもある。「若者市長」や「若者市議会」は貧困地区の若者や民族マイノリティの政治参加の育成を考える上で重要な事例として位置づけることができる。

　2000年代のブレア労働党政権時代に、市長の直接公選制が導入された地域を中心に[12]、地区の10代の若者の「参加」を促す「若者市長」や「若者市議会」の制度が都市部の自治体に導入された。これは基礎自治体の単位でその地区内の10歳代の若者の投票により、地区の若者を代表する「若者市長」や「若者市議会議員」を選出して、若者自身の参加によって地域の若者向けの政策を提言する制度である[13]。

　「若者市長」や「若者市議会」の「選挙」で立候補者である10代の若者は選挙活動に必要な教育（選挙キャンペーンの仕方等）を受ける。この選挙活動そのものが政治教育の機能を果たしている。当選した「若者市長」や「若者市議会議員」は地区内の10代の若者の声を代表して、地域における若者の課題に関する政策提言を行う。このために若干独自の予算も有している。EU諸国レベルで同じような「若者市議会議員」の若者との交流も行っている。

　若者が学校の運営に参加する制度として以前から各学校に設けられた学校協議会（school council）がある。しかし学校協議会はあくまで学校単位の制度であるのに対して、「若者市長」や「若者市議会議員」は学校を超えて、その地域全体（基礎自治体レベル）に関する政策を提言するものである。また単なる政策提言ではなく、「若者市長」の政策提言が実際に自治体の政策に反映される

こともある。地域によって実情は異なる面もあるが、政治的な意思決定への若者自身の参加による政策として注目すべき制度であろう。ロンドン南部のルイシャム区やロンドン東部のニューハム区等で導入されているが、これらの地区は貧困地区であると同時に、民族の多様性も著しい地区でもあるという実情を反映して、民族マイノリティの若者が「若者市長」や「若者市議会議員」に選出されることが多い。これらの若者の活動は自治体の担当者等がアドバイザーとして助言しているものの、ローカルなレベルで若者自身が意思決定を担う経験をすることは、10代の若者の将来に向けての貴重な政治教育の役割を果たしていると思われる。「若者市長」は本章で問題にしてきた貧困地域の若者自身の政治への参加や社会の多文化化が進行している状況における当事者の政治参加を促す試みとして注目すべき制度であるように思われる。[14]

　最後に本章全体のまとめと結論を述べたい。イギリスは歴史的に政治教育に消極的であったが、選挙権を18歳に引き下げた1970年代以降、2大政党の選挙での得票率が低下する等、戦後の安定した政治エリートへの信頼が衰退する傾向となった。ブレア政権がシティズンシップ教育を導入した理由は、選挙での投票率の低下等への危機感から、政治教育を通じて若者の選挙への投票等を促すことにより、政治エリートへの信頼や政治的正当性を回復するためであると思われる。しかしシティズンシップ教育導入の前提とされている「若者の政治的無関心」に関しては政治家等の認識とは異なる理解が必要と思われる。また政治参加に関して様々な理解があり、この理解のあり方も争点になりうる。道徳・人格教育を重視して、政治教育や若者の参加を軽視するアイデアも存在している。若者の政治参加に関しては、非公式の活動も含めた「広い定義の政治参加」という点では必ずしも政治的無関心と言い難い若者を「公式の政治参加」につなげるような教育の工夫が必要であると思われる。また政治・社会から排除されている状態のために政治的無関心に陥っている貧困層や社会的困難層に対して、彼らのニーズに即した教育も課題である。貧困層や社会的困難層に社会一般の道徳や規律を一方的に押し付けるのではなく、彼らの困難な状況に即した教育が求められよう。オスラー等は民族マイノリティや障害者等の多様な少数派の権利や参加を重視するシティズンシップを提唱して、社会の多数派や主流派の価値を前提としたシティズンシップ教育を批判している。クリッ

第6章　イギリスにおけるシティズンシップ教育の政治

クの提唱する能動的な市民の育成は重要であるが、イギリス社会の現状を踏まえると貧困層や多様な少数派の若者の「参加」をどのように考えるのかも重要な争点になっている。自治体の「若者市長」や「若者市議会議員」は貧困地域や民族マイノリティの若者の参加を促す試みとして注目に値すると思われる。

【注】
1) クリック・レポートの正式名称は「シティズンシップのための教育と学校における民主主義の授業──教科シティズンシップのための諮問委員会最終報告書」である。クリックは著名な政治学者で、この諮問委員会の委員長であった。クリック・レポートの全文は、長沼・大久保（2012）に翻訳されている。
2) 本章の対象はイングランドに限定されるが、便宜上「イギリス」と表記する。スコットランド等を含んでいないので、厳密にはイギリスよりは、イングランドと表記する方が正確である。しかし日本ではイングランドの名称を記すよりも、「イギリス」や「英国」と表記することが一般的なように思われる。
3) 「隠れたカリキュラム」とは、教科のように学校カリキュラムに明記されているわけではないが、日常的な生徒指導や教員の生徒に対する態度、クラブ活動等、学校での教育を通じて暗黙の内にある価値が子どもに伝えられることを意味している。本文の記述との関係では、パブリック・スクールやグラマー・スクールでは学校での教育活動やクラブ活動、寄宿舎を含め生活等で、暗黙の内に生徒に対して将来の指導者であるジェントルマンとしての教育が施されている。生徒は大学に進学して、将来は指導的な地位につくことが期待されている。これに対して、労働者の子弟が多い普通の学校の生徒にこのようなことは求められていないことを意味している。このように階級に応じて、学校教育が指導的で支配的な立場の人間の育成と、指導される側の一般の労働者の育成に分断されていたイギリスの状況は、市民全体が政治の担い手になるべきと主張する共和政的なシティズンシップ理念と相容れないものであった。
4) 戦後、イギリスの中等学校は伝統的に名門の私立学校であるパブリック・スクールや名門の公立学校であるグラマー・スクールと、公立中等学校の約75％を占める一般のモダン・スクールとの格差が著しく大きかった。前者のパブリック・スクールやグラマー・スクールの生徒の大多数は大学に進学する一方、モダン・スクールの生徒の大多数は中等学校卒業後、工場等に就労していた。戦後の英国の学校制度は階級構造に対応したもので、前者は上流階級や富裕な中流階級、後者は労働者階級の子弟のためのものであった。名門のパブリック・スクールやグラマー・スクールでは学校教育全体を通じて、指導者を育成するという性格があった。戦後の時代、このような学校類型を超え、労働者階級が多数のモダン・スクールの生徒も含めて、政治の担い手である（均質な）市民の政治教育を行うという考えはあまり発達しなかった。なお1960年代に類型別の中等学校制度に反対する第1次ウィルソン労働党政権の政策によって、私立学校を除き、形式的には全ての公立中等学校は総合型中等学校に転換されていった。しかしその後も旧グラマー・スクールと旧モダン・スクールの格差は事実上、解消されたとは言えない。

第Ⅱ部　諸外国の取り組み

5）本文の記述で説明しているように、保守派と急進的な左派の間で、彼らが嫌う「政治」の意味や内容は異なる。なお「反政治的な文化」は、この用語を使用したフレイザーによると、左右の政治勢力の反発の他、イギリスの市民性や社会性を育成する教育においては政治教育よりもむしろ道徳教育や人格教育が重視されていたこと等、もう少し広い意味で用いられている。
6）M. チョウの研究（Chou 2017）は若者の男女間にも政治参加の程度に違いがあることも指摘しているが、なぜジェンダーの違いで政治参加の程度に違いが生じるのかは説明していない。更にチョウは本文で記した説明の他にも、政治制度が政治参加にあたえる影響等も挙げている。選挙で死票の多い小選挙区制の選挙制度をとるカナダで若年者の政治参加は低調であるのに対して、死票が少ない比例代表制をとるデンマークでは若者の政治参加が比較的活発であることを指摘して、政治制度のあり方が若者の政治参加に影響をあたえていることも論じている。なおC. パティエ等の研究は、若者に限らず、貧困状態や教育等の経済的・社会的背景が、人々の政治参加にあたえる影響を考察している。
7）この場合、権利は古典的な自由権を、義務は市民としての道徳的義務や法を遵守する義務を指しており、18〜19世紀的な自由権を意味している。本稿の上記で説明した自由主義的シティズンシップは、20世紀になってマーシャルの社会的シティズンシップを含むようになったと理解している。この点で保守党政権時代の理解は現在の自由主義的シティズンシップ概念と同じではない。本書の第2章も参照。
8）アリストテレスは政治共同体への参加が市民の義務と考えていた。しかし同時にアリストテレスの古代ギリシャにおいては、統治する者と統治される者を明確に分けていた。政治参加は「統治する者」であるポリスで支配的な市民の義務であり、「統治される側」には求められない。このためアリストテレス哲学を柱にすえたシティズンシップ教育は、「統治する」側のエリートでない一般人を対象に政治参加を促す教育を目指していたとは言い難いようにも思われる。
9）もっとも近年の道徳教育や人格教育の議論でも、社会の価値の多様化を踏まえた道徳教育や人格教育の必要性を認識するものもある（Halsted and Pike 2006）。
10）労働党政権は2007年のアジェグボ（Ajegbo）報告で、個人のアイデンティティの多様性・複合性に理解を示し、文化的多様性に基づいたシティズンシップ教育を提唱した。この点でクリック報告以上に多文化主義的なシティズンシップ教育の政策理念を打ち出したと言える（北山 2014；2017）。
11）「若者市長」を導入している自治体は「若者市議会」も導入している場合が多い。しかし本文で取り上げたロンドンのルイシャム区のように「若者市長」を導入しても、「若者市議会」を導入していない自治体もある。
12）イギリスの地方自治体の首長は公選制ではなく、地方議会の議長が兼ねる。ブレア政権は一部の主要な都市部の市長に住民の公選性を導入した。本章で取り上げたルイシャム区やニューハム区は大ロンドン市の特別区であり、東京都の特別区と同様、基礎自治体として「市」と同格の扱いになっている。ルイシャム区やニューハム区の場合、厳密には「若者区長」、「若者区議会」と呼ぶのが正確な用語になる。この区別が煩雑なので、これらの区に関しても本章は「若者市長」、「若者市議会」と表記している。

第 6 章　イギリスにおけるシティズンシップ教育の政治

13)　筆者の2015年 8 月19日のルイシャム区の調査で、同区の担当者である Ball, Malcolm 氏は、ルイシャム区長が公選制になったことをきっかけに、若者の政治への参加を促すために「若者市長」が導入されたと説明した。
14)　筆者は2015年 8 月19日と2016年 9 月 7 日にロンドンのルイシャム区を訪問して区の「若者市長」担当者に調査を行った。本章の記述はこの時の調査と上記の区の HP 情報に基づくものである。筆者はニューハム区の「若者市長」に関する論稿も公表している（大村 2010）。ニューハム区に関する2010年の論稿で筆者は「若者市長」に関して貧困地区の当事者の参加という観点から比較的厳しい評価を行った。しかしながら2015年と2016年のルイシャム区の調査で若者の参加という観点から、「若者市長」の試みにもっと積極的な可能性があるように感じている。この点に関しては別の機会に改めて考察したい。
　　2016年度の調査に関しては、科研費（「『能動的参加』としてのアクティブ・インクルージョン――新しい若者の社会的包摂の可能性」平成27-29年度、基盤研究Ｃ、課題番号15K03990、研究代表者・大村和正）の助成を受けた。

〔参考文献〕
梅川正美（2001）『サッチャーと英国政治 2 ――戦後体制の崩壊』成文堂。
―――（2008）『サッチャーと英国政治 3 ――新保守主義の検証』成文堂。
大村和正（2010）「英国の『若者市長』とローカル・ガバナンス」『賃金と社会保障』1522号、37-43頁。
オスラー、オードリー／スターキー、ヒュー（2009）『シティズンシップと教育――変容する世界と市民』清田夏代・関芽訳、勁草書房。
川口広美（2017）『イギリス中等学校のシティズンシップ教育』風間書房。
北山夕華（2013）「イングランドの市民性教育」近藤孝弘編『統合ヨーロッパの市民性教育』名古屋大学出版会、80-102頁。
―――（2014）『英国のシティズンシップ教育――社会的包摂の試み』早稲田大学出版部。
―――（2017）「シティズンシップ教育」日英教育学会編『英国の教育』東信堂、217-226頁。
キングダン、ジョン（2017）『アジェンダ・選択肢・公共政策――政策はどのように決まるのか』笠京子訳、勁草書房。
クラウチ、コリン（2007）『ポスト・デモクラシー――格差拡大の政策を生む政治構造』山口二郎監修、近藤隆文訳、青灯社。
クリック、バーナード（2004）『デモクラシー』添田育志・金田耕一訳、岩波書店。
―――（2011）『シティズンシップ教育論――政治哲学と市民』関口政司監訳、法政大学出版局。
杉本厚夫ほか（2008）『教育の 3 Ｃ時代――イギリスに学ぶ教養・キャリア・シティズンシップ教育』世界思想社。
谷川至孝（2018）『英国労働党の教育政策「第三の道」――教育と福祉の連携』世織書房。
寺島俊穂（2013）『現代政治とシティズンシップ』晃洋書房。
長沼豊・大久保正弘編著、クリック、バーナードほか（2012）『社会を変える教育――英国のシティズンシップ教育とクリック・レポートから』鈴木崇弘・由井一成訳、キース

テージ21。

成廣孝 (2014)「選挙：政治と政治を繋ぐしくみ」梅川正美ほか編著『現代イギリス政治[第2版]』成文堂、101-121頁。

ビースタ，ガート (2014)『民主主義を学習する――教育・生涯学習・シティズンシップ』上野正道ほか訳、勁草書房。

ヒーター，デレック (2002)『市民権とは何か』田中俊郎・関根政美訳、岩波書店。

ヘイ，コリン (2012)『政治はなぜ嫌われるのか――民主主義の取り戻し方』吉田徹訳、岩波書店。

武藤孝典・新井浅浩編著 (2007)『ヨーロッパの学校における市民的社会性教育の発展――フランス・ドイツ・イギリス』東信堂。

モラン，マイクル (1988)『イギリスの政治と社会』犬童一男監訳、晃洋書房。

ローズ，リチャード (1979)『イギリス現代政治』（2分冊）犬童一男訳、岩波書店。

Arthur, James (2008) "The Re-Emergence of Character Education in British Education Policy", Arthur, James and Davies, Ian eds., *Citizenship Education Volume2 : The Purpose of Citizenship Education*, London: Sage, pp. 18–30.

Arthur, James *et al.* (2015) *Character Education in UK Schools: Research Report*, Birmingham: University of Birmingham.

Beck, John (2008) *Meritcracy, Citizenship and Education: New Labour's Legacy*, London and New York: Continuum.

―― (2012) "A Brief History of Citizenship Education in England and Wales", Arthur, James and Cremin, , Hilary eds., *Debates in Citizenship Education*, London and New York: Routledge, pp. 3–16.

Carr, Wilfred (2008) "Education for Citizenship" Arther, James and Davies, Ian eds., *Citizenship Education Volume 1: Fundamental Issues-The Nature of Citizenship Education*, London: Sage, pp. 28–38.

Chou, Mark (2017) "Disengaged: Young People and Political Disengagement in Anglo-American Democracies", Chou, Mark *et al.*, *Young People, Citizenship and Political Partcipation: Combating Civic Deficit?*, London and New York: Rowman & Littlefield, pp. 1–30.

Clarke, J. *et al.* (2007) *Creating Citizen-Consumers: Changing Publics and Changing Services*, London: Sage.

Frazer, Elizabeth (2008) "Citizenship Education: Anti-political Culture and Political Education in Britain", Arthur, James and Davies Ian eds., *Citizenship Education Volume3: Toward Practice*, London: Sage, pp. 175–189.

Gagnon, Jean-Paul (2017) "Democracy in Crisis: Are Young People to Blame?", Chou, Mark *et al.*, *Young People, Citizenship and Political Partcipation: Combating Civic Deficit?*, London and New York: Rowman & Littlefield, pp. 31–53.

Halsted J.Mark and Pike Mark A. (2006) *Citizenship and Moral Education: Values in Action*, London and New York: Routledge.

Hartung, Catherine (2017) "Civics and Citizenship Education: Defender or Divider of

Democracy?", Chou, Mark *et al.*, *Young People, Citizenship and Political Partcipation: Combating Civic Deficit?*, London and New York: Rowman & Littlefield. pp. 55–75.

Jerome, Lee (2012) *England's Citizenship Education Experiment: State, School and Student Perspectives*, London: Bloomsbury.

Kisby, Ben (2012) *The Labour Party and Citizenship Education: Policy Networks and the Introduction of Citizenship lessons in Schools*, Manchester: Manchester University Press.

Lister, Ian (2008) "Political Education in England, 1974–84: A Briefing Paper Presented to the Global Education Centre of the University of Minnesota", Arthur, James, and Davies, Ian, eds., *Citizenship Education Volume3: Toward Practice*, London: Sage, pp. 321–339.

MacLaughlin, Terence H. (2008) "Citizenship Education in England: The Crick Report and Beyond", Arthur, James, and Davies, Ian, eds., *Citizenship Education Volume3: Toward Practice*, London: Sage, pp. 340–370.

Mason, Carolynne (2012) "The Civics Engagement of Young People Living in Areas of Socio-economic Disadvantage", Artur, James and Cremin, Hilary eds., *Debates in Citizenship Education*, London and New York: Routlege, pp. 80–91.

Needham, C. (2007) *The Reform of Public Services under New Labour: Narratives of Consumerism*, Hampshire: Palgrave Macmillan.

Parry, Geraint *et al.* (1992) *Political Participation and Democracy in Britain*, Cambridge and New York: Cambridge University Press.

Pattie, Charles *et al.* (2004) *Citizenship in Britain: Values, Participation and Democracy*, Cambridge and New York: Cambridge University Press.

第**7**章

アメリカにおけるシティズンシップ教育の実践空間
――教育統制の変容と多様かつ重層的な熟議機会の意義――

寺川　史朗

1　教育の統制

　アメリカ合衆国では、連邦制度を採用していることから、ある課題が生じたときに、どの統治レベルでそれを処理するかが、まず検討される。建国の歴史を振り返ったとき、アメリカ合衆国憲法の制定過程で連邦中心主義者と州権論者が対立するなかで、連邦政府として処理する事項を、さしあたり憲法の明文上は限定的に並べ、それら以外の事項は州政府や人民に留保されるものとしたのである。このことを明文化したのが、同憲法修正第10であり、当初制定された憲法には条文として存在しなかったものである。しかし、修正第10については、1791年の第1回修正の際にはじめて議論されたのではなく、「合衆国と州との関係について憲法採択の当時に採られていた根本的な構想を、文字通り、再現したにとどまり、新たな事項を規定したものではない」(塚本・長内 1983：194)。すなわち、連邦政府は、合衆国憲法において規定された事項に限り、その権限を及ぼすことができ、「その他の権限は、とくに禁止されていない限り、州又は人民に帰属する」という(塚本・長内 1983：194)、条文上は、どちらかと言えば、州の権限が原則であり、連邦の権限が例外的なものであるというスタンスで貫かれている。

　しかしながら、その後、一進一退ではあったが、合衆国憲法の条文を連邦優位的に拡大解釈することを通じて、連邦優位の傾向が強まり、合衆国憲法で明記されていない諸種の事項について、連邦政府による関与が認められるようになっていく。教育もその一つである。

教育の場である学校を中心として一つの境界線が引かれた場合、それを地方学区（地方学校区：local school district）と呼ぶが、そこでは、人々が身近なところで教育に関わることができたのであり、シティズン（市民）としての素養を身につける機会と空間が提供されてきた。しかし、連邦政府による関与が増していくなかで、学校を管理・運営する会議体（たとえば、school board や board of education と呼ばれる地方教育委員会が挙げられる）の権限が限界づけられることになる。本稿は、そのプロセスを追いながら、それでもなお、「市民」としての素養を身につける機会と空間を多様かつ重層的に提供する諸種の実践について、その意義を探るものである。

2　教育統制の管轄をめぐる「せめぎ合い」

植民地時代、アメリカにおける教育は、ほとんどの学校が民間により運営され、授業料により維持されてきた。ほかにもキリスト教会により維持される学校もあったが、それはチャリティ教育のためのものである。すなわち、植民地時代における教育は、教育を受けるために必要な経済力を有する者（その子女）が享受するぜいたく品としての性格、あるいは、ぜいたく品としての教育を受けることができない者（その子女）に対するチャリティとしての性格を有していたのである（寺川 1997：66-67）。しかし、独立戦争の頃から、植民地時代とは異なる、学校を維持・運営するための新たな手段が模索され始めている。後述のように、建国の父たちのなかには、教育が、（共和政の概念を含む）広い意味での民主政治にとって不可欠のものであることを認識している者が多かった。

独立戦争を経て、主権を有する独立国家として歩み出した13のステイト（State）は、イギリスが撤退した後の、ヨーロッパ列強からの諸種の進出に備えるため、「対英独立戦争をより効果的に遂行するために」結成された「植民地相互間の連合組織」（塚本・長内 1983：3）よりも「一層完全な連邦を形成」するという選択をする（塚本・長内 1983：3-4）。「アメリカ国家連合」(American Confederacy) から「連邦国家」(federal state) への移行を目指したのである（小堀　発行年不詳：54）。もっとも、連邦政府の権限を強化するべきか、あるいは、

連邦を構成する諸州の権限を幅広く温存するかをめぐって大きな対立があったことがよく知られており（連邦中心主義者と反連邦中心主義者＝州権論者の対立、連邦派と反連邦派＝共和派の対立）、その背景には、民主主義像や爾後のアメリカにおける経済発展の基盤などをめぐる対立があった（田中 1980：230-231）。

　ここで、民主主義像や民主主義を下支えする表現の自由に関する対立を取り上げると、連邦中心主義者（連邦派）が、「民主主義には常に暴民政治に堕する危険が含まれている。その意味で、実際に統治の仕事にあたるのは、富と知性を備えた上層階級でなければならない。また、言論の自由が行き過ぎないように配慮しなければならない」と考えていたのに対し、州権論者（共和派）は、「人民は、正しい情報を受け、教育を受ければ、彼らのためになる政治をしてくれる人を見極める能力を持っている。言論の自由は、この意味でも十分に保障されなければならない」と考えていた（田中 1980：230-231）。また、「連邦政府の権限は、強化されるべきである」と考えていた連邦中心主義者に対し、州権論者は、「民主主義のためには、政治がなるべく身近なところで行われることが必要であり、その意味で、州を重視すべきである」と考えていた（田中 1980：230-231）。

　連邦中心主義者は、民主主義の弊害を取り除くことを強調したのであるが、取り除かれるべき弊害として挙げられたのが派閥であり、そのことを『ザ・フェデラリスト』第10篇は以下のように語っている。すなわち、同篇は、「連邦が派閥の暴威を打破し、これを抑制する性向をもつ」と述べ、アメリカ「各邦憲法が、派閥の暴威の危険性をも所期のごとく有効に除きえたと主張するのは、不当なえこひいき」であり、「現に、われわれの諸邦政府があまりにも不安定であること、公共の福祉が派閥争いの中で無視されていること、諸方策が公平の原則と少数派の権利の尊重とによってではなくて、圧倒的多数派の利害と優越的な力とにより、決定されることがあまりに多いことなどについての不満が、……唱えられている」と言う（ハミルトンほか 1991：43）。そして、「派閥的感情が各邦の政治を腐敗させ、不安定と不正とをもたらし」ているとし、派閥の弊害を匡正する方法には、「その原因を除去すること」と、「その効果を抑制すること」があると指摘する（ハミルトンほか 1991：44）。そのように指摘したうえで、同篇は、「派閥の原因そのものは除去しえない」ため、「〔派閥の暴

威に対する〕対策はただその効果を抑制する方法の中に求められるべきだ」と述べ（ハミルトンほか 1991：46）、その抑制方法として共和政を据えたのである。同篇は、「〔直接〕民主政と共和政との間の二大相違点」を強調し、「第一に、共和政においては一般市民によって選出された少数の市民の手に政治が委ねられることであり、第二に、共和政がより多数の市民と、より広大な領域とをそのもとに包含しうることである」と言う。両者を通して結論づけられることは、「小さい共和国」よりも「大きい共和国」のほうが、「代表にふさわしい人格をそなえた人」が代表として選ばれる可能性が高いこと、領域がより広ければ、「党派や利益群はいっそう多様化し、全体中の多数者が、他の市民たちの権利を侵害しようとする共通の動機をもつなどということは、おそらく、ますます少なくなる」ことであった（ハミルトンほか 1991：47-48）。これらが連邦政府の権限を強めようとする連邦中心主義者の考えである。もっとも、『ザ・フェデラリスト』は、そのような代表者を選びさえすれば連邦政府はうまく機能すると考えているわけではなく、権力分立制について第47篇以降で多くの篇を割り当てたり（ハミルトンほか 1991：234以降）、州の権限に脅威を与えるものではないと説明したりしている。とくに、後者については、第46篇の最後で、「連邦政府に与えられるよう提案されている諸権限は、連邦の目的達成に必要かつ不可欠のものであるから、個々の州に留保される権限にとって少しも恐るべきものでは」ないこと、「州政府の抹殺」などということは、「意図的」にも、「結果的」にも考えていないことが弁明されている（ハミルトンほか 1991：233）。事実、アメリカ合衆国憲法には、教育に関する明文規定がなく、それゆえ、教育に関する権限は、州政府や人民に留保されることとなり、そのことを裏付ける根拠規定として、修正第10が機能する。

　しかしながら、合衆国憲法に教育に関する明文規定が設けられていないからといって、独立戦争期に、建国の父たちが教育に無関心であったかといえば、そうではない。その当時の主要な政治家たちは、「自由の守り神」としての教育について深い関心をもっており、たとえばトマス・ジェファソンがジョージ・ワイスに送った書簡には、無学撲滅の提唱と、一般民衆を教育するための法整備の必要性が記されていた。ジョン・アダムズやジェイムズ・マディソンらも、共和政の擁護手段として「学び」に広く関わることを求め、ジョージ・

ワシントンは、大統領としての退任演説において、世論は啓蒙されていなければならないと述べている（Tyack *et al.* 1987：23）。建国の父たちがそろって教育の不可欠性について言及しているのが興味深い。州権論者の代表格ともいえるジェファソンが教育の不可欠性について主張するのは、上で述べたように、一般民衆による統治が派閥の弊害を生むことによる政治の不安定、とくに多数派による専制を危惧する連邦中心主義者が「富と知性を備えた上層階級」に「実際に統治の仕事」を担当させようとしたのに対抗し、「正しい情報を受け、教育を受ければ」、一般民衆も「彼らのためになる政治をしてくれる人を見極める」ようになるという信念に基づくものであったと言えるだろう。一方、連邦中心主義者であるアダムズやマディソンは、一般民衆によるある種の政治参加の拡大という意図からではなく、そのことによってもたらされる「〔派閥の暴威に対する〕対策」の、2つのうちの1つであり、派閥の効果を抑制するための手段として据えられた共和政の維持・発展を目指して（建国当初のことであるため、共和政の意義や有用性などを浸透させるため、というねらいであろう）、教育を位置づけたと考えられる。すなわち、2つの異なる建国思想や政治的思惑を背景に、アメリカ合衆国の建国期には、教育に対し、2つの異なる方向からの要請が向けられていたと、ここでは指摘することができよう。第一は、連邦中心主義者が言うような連邦制度の「利点」の1つである共和政の維持・発展に資するための教育の在り方を模索すること、第二は、しかし、州権論者が言うように、アメリカ合衆国憲法には明記されなかったがゆえに、州と人民の権限として留保された教育を、州政府が責任をもって人民のために遂行すること、である。教育への、この2つの異なる方向からの要請が、アメリカ合衆国における教育統制の管轄をめぐる「せめぎ合い」の根底にある（一方、後述のように、昨今の教育改革をめぐっては、共和・民主両党の党派を超えた、ある種の協働関係を見ることができる。言うまでもなく、建国当初の連邦派対共和派と、現在における共和党対民主党の対立軸とは、異なるものではあるが）。

3　教育統制の形態

教育統制の管轄をめぐる「せめぎ合い」が生じるとしても、私的なぜいたく

品や宗教的なチャリティという性格を帯びていた植民地時代の教育と異なり、建国期以降、学校を維持・運営するための新たな手段が模索されるようになった。それは、上述のように、連邦中心主義と州権論という立場の違いをこえて、教育は広い意味での民主政治にとって不可欠のものであるとの認識が共有されていたためである。教育はもはや私的なぜいたく品などではなく、むしろ社会にとっての必需品と考えられ、教育をすべての人民が享受できるようになれば、教育は普遍性をもち、その結果、教育は公的に維持され無償になる、という考えが広まっていく（事実、無償教育が確立されたのは、地域による差があるものの、19世紀半ばであると言われている）(Vassar 1965：153-163)。

　ここで問題となったのが、教育統制のための統治レベルをどこに置くのかという点である。連邦政府、州政府、地方政府のいずれにその統治を委ねるかという問題である。上で触れたように、アメリカ合衆国憲法に教育に関する明文規定がないところから、連邦政府による統制は避けられたことが分かるが、それがなぜかということが、ここでは問われる。いくつかの理由が折り重なっているのであろうが、たとえば、独立期までの間に、今で言うところのニューイングランド諸州において、伝統的に地方政府による統制が根づいており、その影響が他の地域に自然と浸透していったという歴史的背景がある（Miller 1965：146）[1]。人口移動も関係しよう[2]。そして、教育を地方政府による統制に委ねた決定的な理由は、イギリスをはじめとするヨーロッパ列強における、強力な中央集権国家体制の実情をつぶさに見てきた人々が、教育を統制する権力を中央集権の対象に含めていることに批判的であり、その集中化に必然的に慎重にならざるをえなかったという点に求められよう（Wynn 1964：1-2：寺川 1997：68）。州政府による統制か、それとも、地方政府による統制か、という管轄権の問題をめぐっては、一方で、教育が、親権にもとづく親の権利、あるいは、親の子どもに対する自然情愛的義務という側面を有することから、親や親の共同体、それが組織化された場合の地域共同体による統制が追求される。その場合、より親に身近な地方政府が教育を統制することになる。他方、十分な教育水準の確保と、教育の機会均等を実現するための財源保障を、適切に行うことができるという側面を強調すれば、その場合、州政府が教育を統制することになる（Wynn 1964：1-2：寺川 1997：69）。これについては、役割分担がな

されており、州政府は一般的かつ包括的な決定権を、地方政府は細部的な決定権を、それぞれ有している（Lutz et al. 1966：16；寺川 1997：69）[3]、と解され、事実、そのように扱われてきたという伝統がある。

しかしながら、建国期以降現在に至るまでの間、全米レベルで対応するべき社会的課題や要請が生じ、その克服や解決、改善に必要とされる場合に、少しずつ連邦政府による統制が進むようになり、その影響を受け、地方学区の伝統的な位置づけや役割が変容することになる[4]。とはいえ、連邦政府や州政府によって策定された教育目標を実現することの、ある種の合理性の裏側で、諸種の弊害も生じるはずであり、その弊害をめぐり、連邦や州レベルでの幅広い、より高次の教育政策と、変動しがちな地方の状況との間をとり結ぶ行政上の鍵として機能するのが地方学区であるとする立場からすれば、地方学区の存在意義は失われていないということになろう[5]。

4 教育統制の変容

これまで述べてきたように、アメリカ合衆国では、教育への統制は伝統的に地方政府が担い、教育水準の確保のため州政府が関与するという役割分担が成り立ってきた。そして、連邦政府による関与は、教育の領域全体からみればわずかではあるが、徐々にその場を増やしてきたと言える。連邦政府による関与は、たとえば、合衆国憲法修正第14の平等条項にもとづき、州が教育の機会を平等に扱っているか否かを確認する義務を連邦政府が負っていると解することで、教育の機会均等を推進する方向で機能してきた。1860〜1870年代の再建期における市民的諸権利に関する諸法律や1960年代の公民権法、ブラウン判決から始まった平等至上主義的な複数の司法判断、雇用機会の均等を目指した大統領令、1965年の初等中等教育法および高等教育法、1972年の教育関連法に関する修正法など、連邦政府が、政治部門と司法部門の協働により、積極的措置を講じてきたことを明確に表している。とはいえ、初等中等教育法（Elementary and Secondary Education Act：ESEA）を例にとると分かるように、同法は、教育への地方統制を尊重する姿勢を演じながら、州政府や地方政府に政策決定を任せ、貧困家庭の生徒を抱える学区に対し、控えめな補助金支出を行うことを

定めていた（Asen 2015：20）[6]。しかしながら、同法は、その後教育政策に連邦政府が関与の度合いを強める放物線の起点となったものであり、それは、改革者たちが初等中等教育段階にあるすべての生徒が経験する教育の質について警鐘を鳴らし始めたことに由来する。そして、1980〜1990年代に結果責任がさかんに求められる体制（accountability regime）が出現し、教育水準（standards、教育内容の基準化が求められる）や、生徒の到達度をはかる学力テストが求められるようになり、このような動きが、2001年成立の「一人の子どもも落ちこぼさない法」（No Child Left Behind Act：NCLB）に結実したのである（Asen 2015：20）[7]。ESEA にはじまり、NCLB で最高潮に達したのが、連邦政府による教育政策への関与であり、それは劇的に拡大してきた（Rebell and Wolff 2008：43）。その背景としては、半世紀前のブラウン判決に見られるような平等観を実現するという連邦政府による広範な取り組みや、グローバル経済時代における国家としての競争力を維持するために全ての学校を改善する重要性が広く認識されていたことを挙げることができる（Rebell and Wolff 2008：43）。

　NCLB は、共和・民主両党のちがいを超えた賛成により成立した立法であるが、いわゆるコア科目領域（英語と算数）の学力テストを毎年実施するよう命じ、テスト結果（生徒の成績）に連邦補助金を直結させるものである（Asen 2015：20）。これは、「アメリカにおける新自由主義教育改革の基礎法としての役割」を果たすもので、「公立学校における教育活動をテスト準備教育（teaching to the test）へと一変させ、州統一テスト結果に基づく懲罰的規制により、学校と教師、そして子どもを競争の中に追い込むものとなった」のである（世取山 2008b：299）[8]。

　このような批判を受けると同時に、NCLB は、連邦政府の権限を強化することで、アメリカ合衆国における教育政策については伝統的に地方政府が担ってきたというその特徴を、描画し直すものでもあった（Asen 2015：20）。歴史上数度にわたる教育改革の波を乗り越えて、地方統制の一形態としての教育委員会（school board）は生き残ってきたが、現下のところ、教育委員会は、自作農民たちが自ら統治していた小さな町での過去の経験と具体的に結びつけて考えられるようなものとしては機能していない（Asen 2015：20）、という指摘に、地方政府による教育統制の変容が表れている。そして、これについては、「概

して、学校統治の変容は、裁量権を狭め、地方学区の諸権限を制限してきた」とするD. タイヤックを引用し、タイヤック自身が「学校への地方政府による統制をロマンチックに思い描く」ことを望んでいるのではなく、昨今の改革が地方教育委員会を無視してきたことに懸念を表明していることに言及する論調へとつながっていく（Asen 2015：20）。すなわち、教育委員会は、良かれ悪しかれ、理論と実践を結びつけることによって、民主主義の重要なレッスンを提供する場となっているのであり（Asen 2015：20)[9]、そのような機会を教育委員会から取り上げることに懸念が示されているのである。つまり、比較的初期の時代においては、教育委員会や地方政府による統治は、あらゆる年齢の市民が親密な環境のなかで民主主義を学び実践する公共空間を提供したのであるが（Asen 2015：20-21）、そのような場がなくなっているという趣旨である。

　しかしながら、そのような過去の時代における教育学の議論につきあう必要はなく、説明責任や結果責任がさかんに求められる体制にあってさえも、地方統制は進行中である、すなわち、教育委員会は民主的な関与の場として奉仕し続けているとの指摘があり（Asen 2015：21）、興味深い。変革を求める市場志向型の要求に直面しても、「教育委員会は、熟議を譲ってはならない」（Asen 2015：21)[10]、というのである。たしかに、連邦政府の政策によって、地方教育委員会の熟議機能は限界づけられ、その範囲も画されている。しかし、地方教育委員会は、教室内の日々の機能や公教育の管理・運営について、具体的に形づくるさまざまな意志決定を今なお行っているのであり（Asen 2015：21）、そのような実際面を強調することも意義のあることであろう。このような側面を重視する立場に立った場合、民主主義を実践する場としての、教育委員会のような、学校や学区を中心とした何らかの、自治的な会議体（地方教育委員会そのものではなくとも、各学校の管理・運営に一定の範囲で携わり、それを自治的に取り扱ってきた委員会や評議会のような諸種の会議体も、ここでは広く含まれる）は、次に述べる、シティズンシップを身につけるための空間として、重要な意義を今なお有するものと考えることができる。

5　シティズンシップの醸成空間

1　シティズンシップ醸成空間としての学校教育

　すでに述べたように、教育の普遍性を根拠として、学校が公的に維持され、無償制が確立されたのは、19世紀半ばであると言われている。そして、19世紀初めから起こったいわゆるコモンスクール運動のなかで、コモンスクールの使命は「市民(シティズンシップ)であることの深い自覚、自律性、道徳的良心を生徒達に植え付けることが可能な教育形式」にあった（ラバリー 2018：78）。そこでいう「市民であることの深い自覚」が学校教育のなかでどのようにして身につけられていくのかについては、コモンスクール運動の中核を担ったホーレス・マンの立場に表れている。マンは、「合衆国を維持し、その存立を最も脅かす内紛の種、階級、利己心からそれを守るために必要な知識、技能、公共精神を備えた市民を育成すること」を目指したのである（ラバリー 2018：20）。また、その名を冠したホーレスマン・スクール（コロンビア大学ティーチャーズ・カレッジの附属学校）では、学校あげての市民育成に取り組んできた（佐藤 2018：1，4）。同スクールでは、「教室での日々の生活を全面的に生かし、学校生活全体を通して民主的社会の維持・発展に従事できる市民を育てることにも力を入れて」おり、「その意味で、ホーレスマン・スクールは、『市民を育てる学校』と呼ぶにふさわしい」という（佐藤 2018：4）。たとえば、佐藤隆之による、ロイ・W・ハッチ『市民性の訓練』（1926年）の章立てに関する紹介によると、家庭や、各学年・学校種、教科外、簡易版議会手続きなど、諸種の機会を捉えて「市民性」を身につけることがプログラムされており、なかでも「『簡易版議会手続き』は、実際の議会の手続きを文字通り簡易化し、学校で再現しようとする試み」であるという（佐藤 2018：4-6）。佐藤によると、同スクールでは、「多様な方法を用いて」、つまり、「①プロジェクト、②児童・生徒による管理、③簡易版議会手続き、④時事の教授、⑤学校集会、⑥劇化・演劇、⑦社会科の単元融合、⑧歴史と公民のテストや通知表などにおける市民性の評価、⑨体育・健康教育・レクリエーション、⑩ディベート、といった方法を取り入れて市民育成に取り組」み、「家庭やコミュニティとも積極的に連携をとっている」（佐藤

2018：7）。

　ここでは、「市民であること(シティズンシップ)」それ自体を教育することを通じてではなく、むしろ、あらゆる機会を通じてシティズンシップを身につけることができるようになっている。そして、このような取り組みを含む、シティズンシップを身につけるより広い取り組みは、ホーレスマン・スクールのような私立学校だけでなく、公立学校でも実現可能と考えられており、ハッチによる「市民性プロジェクト」を紹介する佐藤によれば、あらゆる機会、あらゆる場が、シティズンシップを身につけることにつながっている（佐藤 2018：133-137）。

　現在においても、たとえば、ニューヨーク市のラルフ・バンチ・スクール（The Ralph Bunche School）における授業を見るだけでも、「市民であること(シティズンシップ)」それ自体を教育するものではないが、シティズンシップが自然と身につくような工夫がなされていることが分かる。それは低学年のクラスで行われていたもので、日本の学校における図画工作に該当する授業であるが、そこでは、熊のぬいぐるみや箱などが用意され、冬の寒い中着るものも何もない熊に、家を作ってあげたり、服を作ってあげたりするという課題（Project）が出された。この課題（Project）は、単に、家を作ったり、服を作ったりするという「工作」にとどまらず、なぜ熊に家を作ってあげるのか、服を作り着せてあげるのかということを考えることも問われており（たとえば、熊が寒いから、家がなくてかわいそう、など）、生徒どうしでそのことについて話し合い、協力しあうことも重視されている（写真1）。コモンスクール運動が目指した、「市民であること(シティズンシップ)の深い自覚、自律性、道徳的良心」を身につけることが現在でも通用していることの実践例とみてよいだろう。

　もっとも、「市民」とは「主体的市民」であるが、「そもそも

写真1　ラルフ・バンチ・スクールでの授業のようす
出典：筆者撮影

『主体的市民』を育てることは、当時の市民性教育における共通の課題であった」ものの、「主体性」の意味については、多様な解釈が可能であると指摘される（佐藤 2018：37-38）。また、「『学校の内外』での市民育成」が目指されており、「教室の外の学校全体やコミュニティにまで広く開かれて」いたという状況のなかで（佐藤 2018：40）、シティズンシップを身につけることができるよう構想されていたのである。

2　民主主義レッスンを通じたシティズンシップ醸成空間としての近隣政府

　シティズンシップを身につける、教室外や学校外での機会と空間については、多様なものが存在するが、なかでも近隣政府（neighborhood government）は、民主主義の過程を経験する重要な場となる。

　上で触れた「教育委員会は、熟議を譲ってはならない」という言説を敷衍すると、それは決して教育委員会にのみ限定的にあてはまるものではなく、ひろく地方政府、なかでも、住民にできる限り身近なところに存在する近隣政府での熟議の可能性が失われてはならないことをも含みうるものである。すなわち、教育委員会以外に、各学校や地方学区単位で存在する諸種の委員会や評議会としての機能を有する会議体でも、「熟議を譲ってはならない」。たとえば、「熟議民主主義に基づく市民教育理論は、異質な他者との関わり合いを通じて、自分と反対の立場にある者の拒絶を最小にする方策を探究していく市民的性向が必然的に養われると想定されている」と論じられているように（平井 2017：193）、熟議のプロセスにこそ、シティズンシップを身につける鍵があるように思われる。もっとも、「熟議（コミュニケーション）を通じた相互作用は、偶然性を含んだものであり、期待させる教育的効果がもたらされない可能性も否定でき」ず、それゆえ、「熟議理論を市民教育の方法論としてどのように発展させていくか」（平井 2017：193）、という課題があることも確かである。このような指摘と課題を提示する論者は、「ウォルター・パーカーの提案するシティズンシップ教育」、すなわち、「セミナー（seminar）と熟議（deliberation）」の区別論に依拠し、「事実解釈の学習に限定する」セミナーと、「価値判断まで含み込める」熟議との違いに着目しながら（平井 2017：206-207）、以下のように説く。すなわち、「初等教育においては必ずしも多文化的な条件のもとでの

熟議の必要はない。他者の話を聴くことや物事を正確に理解することといった熟議の基礎は、文化的に同質な生徒で構成された教室空間においても充分養われうる。また、共有問題を熟議することへの当事者意識の向上もそこで生み出される。ただここでさらに問われなければならないのは、こうして養われる熟議の基礎能力と意識とを、成人期に求められる民主主義的な意思決定へとどうのように結びつけていくか、いわゆる基礎から応用への移行の方法についてである。ここで有効な手段と考えられるのが学校外部での熟議フォーラムへの参加である」(平井 2017：207)[12]。

　ここでいう「学校外部での熟議フォーラム」には、文字通り多様な態様のものがあり、「民主主義の定義変更」を教育に持ち込ませないための1つの方策になるだろう（アップル／ビーン 2013：225-226）[13]。しかも、それは、決して学校そのものを見限るものではなく、「保護者や地域住民、そして、とりわけ生徒自身も含めて、そこでの教育経験に関わるすべての人々」が「参加できるようなより多くの機会をつくり出すための実践的な方法」であるはずであり、その実現のためには、「各学校のなかに、また、学校とそれを超えるより大きなコミュニティとの間に、学びのコミュニティを創造すること」が必要である（アップル／ビーン 2013：226）。そして、それを、連邦政府や州政府による教育統制（しかも、上で見てきたように、強化された統制）に抗し、(抗するのが難しければ)回避し、あるいは、部分的に離脱しながら、現実の教育政策にどのように接続していくかが、今後ますます問われることになろう。「学校内部および学校外部での熟議教育実践の連携を含め、熟議的な教育方法論の継続的な探究が求められる」(平井 2017：209)のは、そのためである。

3　アメリカの経験と日本への示唆

　そのような探究がより実践的な機能を営むようになるのは、たとえばアメリカの場合、ESEA の時代から NCLB の時代への変化を、「教育の機会均等から結果責任の追及へ」（From Opportunity to Accountability）という流れとして捉えた場合（Asen 2015：21-29）、連邦政府やとくに州政府からの結果責任の追及だけでは、子どもの学力の向上にはつながらないとの指摘と結びつくときである。すなわち、「結果責任追及のシステムは、学校が単独で白人以外の人種の

子どもや貧困家庭の子どもの学力の低水準という問題を解決できることを前提としているが、これらの子ども抱える困難は、さまざまな社会経済的原因に起因している以上、結果責任追及の仕組みでは解決できないはずである」といった批判が該当するが（世取山 2008b：300）、そのような指摘をふまえたうえで、「新自由主義教育改革によって変容を被る学校制度の個々のパーツのすべてについて、その既存のあり方とも、新自由主義的変容とも異なるあり方、すなわち、オルタナティヴを丁寧に構成し、それを組み合わせていく」ことが求められるべきであろう（世取山 2008b：311-312）。ここでいう「オルタナティヴ」は、一個一個、個別のものであるのと同時に、その積み重ねや組み立て、はめこみという作業を通じて、相互に連関する体系化・組織化されたものであることが求められ、しかも、「オルタナティヴ」の対象となるものは、（大ざっぱに言えば）内容面、方法面、制度面などであろうが、「オルタナティヴ」の構成を学校内部だけで行うのは困難だと言わざるをえない。そこで、「学校外部での熟議フォーラム」が多様な議論の舞台として必要とされる。[14]

　ひるがえって、日本の状況を見た場合、アメリカの場合よりもやや遅れて、とくに21世紀に入ろうとする時期から、学校そのものが、市場化と競争の波に飲み込まれるのと同時に内容面への国家統制の強化にさらされるようになっている。このような動向に対しては、学校の内部者が学校のあり方や教育内容について自治的に決定するという旧来の「理想」で対応することを構想してもよいが、昨今の学校改革、教育改革の流れのなかで、実際にはそれが困難であることも多い。そうなると、学校だけが熟議の舞台ではないこと、つまり、「学校外部での熟議フォーラム」の可能性を探る必要があることも、強調されなければならないだろう。さらに言えば、学校と「学校外部」との間にも、学校のあり方や教育内容について熟議する、両者の中間的な組織・会議体が構想され、それらを排除してはならない。すなわち、シティズンシップを身につける場として、子どもたちにとって身近な、公共の関心事＝教育をめぐる、学校、近隣、地方、それらの間に複層的に存在してよいはずの、制度的か非制度的かの違いを問わない、諸種の組織・会議体が構想されるべきである。上で触れたように、「熟議（コミュニケーション）を通じた相互作用」には、「偶然性」が含まれる。だからこそ、シティズンシップを身につける機会や空間は制度化され

たものが1つか2つ存在し、そこで熟議をすればそれで足りるとするのではなく、一見雑多に思われる複数の機会や空間が存在し、それらに身を置くことが、「偶然性」に起因する先鋭化された思想やふるまいの角を取ることにつながると考えるべきであろう。そのような数々の場を経験することが、実際に政治に参加する段階での、すなわち、大人になってから求められるシティズンシップの形成に資するものになると信じたい。

【注】
1) 植民地時代の1647年、マサチューセッツ議会がすべてのタウンに対し、学校を創設・維持するよう命じ、それに従わなかったタウンに対しては罰金を課す旨定めたのが（マサチューセッツ教育令、Massachusetts Colony Laws and Statutes, CH. 88, 1647）、植民地における公教育発展の起源であると言われている（Goldstein 1974：3-4）。これらについては、拙稿でも言及している（寺川 1997：67）。
2) 当初タウンの中心部に集中していた人々が徐々に郊外へ流出したのにともない、郊外からタウン中心部にある学校へと通うのが困難になる子どもたちが増えてくる。そこで、郊外の住民たちは、タウンに対し一定の権限＝自治権を認めるよう要求し、そのなかに教育に関する権限が含まれていた。そして、郊外の居住地が点在していたことが、教育に関する統制をより身近なところで行うということにつながっていった（Goldhammer 1964：2-3　寺川 1997：68）。
3) 州政府と地方政府との間の権限配分はまちまちであるが、現在もそのようになっている。地方政府の権限としては、カリキュラムの策定、教員の採用、入学・卒業資格の判定などがある。
4) その間の歴史的経緯やとくに連邦政府による教育への関与については、詳述する紙幅上の余裕がないため、さしあたり、寺川 2000：204-221を参照されたい。
5) ここでは、R. エルモアの議論が有用である。いわゆる「改革者」は地方学区を完全に廃止したくてがまんできないのであるが、そのような動きに対しては、地方学区を廃止することがたとえ可能であったとしても、それを維持したほうがよいという、もっともらしい理由を多く用意することが可能である、と述べ、エルモアは以下の4点を挙げる。①地方学区は、あるレベルにおいて、公教育学校のための政治的支持を集める手段を提供するものであり、そこでは、その影響が、州や連邦の政策における急速な変革に対する、きわめて迅速かつ価値のある緩衝材となる。②地方学区は、教育を改善するための新しい実践的なアイデアの重要な実現可能性のある源泉を提供する。③地方学区は、連邦構造における他の統治レベルを補完する、ほかの類似のものとは異なる一連の政治的利害や動機を代表する。④地方学区は、より高いレベルの目標と学校レベルの実践との間をとり結ぶ、潜在的には重要な行政上の役割を提供する（Elmore 1993：110）。
6) R. アセンは、「控えめな補助金支出」（modest funding）と表現しているが、この点について、ESEAにもとづく補助金支出の結果、「連邦政府の財政支出割合は1965年度において前年度の4.4％から7.9％へ増加し、1980年度には9.8％にまで至った」とする言及が

ある（世取山 2008a：186-187）。同様の紹介がアセンによってもされており、その増加
　　　傾向はレーガン政権により歯止めがかけられたこと、1990年代初めのクリントン政権誕
　　　生まで、初等中等教育に対する連邦補助金支出は元の水準まで戻らなかったことなどが
　　　言及されている（Asen 2015：33）。
7 ）　NCLB については、その内容と、成立に至る歴史的経緯や社会的背景など、世取山
　　　2008a：184-197、とくに190-194。なお、近年では、たとえば2015年に、Every Student
　　　Succeeds Act（ESSA）が連邦議会によって成立し、連邦政府による関与が縮小傾向に
　　　転じたとする評価もあるが、同法は、州の自主性回復を打ち出しながらも、学力テスト
　　　の実施を州に対し依然として求めており、その競争を煽る点で NCLB を受け継いでいる
　　　とも見ることができよう。事実、ニューヨーク州においては、英語と数学について、
　　　Grades 3 ～ 8 において、学力テストを毎年実施し（Student Participation in Grades 3 －
　　　8 New York State Tests）、学校に対し、学力評価を実施するよう求めている。
8 ）　世取山はここで、NCLB に対する批判を切り口に、新自由主義教育改革全体を批判す
　　　る視座・立脚点・方向性を示している（世取山 2008b：297-315）。
9 ）　アセンはここで、Tyack, David（2003）*Seeking Common Ground: Public Schools in a*
　　　Diverse Society, Cambridge Mass,: Harvard University Press, pp. 153-154を参照、引用
　　　している。
10）　アセンはここで、Ravitch, Diane（2010）*"Why public Schools Need Democratic Governance."*
　　　Phi Delta Kappan, March 2010, p. 24を参照、引用している。
11）　2017年 3 月、本研究プロジェクトの一環として、ニューヨーク市のラルフ・バンチ・
　　　スクールを訪問した。後の注記でも触れるが、高橋哲氏の協力を得ている。
12）　平井はここで「スタディー・サークル」の実践を紹介している（平井 2017：207-
　　　208）。
13）　ここでいう「民主主義の定義変更」は、「政治・制度上の生活が、平等かつ活発で広範
　　　囲にわたる参加や十分に情報が与えられた上での参加によって形成される」という意味
　　　合いが「民主主義」から失われ、むしろ、「自由主義経済における商取引上の策謀に規制
　　　を加えないこととして定義される場合がますます多くなっている」という事象を表し、
　　　「このような定義変更が学校にも適用され、それにより推し進められることになったの
　　　が、税額控除やヴァウチャー制、私企業による学校経営、商業化されたメディアや教材
　　　の使用、公教育が有するより高邁な諸理念の放棄という状況」であると指摘される（アッ
　　　プル・ビーン 2013：225頁）。
14）　本研究プロジェクトの一環で訪問したニューヨーク市で、2017年 3 月、学校に関わる
　　　者が熟議する会議体を傍聴する機会を得た。ニューヨーク市第 5 学区で開催された地域
　　　教育評議会（Community Education Council District 5）である。ここでは、ファシリ
　　　テーターによる進行のもと、市当局担当者が説明を行い、それに対し、保護者や住民が
　　　自由に意見を述べることができる。評議会の委員（複数名）が発言することもあれば、
　　　フロアから自由に発言することもできる。委員のなかには必ず高校生 1 名を入れること
　　　になっている（手話通訳者が 1 名いる）。このような評議会は、学校そのもの（学校内部
　　　だけの会議体）ではなく、さりとて、完全な学校外部のものでもない。つまり、両者の
　　　中間的な会議体とみてよいだろう。主な議題は予算、学力テスト・評価であった。

第Ⅱ部　諸外国の取り組み

　このような機会に恵まれたのは、ひとえに、高橋哲氏（埼玉大学教育学部准教授）の多大なるご助力のおかげである。高橋氏はちょうど、コロンビア大学ティーチャーズ・カレッジにおいて在外研究中であり、私が本研究プロジェクト遂行の関係で学校訪問や資料収集を行いたい旨伝えたところ、ご快諾いただいた。「学校評議会」や「教育評議会」など、その名称はさまざまであるが、タウンミーティングに起源をもつ、このような会議体を実際に見たのは初めてであり、貴重な経験、文字通り「有難い」機会となった。高橋氏には、ほんとうに感謝の言葉しかない。

〔参考文献〕

アップル，マイケル．W.／ビーン，ジェームズ・A. 編（2013）『デモクラティック・スクール——力ある学校教育とは何か』澤田稔訳、上智大学出版。
小堀憲助（発行年不詳）『アメリカ憲法講義案』鳳舎。
佐藤隆之（2018）『市民を育てる学校——アメリカ進歩主義教育の実験』勁草書房。
田中英夫（1980）『英米法総論　上』東京大学出版会。
塚本重頼・長内了（1983）『註解アメリカ憲法［全訂新版］』酒井書店。
坪井由実（1994）「現代米国における教育政策の展開——選択・能率・公平・質の追求」平原春好編著『学校参加と権利保障——アメリカの教育行財政』北樹出版。
寺川史朗（1997）「アメリカ合衆国の教育法制度における『地方学区』の役割」『群馬法専紀要』11号、65-87頁。
——（2000）「アメリカ合衆国における教育と国家の関係に関する一考察——憲法学の視点から」『法学新報』106巻 5・6 号、199-228頁。
ハミルトン，A. ほか（1991）『ザ・フェデラリスト』齋藤眞・武則忠見訳、福村出版。
平井悠介（2017）『エイミー・ガットマンの教育理論——現代アメリカ教育哲学における平等論の変容』世織書房。
世取山洋介（2008a）「アメリカにおける新自由主義教育改革の展開」佐貫浩・世取山洋介編『新自由主義教育改革——その理論・実態と対抗軸』大月書店、184-197頁。
——（2008b）「アメリカにおける新自由主義教育改革へのふたつの対抗軸」佐貫浩・世取山洋介編『新自由主義教育改革——その理論・実態と対抗軸』大月書店、297-315頁。
ラバリー，デイヴィッド（2018）『教育依存社会アメリカ——学校改革の大義と現実』倉石一郎・小林美文訳、岩波書店。
Asen, Robert（2015）*Democracy, Deliberation, And Education*, University Park, Pennsylvania: The Pennsylvania State University Press.
Elmore, Richard F.（1993）"The Role of Local School Districts in Instructional Improvement", Fuhrman, Susan H. ed., *Designing Coherent Educational Policy, Improving the System*, San Francisco: Jossey-Bass Publishers.
Gauerke, Warren E.（1965）*School Law*, New York: Center for Applied Research in Education.
Goldhammer, Keith（1964）*The School Board*, New York: Center for Applied Research in Education.
Goldstein, Stephen R.（1974）*Law and Public Education*, Indianapolis: Bobbs-Merrill.

Lutz, Frank W. and Azzarelli, Joseph J. (1966) *Struggle for Power in Education*, New York: Center for Applied Research in Education.
Miller, Van (1965) *The Public Administration of American School Systems*, London: Macmillan.
Rebell, Michael A. and Wolff, Jessica R. (2008) *Moving Every Child Ahead: From NCLB Hype to Meaningful Educational Opportunity*, New York: Teachers College Press.
Tyack, David *et al.* (1987) *Law and the Shaping of Public Education, 1985-1954*, Madison: The University of Wisconsin Press.
Vassar, Rena L. (1965) *Social History of American Education, Vol.1: Colonial Times to 1860*, Scokie: Rand McNally and Company.
Wynn, Richard (1964) *Organization of Public Schools*, New York: Center for Applied Research in Education.

第**8**章

フランスのシティズンシップ教育
――「道徳・市民教育」(EMC) と民主主義の実践――

福島都茂子

1 フランスのシティズンシップ教育の概要

　フランスで選挙権年齢が1974年に18歳以上に引き下げられてから40年以上が経過した。国民議会（下院）の被選挙権年齢も2011年に18歳以上に引き下げられたため（上院は24歳以上）、フランスの18歳は投票権があるだけでなく、下院議員に立候補もできる年齢である。そのため、フランスの主権者教育は18歳になるまで、すなわち高校卒業までに終了すべきこととされている。
　フランスでは現在幅広いシティズンシップ教育が行われている。特にシティズンシップ教育が本格化した1990年代後半以降は、知識の伝達のみでなく実践を通じて身に付けることが重視されている。
　現在、シティズンシップ教育の専門教科として、「道徳・市民教育 Enseignement moral et civique」（以下、EMC という）が小学校・中学校・高校の全学年で必修として導入されている。EMC 導入は2013年7月のペイヨン法[1]で決定され、2015年9月から授業が開始された。ペイヨン法とは、17年ぶりに誕生した社会党政権下でオランド大統領が推進した大規模な教育改革によって、教育法典の修正・追加を定めた法律である。目的は主に格差の是正で、そのために打ち出されたさまざまな手段のうちの1つが「シティズンシップ教育の強化」であり、EMC 導入はその中の1つである（後述）。
　EMC 導入以前も同様の教科は存在した。フランスはシティズンシップ教育に関して100年以上の歴史をもつ国である[2]。教科名は何度も変更されているが、EMC 直前の名称は、小学校では「市民・道徳教育」、中学校では「歴史・

地理・市民教育」、高校では「社会・法律・市民教育」である。教科名からも分かるように、EMC 以前の中学と高校の教科は複数分野の 1 つにすぎなかったが、EMC 導入によって専門教科となった[3]。

　また、EU 加盟国の中で、小中高の全学年で専門教科としてシティズンシップ教育を導入しているのはフランスのみである（EACEA 2017：34）。EMC 以外にも「学校参加制度」（後述）など包摂的なシティズンシップ教育を行っているフランスは、シティズンシップ教育に力を入れている国といえる。

　本章の目的は、フランスのシティズンシップ教育の現状や目的を検証し、フランスの特徴を抽出することである。まずシティズンシップ教育の目的とフランス特有の「ライシテ（非宗教性）の尊重」（後述）について見た後、専門教科 EMC の内容を概観し、EMC の導入過程すなわちペイヨン法の制定過程を検証し、最後に EMC 以外のシティズンシップ教育である学校参加制度とクラス代表を見て、教科のみにとどまらないフランスの包摂的なシティズンシップ教育のあり方を確認する。

2　シティズンシップ教育の目的とライシテの尊重

　フランスのシティズンシップ教育の目的は、生徒に「社会で生きること、民主主義を形成する諸原則と諸規則を自覚した自由で責任ある市民となること」を準備させることである。さらに専門教科 EMC の目的は、文化の多様性と豊かさを伝えることを前提とした上で、「個人の尊重、その出自と差異の尊重、男女平等の尊重、ライシテの尊重を生徒に獲得」させ、「自由で責任ある市民となり、批判精神を築き、熟慮した行動をとる」よう生徒を導くことである[4]。ペイヨン法制定以前から批判精神をもつことや責任ある行動をとることはシティズンシップ教育の主要な目的とされており、その意味でペイヨン法制定による大きな変化はない。ペイヨン法制定で変化したのは、ライシテ尊重の強化である（後述）。

　EU の欧州委員会の教育・視聴覚・文化執行機関による『エウリュディケ・レポート2017年』によると、EU のシティズンシップ教育の目的は、「諸個人と彼らが属する共同体との調和的な共存と互恵的な発展」のために、生徒たち

を「行動的で、知識をもち、責任ある市民」になるよう支えることである。さらに、これらの目的を達成するために必要な知識やスキルとして、「①他者と協調的・建設的に協力すること、②批判的に思考すること、③社会的に責任ある作法で行動すること、④民主的に行動すること」の4点を挙げる（EACEA 2017：9）。公教育政策は各加盟国の専管事項であるため強制力はないが、これらは各加盟国の認識と大きく乖離する内容ではなく、各加盟国のシティズンシップ教育にも影響を与えている⁵⁾。これらは、前述のフランスのシティズンシップ教育の目的と比較しても、ライシテの尊重以外はほぼ共通する。

　しかし、フランスのシティズンシップ教育の目的には、フランス独自のものも含まれる。それは「共和国の価値の伝達」である。教育法典の冒頭で、学校教育全体の目的として、「知識の伝達に加えて、国家は生徒に・共・和・国・の・価・値・を・共・有・させることを学校の第一の使命と定める」（L111-1、傍点引用者⁶⁾）と明記されているように、シティズンシップ教育も「共和国の価値の共有」が前提となる。では、「共和国の価値」とは何を指すのか。

　フランスの正式名称はフランス共和国であり、現在はフランス革命後5番目の共和国という意味で第五共和制と呼ばれる。革命の継承者である共和国は、1789年の「人権宣言」で示された「自由・平等・博愛」を革命理念として尊重する。共和国原理とも呼ばれるこれらが「共和国の価値」であり、「ライシテの尊重」はこれらと同等の価値をもつとされる⁷⁾。

　ライシテ（非宗教性、世俗性）とは、公的領域からあらゆる宗教を排除し、宗教的中立性を維持することを意味する。学校教育におけるライシテの尊重は、公的領域である公立学校内ですべての生徒・教職員が特定の宗教的標章を他人の目に触れるように誇示・着用しないことが要請される⁸⁾。

　したがって、フランスのシティズンシップ教育の第一の目的は、「・共・和・国・の・市・民・を育成すること」であり、「共和国の市民」とはライシテの尊重を含む「共和国の価値」を尊重する人物のことである。本書の第2章で論じられたように、シティズンシップ教育はその性質上、必然的に「国家が理想とする市民を育てる」という面をもつが、フランスの場合は特にライシテの尊重が強調される点が他国と異なる特徴である。それまでも慣習として存在していた公立学校内でのライシテ尊重が、伝達すべき学校教育の目的として教育法典に明記さ

れたのは、ペイヨン法によってである。

　公教育におけるライシテ尊重の起源は、初等教育の無償・義務・ライシテを定めたフェリー法（1881-82年）まで遡る。それまでカトリックの聖職者が初等教育を担うなど特権的な地位にあったカトリック勢力を公教育から排除することが目的であった。1882年には、フランス初のシティズンシップ教育の教科である「市民・道徳教育」が、それまで行われていた「道徳・宗教」を廃止して小学校に導入された。さらに、1905年の政教分離法により、国家は特定の宗教を優遇しないこと、個人は公的領域に個人の信仰宗教を持ち込まないこととする「ライシテ原則」が確立された。これらを決定した第三共和制初期の政府は政治的基盤が弱く、不安定で、強い影響力をもつ王党派やカトリック勢力を抑える必要から「共和国の価値」を強調し、「共和国の市民」を育成することに力を入れた。それが、フランスのシティズンシップ教育の起源である。したがって、フランスのシティズンシップ教育はその起源からライシテ原則と密接に結びついており、以後、現在に至るまでライシテの尊重は継続されている[9]。

　フランスのシティズンシップ教育は1980年代に再活性化し、1990年代後半から本格化した。その背景には、EUの拡大や英国のクリック・レポートなどの影響もあるが、国内要因としては、若者の暴力・非行の増加と外国人移住者の増加がある。特に両親が外国人の場合、それまで自明とされてきた「共和国の価値」を家庭で身に付けることは困難と考えられたため、学校で「共和国の価値」を教える必要性が認識されるようになった。

3　フランスの教育課程とEMCの内容

　フランスの初等教育は小学校の5年間（日本の小1～小5）で、前期中等教育は中学校（コレージュ）の4年間（日本の小6～中3）、後期中等教育は高校（リセ）の3年間（日本の高1～高3）であり、それぞれの学年の数え方は、小学校は下からCP、CE1、CE2、CM1、CM2、中学校は下から第6学年、第5学年、第4学年、第3学年、高校は下から第2学年、第1学年、最終学年である[10]。

　教育課程は国民教育省が定める学習指導要領によって規定され、教科書は学

習指導要領に沿った内容で出版社が出版するが、教科書検定制度は存在せず、学校に教科書使用の法的義務はない。したがって、教科書を使用するかどうか、どの教科書を使用するか、教科書をどのように使用するかなどは、教育現場の裁量に任されている。

EMCの成績評価はなく、生徒個人の思想や信条は問われない。EMCを教えるのに特定の教員免許は必要なく、中学・高校（共通）の教員免許をもっていれば誰でも担当できる。EMC以前の教科の名残から、歴史、地理、経済社会学、哲学、フランス語の教員が担当することが多い。EMCの授業で実際に何がどう教えられているかは教員の裁量が大きく、外部の者にその実態は分かりにくいが、ここではEMCの内容紹介として高校生向けの教科書2点と、筆者が2017年3月に高校のEMCの授業を見学した際の担当教員の話を紹介する（福島 2017：15-21；2018：19-21参照）。

まず、大手マニャール社の高校第2学年（日本の高1）向けのEMCの教科書を紹介する（Billard et al. 2015）。導入部分を「ライシテ」とし、それから大きく2つのテーマ「個人と法治国家」と「平等と差別」に分け、テーマ1はさらに5章に分け、それぞれ章題を「法治国家は自由を保障する」「権力の分離」「正義の機能」「教育共同体と高校生の権利と義務」「個人の連帯と責任」とする。テーマ2は3章あり、章題は「平等の観念」「政治的・社会的不平等と差別」「性別の不平等と差別」である。

テーマ1の1章「法治国家は自由を保障する」の中の「諸制度と法律の行程」の単元では、議会制度と立法過程をイラストで説明し、実際に激しい議論となった2014年の地域圏再編法（地域圏を半分に減らす内容）の成立過程を説明した上で、生徒に「諸制度はフランス共和国の民主主義的性質をどう保障しているか？」と問いかけている（Billard et al. 2015：16-17）。現実に大論争となった直近の政治問題を取り上げて生徒に考えさせるというスタイルは、日本の主権者教育にはあまりないものである。

次に、フシェール社の高校全学年向けのEMCの教科書を紹介する（Couderc dir. 2016）。この教科書では学年ごとに2つずつテーマを設定し、第2学年（日本の高1）は「個人と法治国家」「平等と差別」、第1学年（高2）は「フランス共和国とEUで市民権を行使する」「情報社会の道徳的・市民的争点」、最終学

年（高3）は「信仰の多様性とライシテ」「生物学、倫理学、社会と環境」である。

　高2向けの「フランス共和国とEUにおいて市民権を行使する」では5つ章があり、「ヨーロッパの市民権を行使する」「投票する：市民権と投票権」「税金を払う」「参加すること、活動することは何の役に立つか？」「防衛する：国防の組織と争点」という章題である。各章に入る前にまずテーマ全体の説明として、「フランス共和国市民とEU市民は市民的・政治的権利を享受し、義務が課される。EU加盟国の国籍をもつ個人はすべてEU市民である。EU市民権は国家の市民権を補完し、その代わりとはならない」と説明し、生徒に「あなたは、あなた自身は、フランス共和国とEUの市民ですか？　それはなぜですか？」と問いかけている（Couderc 2016：38-39）。

　また、2章の「投票する：市民権と投票権」では、投票権や有権者の説明をした後、投票したくないと考えている人と投票は重要だと考えている人の両方の意見を掲載し、2015年12月の地方選挙で18歳から25歳までの若者の65％が投票を棄権した事実などを記した上で、生徒に「投票したくないとあなたに言った人に対してあなたの見解を述べなさい」と促している（Couderc 2016：42-43）。

　以上、高校のEMCの教科書を2点見た。共通の特徴は、写真やイラストを多用し、特定のテーマについて「あなたはどう考えるか」と、時には難解と思われるような問いを設定し、生徒自身に考えさせるものが多い点である。また、実際にあった直近の論争的な問題を取り上げている点、EU市民権に関してフランスと同程度の分量を割いている点、ライシテの尊重を強調している点も共通している。フランスでは政治の仕組みや制度などの基礎知識は小学校で学び、中学校以上では生徒同士で議論することが要求される。見学した高校のEMCの授業でも生徒がどんどん発言し、2人組で話し合った後それを皆の前で発表し、さらに全員で議論するなど生徒同士の議論が重視されていた。

　ただし、教科書の使用義務はないため、実際の授業は教科書通りに進むとは限らない。授業見学した高校のEMC担当教員は特定の教科書は使用せず、複数の教科書からコピーしたプリントや新聞記事やDVDを使用するとのことであった。それらを使って1つのテーマを提示し、教員が解説した後、生徒たちに討論させるスタイルが多いとのことである。この教員がよく取り上げるテー

写真1　パリ市内の高校でのEMCの授業（2017年3月）
出典：筆者撮影

マは、エコロジー、ライシテ、医師による安楽死など死に関する倫理ということであった。

　教員にEMCの目的を尋ねると、「共和国の価値を教えること」と即答した。これは前述の法定のものと一致する。さらに教員は、そこには「市民としての意識を目覚めさせること」も含み、間接的に投票率を上げることも含むと付け加えた。[11] また、EMCは生徒に熟慮や批判精神を教えるため、原理主義など偏った考え方を拒絶することができ、テロ防止にも役立つという見解も示した。テロ防止のためのシティズンシップ教育という観点は日本にはないものである。フランスは2015年に複数のテロを経験し、その後政府はシティズンシップ教育の強化を打ち出した（後述）。授業見学はテロ事件後であったため、このような回答となったのかもしれないが、テロ防止というのもフランスのシティズンシップ教育の目的の1つといえるかもしれない。

4　ペイヨン法制定過程とEMCの導入

1　法案提出まで

　EMC導入を定めたペイヨン法は、オランドが大統領選の公約で掲げた教育改革計画に基づいて制定された。中心となったのは、第1次・第2次エロー内閣で国民教育大臣を務めた元哲学教員のペイヨン（在 2012.5-2014.3）である。この教育改革の最大の目的は、サルコジ前大統領が推進した新自由主義的経済政策の結果、増大した格差を是正することである。オランドは、サルコジが8万の教職ポストを削減したことを批判し、教職員のポスト増設や「不平等の縮減」「全生徒の成功」などを訴えた。以下、シティズンシップ教育に関連する

部分を中心にペイヨン法の制定過程を見る（詳細は福島 2018；降旗ほか 2014参照）。

　オランドが大統領に就任して約 1 か月後の2012年 6 月22日に、ペイヨン国民教育大臣は教育成功担当大臣と連名で「国民教育に携わるすべての教員に向けた手紙」を公表した。これは今後の教育改革の具体的な計画を示したもので、後に法案の名称となる「共和国の学校の再構築」という表現や、「学校の共和国的再構築と学校による共和国の再構築」という目的が示された。また、「すべての子どもは成功できる」とし、学校の将来の課題として「学校教育の結果の向上」「生徒の成功におけるより高い平等性」「無資格離脱者の減少」「全員の就労」を挙げた。フランスは厳格な学歴社会のため、卒業資格のないまま学業から離脱すると（無資格離脱）、職種が限られ経済格差につながる。そうした格差は学校にいる段階で始まっていることから、学校での平等を担保しようとする左派政権らしい内容である。

　7 月 5 日から大規模な協議が開始され、運営委員会が組織され、研究テーマごとに「全員の学業達成」「再構築の中心の生徒」「公正で効果的な教育制度」「教育を受け認定された教職員」という 4 つのグループが設置された。中心人物は大学教授や雑誌編集者らで、グループごとに週に 1 ～ 2 回集まり、各テーマについて専門家の意見も取り入れながら議論を重ね、10月に最終報告書としてまとめられた。その間に、国民教育省はホームページに「学校再構築サイト」を開設し、インターネット上で国民の意見を広く募り、8000人以上が意見を寄せ、これらも参考にされた。

　4 グループのうちシティズンシップ教育に関連するのは「再構築の中心の生徒」で、その中でさらに分けられた 5 つのテーマのうちの「学校生活とシティズンシップ教育」の部分である。7 月 5 日付協議報告書によると、「学校は、知識の伝達の場であると同時に、シティズンシップ教育の学習と、自由、平等、博愛、ライシテ、あらゆる差別の拒絶といった共和国の価値の共有の場である」（傍点引用者）とされ、学校教育全体の中でのシティズンシップ教育の重要性が明記されている。

　10月 9 日付の最終的な協議報告書『共和国の学校を再構築しよう：協議報告書』（Dulot 2012）は 3 部からなり、第 1 部は「なぜ学校を再構築するのか？」、

第2部は「共和国を再構築するために学校を再構築する」、第3部は「未来の学校に向けて」という題である。この中で、15歳の時点で書き言葉の習得に大きな困難をもつ生徒が約20％いることや、若者の12％が無資格離脱者であることなどが示された。

　直接シティズンシップ教育に触れているのは、第2部の中の「倫理的・市民的育成の場としての学校」と題する部分で、その中の「市民的関係をつくるための学校」という小見出しの部分で、学校は市民になることを準備する場であるとし、シティズンシップ教育は政治制度などに関する知識の伝達のみではなく、「市民は、政治主題についての情報を得ること、全体利益の観点から判断すること、共通善や正義や平等への配慮を持つこと、議論や討論をすること、集団的責任を負うことを学んでいなければならない」とする。つまり、こうしたことができる人物が、政府の考える「あるべき市民の姿」ということになる。

　この協議報告書に基づいて法案が作成され、翌2013年1月23日に下院に政府提出法案として提出された。法案の理由説明によると、目的は「すべての子どもの知識・能力・文化のレベルを上げること、より良く教育され、高い能力をもつ若者とともにフランスの発展のレベルを増大させること、若者の失業と闘うこと、社会的・地域的不平等を縮減すること、男女平等を促進すること、全員の教育の成功という共和国の約束を中核に国民の結集と市民的関係を再びつくること」である。

2　議会審議

　提出法案は下院の文化・教育委員会（以下、委員会という）に付託され、2月28日に委員会報告書と委員会修正法案が下院に提出された。シティズンシップ教育に関連する部分は、教育法典の冒頭のL111-1を修正する3条（成立後2条）と、EMC導入を規定した28条（成立後41条）である。成立後12条となる条文はまだなく、後に「6条の2の後」として提案される。

　政府提出法案3条は、現行の「知識の伝達に加えて、国家は共和国の価値を生徒に共有させることを学校の第一の使命と定める。」（L111-1）の部分の「共和国の価値」の後に「中でも、すべての人間の平等な尊厳、男女平等、連帯、

共通の価値の尊重と信仰の自由に基礎を置くライシテ」を追加するというものであったが、委員会修正法案でこの3条は削除された。

　政府提出法案28条は、教育法典L311-4とL312-15の修正である。1項で、現行の「学校は、とりわけ市民教育の授業を通して、個人の尊重、その出自と差異の尊重を生徒に教えなければならない。」（L311-4）という文章の「市民教育」をEMCに変更し、「個人の尊重、その出自と差異の尊重」の後に「と男女平等とライシテの尊重」を追加し、それらを「生徒に獲得させる」とした。ここでEMCの目的として「ライシテの尊重」が提案された。2項は見出しをEMCに変更する内容である。3項では、現行の「市民教育は、学校教育のすべての段階で、共和国の価値の教育、法律または国際規約によって確立された子どもの権利の知識と尊重の教育と、それを侵害するような具体的な事態の理解の教育を含む。」（L312-15）という文章の主語を、市民教育からEMCに変更し、さらにこの文章の前に、「EMCはとりわけ、責任ある自由な市民となり、批判精神を築き、熟慮した行動をとるよう生徒を導くことを目的とする。」という文章を追加した。委員会修正法案では、政府提出法案の28条はほぼそのままとされた。

　第一読会の下院審議は、3月11日から15日まで行われた。内容が大規模な教育改革であるため、保守政党UMPの議員をはじめ野党議員からさまざまな批判や反対意見が出た。が、28条に関してはほとんど反対はなく、賛成多数で採択された。

　シティズンシップ教育全体に関しては、ペイヨンがマスメディアのインタビューで「世俗道徳」を学校で教えると述べたことから、法案に直接出てこない「世俗道徳」という表現とその内容をめぐって野党から質問が相次ぎ、激しい議論となった。UMPのブルトンは「世俗道徳」に関してペイヨンがインタビューで「あらゆる決定論、家族主義、民族、社会問題、知識人から生徒を引き離すことだ」と答えたことを理由にペイヨンの意図に疑問があると発言した。それに対して、委員会報告者の社会党のデュランは、「世俗道徳、それは単に宗教のない道徳である」と答え、1905年の政教分離法を引き合いに出し、「それは反宗教を意味するのではない。反対にそれはすべてを尊重する」と答えた。ペイヨンは、「固有の自律を築く可能性、つまり自分自身に規律を与え

る能力は、あらゆる遺産と距離をとることができることを前提とする。それは、これらの遺産を放棄しなければならないことを意味せず、単に自分自身でそれらを選択できるようにならなければならない」と説明した。「世俗道徳」に関しては、ペイヨンは「世俗道徳は単に宗教的根拠に基盤をもたない道徳である。世俗道徳は各自に個人の意見の選択をさせ、世俗道徳に関してはお互いに共通であるものの上に基礎を置いた1つの基準を提供しながら結集する目的しか持たない」と説明した。つまり、世俗道徳は宗教に根拠をもたないが共通の基礎をもつということであり、ここで明言はしていないが、共通の基礎とは「共和国の価値」であることは明らかである。

野党議員からの「世俗道徳という用語の意味が理解できない」という発言に対してペイヨンは、世俗道徳は「教室内でいかなる信仰も侵害しないこと」で達せられるとし、学校は「憲法の価値、すなわち自由、平等、博愛、ライシテを伝達すると同時に教育する」と答えた。

その他、「6条の2の後」としてL121-4の後に新たにL121-4-1として文章を追加する提案が社会党議員から出され、わずかな修正を経て採択された。修正後の内容は、「シティズンシップ教育の使命は、生徒に、社会で生きることと、民主主義を形成する諸原則と諸規則を自覚した責任ある市民となることを準備することである。(後略)」というものである。

下院修正法案は3月19日に320対227で可決され、上院に送付された。上院の文化・教育・コミュニケーション委員会(以下、上院委員会という)に付託され、5月14日に上院委員会報告書と上院委員会修正法案が提出された。

上院委員会修正法案では、下院で削除された3条に代わり、新たに「3条A」としてL111-1の修正が提案された。その内容は、現行の「それ[教育の公役務]は、機会の平等に貢献する。」の「機会の平等」の後に「と成功の社会的不平等と闘うことに」を追加し、さらにその後に、「それは、すべての子どもたちが学び、進歩する能力を共有することを認識する。それは、出自や社会階層や健康状態の差別なく、すべての子どもたちの学校教育での包摂に留意する。それはまた、教育機関における就学生徒たちの社会混成に留意する。全員の成功を保証するために、学校は、その社会的出自がどうであれ親の参加とともに築かれる。学校は、教育共同体のすべてのアクター間の対話と協力に

よって豊かになり強固になる」という文章を追加するというものである。

また、L111-1の2段落目の文章、「知識の伝達に加えて、国家は共和国の価値を生徒に共有させることを学校の第一の使命と定める。」の後に、「教育の公役務は、人間の平等な尊厳の尊重、信仰の自由の尊重、ライシテの尊重を全生徒に獲得させる。その組織と方法によって、そこで教える教員の育成と同様に、それは生徒間の協力を奨励する」と追加することを提案した。ここで、教育全体の目的として、下院で提案されたが削除された「ライシテの尊重」が再び提案された。

下院で新たに提案され採択された「6条の2の後」は、上院では「6条の3」として提出された。上院委員会は最初の文「シティズンシップ教育の使命は、生徒に、社会で生きることと、民主主義を形成する諸原則と諸規則を自覚した責任ある市民となることを準備することである」の主語を「シティズンシップ教育の使命として、教育の公役務は」とし、「責任ある市民」の部分を「自由で責任ある市民」と変更した。

28条についての上院委員会の修正はなかった。

第一読会の上院審議は5月21日から24日まで行われた。3条Aに関しては、ペイヨンが「この条文は、根本的な価値の本質的中核を生徒に伝達することを学校に使命として与える」と述べ、その価値とは「信仰の自由の尊重、人間の平等な尊厳、そしてもちろんライシテである」、「この3つの価値は共和国の他の価値の認識の基礎を構成する」と述べ、ライシテの価値を強調した。これに対して特に異議は出ず、3条Aは採択された。つまり、議会において、ライシテの尊重は「共和国の価値」の中でも特に重要であることが確認され、教育全体の目的として教育法典に明記することへの賛同を得た。

28条に関しては、EMCの教科名について、共産党議員が「道徳」を含むことから変更を提案したが、ペイヨンは道徳的・市民的の分離は困難であると回答した。その他に大きな議論はなく、28条は上院でも採択された。

上院修正法案は176対171で可決され、5月27日に下院に送付された。再び下院委員会に付託され、下院委員会報告書と下院委員会修正法案が提出された。

それらによると、上院で追加が承認された3条Aの「それは機会の平等と成功の社会的不平等と闘うことに貢献する」の「社会的不平等」を「社会的・

地域的不平等」と変更することが提案された。6条の3と28条は上院修正法案のままである。

　第二読会の下院審議は6月3日と4日に行われた。第二読会では法案の内容より、条文で使用される用語や表現の是非が主に議論された。

　3条Aに関して、ペイヨンは「不平等の縮減」という「我々の仕事の目的を明確にする」と好意的に評価した。が、UMPの議員は「『成功の社会的・地域的不平等』の意味することが分からない」と述べ、この表現は不正確ではないかと疑義を呈し、削除を求めた。これに対して委員会報告者デュランは「文法的な面で多少不明確である」と書き換えの必要を認め、「成功の」という表現の代わりに「学業と教育の成功に関して」とする案が採用された。

　また、3条Aの「それは、出自や社会階層や健康状態の差別なく、すべての子どもたちの学校教育での包摂に留意する」という部分の「出自や社会階層や健康状態の差別なく」という表現に関して、社会党議員やヨーロッパ・エコロジー＝緑の党の議員らが変更を求め、「いかなる差別もなく」という表現が採用された。

　6条の3は議論なく採択された。28条はすでに下院第一読会で採択され、上院第一読会でも異議が出ていないため、第二読会では議論されていない。

　第二読会の下院投票は6月5日に行われ、304対203で可決された。翌日上院に送付され、再び上院委員会に付託され、上院委員会報告書と上院委員会修正法案が提出された。3条A、6条の3、28条に関しては下院第二読会採択のままである。

　第二読会の上院審議は6月25日に行われ、修正なしで同日投票が行われ、176対171で可決された。

　その後、追加条文などが整理された最終法案が提出され、3条Aは2条に、6条の3は12条に、28条は41条となり、7月8日にペイヨン法が成立した。

5　テロとシティズンシップ教育

　ペイヨン法成立後、EMCの具体的な内容の準備がペイヨンを中心として進められた。が、2014年3月の地方選挙の敗退を受けて行われた内閣改造で、国

民教育大臣はペイヨンから、さほどシティズンシップ教育に関心のないアモンに交代し、EMC の実現が危ぶまれた。

同年 8 月末に行われた内閣改造で第 2 次ヴァルス内閣が発足し、アモンに代わりヴァロー＝ベルカセム（在 2014. 8. 26-2017. 5. 10）が国民教育大臣に就任した。モロッコ生まれの36歳、第五共和制初の女性教育大臣ということで当時大きな話題となった彼女は、オランドが退陣するまでの計 3 年弱、国民教育大臣を務めた。教育改革に関してオランドやペイヨンと同様の見解をもつ彼女は、就任後 EMC 開始に向けて準備を進めた。

そうした中、2015年 1 月にシャルリ・エブド社襲撃事件（以下、シャルリ事件という）が起きた。[12]「表現の自由」に対する挑戦と受け止められたこの事件はフランス社会に大きな反響を呼び、事件後の反テロ大行進では「表現の自由を守れ」と共に「ライシテの尊重」が叫ばれた。[13]オランド大統領は事件を重く見て、テロ再発防止を誓い、治安部隊の増強やテロに関する情報収集などの直接的な対策以外に、ライシテ教育とシティズンシップ教育の強化を打ち出した。

世論に応える形で、ヴァロー＝ベルカセムとオランドは連名で 1 月22日に「共和国の価値のための学校改革のための11の方策」（MEN 2015）を発表した。その中で、「ライシテと共和国の価値の伝達を学校の動員の中心に置くこと」を、「共和国への帰属感情を強化するために不平等と闘う」ことより先に挙げ、ライシテの伝達を優先事項とした。また、EMC の目的は、「意見や信条、生活様式の多様性を承認すること、社会的・政治的関係をつくることを学ぶこと、差別の拒絶のように全体利益や民主的生活への参加の感覚を発展させること」とし、ペイヨン法で規定されたものに、「多様性の承認」や「全体利益」などの用語を追加した。

その後 6 月25日に学習指導要領改訂が発表され、EMC の目的は、「EMC は、不可分の、ライシテの、民主主義の、社会的な共和国でともに生きる能力の発達を促進する目的をもつ」と規定された。[14]これは、シャルリ事件前の2014年 7 月 3 日に発表された学習指導要領案の「EMC は民主主義社会の中でともに生きるための能力の発達を促進する目的をもつ」と比較すると、「ライシテの」「共和国」「不可分」といった用語が追加されており、シャルリ事件の影響が窺える。

こうしてシャルリ事件の影響を受け、テロ対策の一環としても位置づけられたEMCが学校で開始されてからわずか2か月後に、より大規模な新たなテロ事件がパリ市内と近郊で発生した（パリ同時多発テロ事件）。テロ再発を防げなかったことからオランド大統領の支持率は急低下し、現職大統領としては異例のことであるが2期目に立候補しないことを決めた。2017年の大統領選を制したのは、政治団体「前進！」（後の政党「共和国前進」）を率いるマクロンである。マクロンは、オランド政権の第2次ヴァルス内閣で経済・産業・デジタル大臣（在 2014. 8-2016. 8）を務めたこともあり、大統領選の公約を見る限り、教育政策に関しては社会党のものと近い。実際、マクロンの大統領就任後の教育政策は、オランド政権のものをほぼ継続しており、ペイヨン法に関しても、シティズンシップ教育以外の部分でわずかな修正を施したのみで現在も有効であり、EMCも継続されている。

6　クラス代表と学校参加制度

　フランスのシティズンシップ教育では、必要とされる知識やスキルを実践を通じて生徒に身に付けさせることが重視されている。そのため、フランスでは学校自体が「民主主義の実践の場」と捉えられ、学校運営には教職員のみでなく生徒や生徒の親代表も参加し、民主的な話し合いを通じて決定する方針が採用されている。これは、それまでの閉鎖的で管理主義的な学校運営への批判から、1968年以降、中等教育で本格的に制度化されたもので、「学校参加制度」と呼ばれる[15]。

　学校参加制度にはさまざまな実践があるが、ここでは、中でも中学と高校で法定義務とされ、「将来の市民の市民的育成」すなわちシティズンシップ教育の機能をもつとされるクラス代表（生徒代表）について紹介する[16]。

　クラス代表とはクラス内の生徒による投票で選ばれる2名のことで[17]、クラスの生徒全員の代表として、校長や教職員や生徒の親も参加する学級評議会（後述）などの会議に出席する義務がある。このクラス代表の選出方法そのものが、民主的な選挙を実践的に学ぶシティズンシップ教育の一環である。

　クラス代表の選出では、クラスの全生徒が有権者であり、かつ被選挙権者で

ある。選出方法は、担任教員が組織する二回投票制の選挙で行われる。選挙に先立って、必ずクラス代表の役割と学級評議会の権限に関する説明会が教職員によって行われる。立候補者はクラス全員の前で自分を選ぶとどのような利点があるかなどをアピールする[18]。選ぶ側はそれぞれの候補者の主張を比較検討し、クラス代表になってほしい候補者の名前を投票用紙に書いて投票し、1回目の投票で絶対多数を獲得した候補者がいた場合はその候補者が当選し、いなかった場合は2回目の投票で相対的多数を獲得した候補者が当選する。これは実際の下院議会選挙（小選挙区2回投票制）と同様の選出方法である。

したがって、クラス代表を選出する選挙は、実際の下院議会選挙の模擬投票であり、フランスの中学生と高校生は毎年必ず模擬投票を体験していることになる。同時に、立候補する生徒にとっては、有権者としての投票権の行使のみでなく、立候補して選挙運動を行う被選挙権の行使も体験できる。さらに選挙で選ばれたクラス代表は、職員らから代表養成教育を受け、クラス代表の権利と義務について学び、民主的に選ばれた生徒の代表としての仕事や責任を経験する。

学級評議会とは、校長、クラス担任とクラスの授業を担当する教員数名、クラス代表2名、生徒の親代表2名、生徒指導専門員（CPE）、心理カウンセラーらが出席するクラスごとの会議のことで、年に3回開催される。この学級評議会でクラス代表は、事前に生徒同士で話して得た情報（たとえばある先生の教え方が分かりにくいなど）をもとに、学校生活全般に関する生徒からの要望やクラスで起きている問題などを大人たちに伝える。学校側からの意見も出され、課題について全員で話し合って民主的な方法で解決を探る。また、学期末にはクラスの生徒全員の成績表が配布され、生徒1人1人の学習状況などについて話し合い、留年を含む成績評価の決定も行う。秘密保持の義務はあるが、クラス代表はクラスメイト全員の成績を知ることになる。こうした役割をもつクラス代表のことを国民教育省は、生徒たちと学校の管理職・教職員・生徒の親たちとの「仲介人」と位置づけている。

さらに、クラス代表の中から選ばれた「代表の代表」は、年に3回開催される学校運営評議会（CA）にも出席する。これは校則の制定や学校教育計画の策定などの重要事項について話し合う会議であり、一部の選ばれた生徒のみと

はいえ、教育計画の内容にまで生徒が発言する機会と権利が与えられていることになる。ここまでの制度は日本にはあまり存在しない。

　以上から、クラス代表の選出は、代表制民主主義の基礎である選挙を体験することができるシティズンシップ教育であると同時に、選ばれたクラス代表は、クラスの生徒全員の代表として生徒の利益を代弁し、学校生活の問題改善などの課題に（大人たちと共にではあるが）民主的に取り組むというまさに議会議員のような役割を担う。これも代表養成という観点の重要なシティズンシップ教育である。特に後者は、日本の教育で圧倒的に欠けている。日本では、政治家になるための公的教育機関や公的養成講座は存在せず、独学で学ぶか、既存の政党や政治家の運営する私的な政治塾などで学ぶしか方法はない。それもあってか、日本の普通の若者にとって、政治は「自分とは関係ない遠い世界の話」と考えやすく、政治を身近なものとして捉える機会は少ない。

　フランスでは、シティズンシップ教育の専門教科であるEMC以外にも、このようなクラス代表や学校参加制度を通じて、中学生や高校生の時から政治について実践的に学ぶことができ、政治や選挙を身近に感じることができる。直接選挙で選ぶ大統領の存在など、フランスは日本より政治への関心を持ちやすい社会といえるが、このようなフランスの包摂的なシティズンシップ教育もそれに大きく寄与していると考えられる。

【注】
1）　正式名称は「共和国の学校の再構築のための2013年7月8日の教育基本法」Loi no 2013-595 du 8 juillet 2013 d'orientation et de programmation pour la refondation de l'école de la République である。J.O. 9 juillet 2013.
2）　後述するが、フランスのシティズンシップ教育の起源は19世紀末である。シティズンシップ教育の歴史に関しては、鈴木 2013：105-115、福島 2015参照。フランスは、日本よりも教育改革や学習指導要領の改訂の頻度が高く、その度に教科名や学習内容等が変更されることが多い。
3）　筆者がインタビューした高校のEMC担当教員によると、教科名が変わっても内容にそれほど変化はないとのことである（福島 2017：20）。なお、道徳とシティズンシップ教育の区別はつけがたいため、専門教科とみなす。
4）　ペイヨン法の文言などから筆者作成。
5）　EUの拡大・深化に伴い、EUレベルで「EU市民として求められる能力や態度」が議論・共有されるようになり、そのような共通認識のもとで、各加盟国における「EU市民としてのシティズンシップ教育」が要請されるようになった（鈴木 2013：114-115；

福島 2018：17）。
6）　教育法典に「共和国の価値の共有」が明記されたのは2005年のフィヨン法による。フィヨン法制定過程については上原 2008参照。
7）　現行憲法1条でも、フランスはライシテの共和国であると明記され、ライシテは共和国の基礎と認識されている。フランスの著名なイスラム研究者ロワによると、ライシテはフランス的アイデンティティの中心であるという（Roy 2005：33-34）。また、教育法典に「共和国の価値の共有」を明記することを推進した当時の国民教育大臣フィヨンによると、「共和国の価値」の中に民主主義も全体利益への奉仕も含まれる（上原 2008：68）。
8）　私的領域での宗教的信仰実践は信仰の自由として保障される。フランスで学校内でのライシテ尊重が強調されるようになったのは、1989年のスカーフ事件（公立中学校でスカーフを取ろうとしなかったムスリムの女子生徒が退学になった事件）以降であり、以来フランス社会とムスリムの「対立」や「ライシテ問題」が表面化し、さまざまな論争を引き起こしている。現在は「スカーフ禁止法」（2004年）と「宗教的標章禁止法」（2010年）により、公的領域でのライシテ遵守は法定事項となっているが、ライシテは現在のフランスで「社会的亀裂」を生み出す要因の1つとなっている（福島 2015：42；2017：3－6；鈴木 2016参照）。
9）　1940-44年のヴィシー時代を除く。なお、ペイヨン法成立後の2013年9月に、国民教育省の通達により、ライシテ尊重を謳う「ライシテ憲章」が定められ、全公立学校での掲示が義務づけられた。Circulaire n° 2013-144 du 6-9 2013, B.O. n° 33 du 12 septembre 2013. ライシテ憲章はEMCの教科書にも掲載され、筆者も授業見学した高校の廊下に掲示されているのを確認した。
10）　普通科のみとする。義務教育は原則として6歳から16歳までの10年間だが、小学校から留年や飛び級の制度がある。いずれもなく進めば、義務教育は高校初年度の第2学年（日本の高1）までとなるが、公立学校の場合、学費はほぼ無償のため、ほとんどの人がそのまま学業を継続する。
11）　大統領選と比べるとフランスの下院議会選挙の投票率は決して高くない（2012年の第1回投票の全世代投票率が57.22％、2017年は42.64％で第五共和制最低）。が、フランスは投票前に事前登録する必要があるため、登録しながら投票しない、すなわち棄権することは一般に「投票したい候補者がいない」という意思表示と考えられている。また、授業見学は2017年の大統領選候補が出揃った時期であったため、大統領選や候補者の話をEMCの授業で取り上げるか教員に問うと、当然取り上げると答えたが、結果的に得票数2位で決戦投票に進んだ極右政党FN（当時）党首M. ル・ペン候補は「共和国の価値を尊重しない」人物だから取り上げないと明言した（福島 2017：18, 20）。「共和国の価値」は政治的中立性より優先されるようである。
12）　過激な風刺画を売りとする週刊誌の出版社がイスラム教をからかう記事が原因でイスラム過激派に襲撃され、編集者らが殺害された事件。
13）　この時主張された「ライシテの尊重」は、「いかなる宗教も特別扱いしない」「特定の宗教を否定・批判する権利」といった意味で使用されたようである。シャルリ事件の詳細とライシテとシティズンシップ教育の関連の考察については、福島 2017参照。

14) Annexe, 4, 'Programme d'enseignement moral et civique', B.O. spécial n° 6 du 25 juin 2015. なお、「不可分の、ライシテの、民主主義の、社会的な共和国」という表現は憲法1条の表現と同じものである。
15) 直訳すると単なる「参加」。邦訳は他に「参加制度」「学校参加」「教育参加」など。学校参加制度の詳細については小野田 1996参照。
16) クラス代表に関しては、大津 2016と以下のサイト参照。MEN 'Les représentants des élèves au collège et au lycée' (http://www.education.gouv.fr/cid52685/les-representants-des-eleves-au-college-et-au-lycee.html, last visited, 27 August 2018)、Service-public fr. (https://www.service-public.fr/particuliers/vosdroits/F1370, last visited 27 August 2018)。
17) 選挙の時は副代表とペアで立候補するため、副代表も2名いる。副代表は正代表が病気の時などに代わりを務める。選挙の時期は、新学期が始まってしばらくしてからの10月が多いという。
18) 選挙ポスターを作成して掲示したり、友人による応援演説が行われたりすることもある。投票箱も実際の選挙で使用されているものを使用するなど、日本の学級委員選出とは大きく異なる。

〔参考文献〕
上原秀一（2008）「フランス教育法における『共和国の価値の共有化』の原理——2005年学校教育基本計画法による教育法典第 L.111-1条の改正」『フランス教育学会紀要』20号、63-75頁。
大津尚志（2016）「フランスにおける学校参加制度——フランスにおけるカリキュラム政策と市民教育①」『人間と教育』89号、104-111頁。
小野田正利（1996）『教育参加と民主制——フランスにおける教育審議機関に関する研究』風間書房。
鈴木規子（2013）「フランス共和制と市民の教育」近藤孝弘編『統合ヨーロッパの市民性教育』名古屋大学出版会。
――（2016）「移民社会フランスの市民性教育のゆくえ——テロ事件、急増する難民の後に」『三田評論』1199号、40-46頁。
福島都茂子（2015）「フランスのシティズンシップ教育の展開と現状——政治的シティズンシップ教育と民主主義の実践」『龍谷大学社会科学研究年報』46号、41-52頁。
――（2017）「フランスの『道徳・市民教育（EMC）』の開始と授業見学——テロ事件後のシティズンシップ教育とライシテをめぐる考察」『宮崎産業経営大学法学論集』26巻1号、1-23頁。
――（2018）「フランス『道徳・市民教育（EMC）』の導入とペイヨン法制定過程——フランスのシティズンシップ教育とEMCをめぐる議論」『龍谷大学社会科学研究年報』48号、17-29頁。
フランス教育学会編（2018）『現代フランスの教育改革』明石書店。
降旗直子ほか（2014）「ペイヨン法制定過程と条文内容の特徴」『フランス教育学会紀要』26号、95-102頁。

Billard, Hugo *et al.* (2015) *Enseignement Moral et Civique, 2de*, Paris: Magnard.
Couderc, A. dir. (2016) *Enseignement moral et civique, 2de/1re/Tle*, Paris: Foucher.
Dulot, Alain (2012) *Refondons l'école de la République : Rapport de la concertation*, MEN.
EACEA (2017) *Citizenship Education at School in Europe–2017. Eurydice Report*, Luxembourg: Publications Office of the European Union.
Legifrance.gouv.fr., Code de l'éducation (https://www.legifrance.gouv.fr/affichCode.do?cidTexte=LEGITEXT000006071191, last visited, 27 August 2018).
MEN (Ministère de l'éducation nationale) (2015) *Grande mobilisation de l'École pour les valeurs de la République, Annonce des mesures, Jeudi 22 janvier 2015*.
MEN 'Les représentants des élèves au collège et au lycée' (http://www.education.gouv.fr/cid52685/les-representants-des-eleves-au-college-et-au-lycee.html, last visited, 27 August 2018).
Roy, Olivier (2005) *La laïcité face à l'islam*, Paris: Stock.
Service-public.fr. (https://www.service-public.fr/particuliers/vosdroits/F1370, last visited, 27 August 2018).
B.O. (Bulletin officiel)
J.O. (Journal officiel de la République Française)
Le Monde

第9章

イタリアにおけるシティズンシップ教育の歴史と課題
——政治と教育の絡み合いの中で——

高橋　進

1　近代国家と教育——「少国民」の形成

1　道徳教育と国家

　近代国家において政治と教育は不可分の関係にある。国家権力はそれが必要とする「国民」の思想と能力を創り上げるために教育に介入し、望ましい国民像を押しつけてきた。それに対して個人の自由を求める人々は「教育の権力からの自立」を求めつつ、あるべき社会を担う市民の形成のために闘ってきた。シティズンシップ（citizenship）教育の根底にあるのは、その国において誰をシティズン（市民）とするのか、誰が市民ではないのかの境界線の確定と、国家はどのような市民を形成しようとするのかの問いである。国家があるべき市民像を提示するとき、「良き市民」と「悪しき市民」の区別が必然的に表れる。そこには教育を通じての社会統合と各人の社会参加・能力開発という普遍的な課題への取組ともに、道徳をめぐる国家と市民社会との争い、自由をめぐる国家対市民の闘いが歴史的に存在してきた。

　グローバル化とヨーロッパ統合、移民・難民の流入と統合に取り組む今日の欧米におけるシティズンシップ教育をめぐる複雑な状況もその反映である（クリック 2011；近藤 2013）。EU統合の深化によるEUへの主権の移譲と労働機会を求めてのEU市民の域内移動、資本の激しい国際移動と難民・移民の大量流入は、国境や「国民」「市民」の意味を各国民に問い直している。反移民・反難民と主権回復を主張するポピュリズム政党の台頭はこの一つの表れである。

　日本では明治憲法下の教育勅語と修身の教育が典型であるが、近年も国家に

よる特定の思想の強制の動きが強まっている。これまで「教科外の活動」であった「道徳」が小学校で2018年度から、中学校で2019年度から「特別の科目」に格上げされた。その結果、文科省検定の教科書使用が義務づけられ、「評価」が行われることになった。生徒一人一人の行動と思想の「道徳性」が評価されるのである。道徳の学習指導要領で文科省は国民が身につけるべき22の徳目を定め、その習得を求める。高校教育の「公民」分野で「現代社会」に代えて必修科目として創設された「公共」にも、同様の側面が指摘できる。ボランティアや消費者、株の購入者、起業者など各省からの「公共」教育に対する様々な要求を反映した「公民・市民」像が提示され、「グローバル化する社会に主体的に生きる平和で民主的な国家及び社会の有為な形成者」の育成が究極の目的とされている。「有為な形成者」という言葉に引っかかりを感じざるをえない。

本章は、このような問題意識の下、戦後イタリアにおけるシティズンシップ教育の内容の変遷と政治との関係を検討することにより、現代におけるシティズンシップ教育の意義と課題を考察するための手がかりを得ることを目的とする。

2 近代イタリアにおける「臣民」「国民」教育

1861年に統一を成し遂げたイタリア国家は、国民の形成と統合を不可欠としていた。「イタリアは作られた。これからはイタリア人を作らなければならない。」と当時言われていた。そのための手段として重視されたのが学校と軍隊である。当初は国家統一に際してのカトリック教会との対立もあり、世俗化教育がめざされたが、「宗教」は選択科目として教えられていた。統合原理の要とされたのは、サヴォイア王家とイタリア王国憲法であった。1877年には「人間と市民の義務の諸概念」(略称「市民の義務」)という教科が小学校に導入され、憲法に基づく市民の権利と義務とともに、サヴォイア家によるイタリア王国の成り立ちを教え、「祖国の父」としての国王への忠誠と愛情の醸成が図られた。そのための科目として、「市民の義務」とともに、歴史と地理が利用された (藤澤 2016：52-54)。E. アミーチスの有名な児童書『クオーレ』をはじめ、読本でも子どもたちに愛国精神を注入し、「祖国、国民統一、王国憲法が

定める国民の義務」を国民に理解させることが追求された（Tarozzi 2005：12）。

　ファシズム時代には教育の国家統制とファシズム化・軍事化が行われ、「新しいファシスト的イタリア人」を創るために、学校とファシスト党・軍隊が連結された。小学生たちはファシスト組織であるバリッラへの入会を強要され（1939年には義務化）、1930年には検定教科書制度から国定教科書制度へと変わった。1931年には小学校から大学まですべての教員にファシスト体制への忠誠宣言が課せられた。忠誠と統合の対象から憲法ははずれ、B. ムッソリーニと国王に変わった。歴史・地理・読本だけでなく、あらゆる教科と学校活動を通じてファシズム思想が注入された。国民はムッソリーニを「信じ、従い、闘う」ことだけを求められた（藤澤 2016：188-275）。

2　戦後におけるシティズンシップ教育の開始

1　憲法の「解凍」とシティズンシップ教育

　イタリアでシティズンシップ教育（educazione civica）が教育の課題として提起されるのは、第2次大戦後である。それ以前のイタリア王国とファシズム時代には国民は「臣民」（suddito）であって、主権者としての「市民」（cittadinanza）ではなかった。1947年12月に制定されたイタリア共和国憲法は、第1条第1項で「イタリアは労働に基礎をおく民主的共和国である」、第2項で「主権は国民に属する」と宣言し、イタリア史上初めて主権者としてのシティズンシップ教育が課題となった。憲法制定議会ではキリスト教民主党、社会党、共産党の反ファシズム・レジスタンスを担った諸勢力の妥協が成立し、キリスト教的民主主義、社会主義と自由民主主義の3つの思想が「反ファシズム」を基盤に合流した先進的な憲法が制定された。しかし、冷戦の激化とその国内化により、1947年5月に成立した第4次 A. デ・ガスペリ政権は共産党と社会党を政権から排除し、キリスト教民主党や自由党の保守連立政権になった。その結果、経済労働国民会議、最高司法会議、憲法裁判所、州制度など政治権力の統制、国民参加による制度的な民主化、地方自治に関する憲法の重要な制度は発足せず、「凍結」された（「憲法の凍結」）。これらの「凍結」が解除され、諸機関が発足するのは、キリスト教民主党内で左派が主導権を持つよう

になってからであり、憲法裁判所は1956年、経済労働会議と最高司法会議は1958年にようやく創設された。州制度と国民投票制度はさらに遅れて1970年に制度化された（井口 1998）。

憲法に定められた諸制度の設置を経て、1958年6月、モロ公教育相によってイタリアにおけるシティズンシップ教育に関する最初の文書「中等教育・芸術学校において市民教育（educazione civica）を教えるためのプログラム」（DPR 13. 6. 1958 n.585）が大統領令として出された。まず、「市民的」（civica）という概念を、「集団を規制する諸原理や形態、社会的・法的・政治的な生活」と定義し、「1958-59学校年から歴史教育のプログラムは、市民教育のプログラムに統合される」とした。「市民教育は、個々の教科では実現できない、学校と生活との間に相互協力関係を作るという要求を満たす」ものであり、現在の教育では「生徒たちは人間、自由、家族、共同体、国際的なダイナミズムの諸問題を深く考察することがないまま、学業を終えてしまいかねない。」とし、「市民教育に人格の形成」の役割を与えた。この教育では憲法教育を重視し、「われわれの現在の歴史的な経験の到達点であり、市民的な共生（civile convivenza）の精神的なつながりを統合する道徳的な諸価値が、その基本的な諸原理として表現されている共和国憲法につねに言及すること」とした。

そして、「すべての教師は担当教科の教師である前に、道徳的・社会的良心の力の促進者であり」、市民教育はすべての教育で提起されるべきとしつつ、その時間割と授業計画を歴史の教師に委ねた。中学校の1・2年では「市民教育」の時間は設けられず、「様々な教科を通じて生徒の市民的・社会的人格形成を進める」とし、諸教科において家族、個人、社会生活における基本的な権利と義務、環境、経済資源（特に労働）などを扱うとした。第3学年で歴史の授業枠から「市民教育」に月2時間の授業を当てるとし、市民の権利と義務、労働、労働組織と保護、国家と社会組織、国家組織の一般知識、国際協調の諸原理を扱うとした。高校では各テーマについてさらに詳しく学ぶが、第3学年でのみ独自に月2時間の授業を行うとしている。

以上のことから、この時期の市民教育の特徴は次のように整理できる。第1に、内容的には政治教育を通じて主権者を育てるというよりも、キリスト教的な人格主義を母体にした市民的・人格的な徳を強調する道徳教育という面が顕

著である。第2に、それが依拠する価値の源泉として共和国憲法が据えられている。ただし、これについては憲法の民主主義的・人権的な価値を教育の基盤にしたと見る肯定的な評価とともに、「市民」の次元を道徳の次元と結合するアプローチにイデオロギー化の危険を見る批判的な評価が当時から存在していた。第3に「市民教育」は学校の目的そのものであり、全教師と全教科で取り組むべき課題であるとしている。第4に時間割としては中学・高校の最終学年で月2時間を「市民教育」に当てるとし、それは既存の歴史の時間内で歴史の教師によって授業計画が設計されるとした。第5に「市民教育」には独自の成績評価がなかった。これ以後、イタリアにおいて「市民教育」(educazione civica) という言葉は広く使われるようになり、制度面では定着したが、実際の教育においては、「母なる教科」である歴史の時間の付属物とされ、あまり発展しなかった (Santerini 2010：41-43)。

2 1960-70年代の「反乱と改革」の時代

1960年代から70年代はイタリアの社会と政治の大きな変動期であった。1950年代から60年代まで「イタリア経済の奇跡」と呼ばれた経済の高度成長が続き、イタリアは工業国へ移行した。北部の自動車、機械、化学などの大企業は急速に成長し、南部から約1,000万人に及ぶ大量の国内移民を受け入れた。しかし、大都市では住宅不足や都市問題が深刻化した。このような社会変化を背景に、1963年には社会党も参加する最初の中道連立内閣が成立した(「左への開放」)。1968-69年の三大労組の共同行動による「暑い秋」の運動による1970年の労働者憲章の制定、州制度の施行、離婚法と国民投票法の制定など改革が進んだ。60年代後半からは大学占拠や街頭行動、青年労働者による山猫ストライキや抗議行動などの「反乱」が激化し、フェミニズムや環境などの新しい社会運動や若者文化も広がっていった。学校制度の改革も行われ、早期の選別＝進路選択を前提として複線化されていた中学校は1962年に単一の中学校制度になった。このように、1960-70年代は「反乱と改革の時代」であった。しかし同時に、この時代は、極右団体や体制内極右勢力による民主体制を倒すクーデタ計画の陰謀やテロによる「緊張の戦略」の展開、他方での「赤い旅団」など極左勢力によるテロや誘拐など、左右の両極勢力が爆弾や銃撃、誘拐・殺害な

どの白色テロと赤色テロを行う「鉛の時代」でもあった（中村 2012：コラリーツィ 2010：336-382）。

3　1979年の公教育省令

このような青年の「逸脱・暴力行動」、社会ルールの無視などに政府は危機感を抱き、1979年に公教育省の新たな政令「中学校における教育プログラムと授業時間及び試験方法」を出した（DM 9. 2. 1979）。これによって、「シティズンシップ教育」は中学校の特別教科（specifica materia）とされ、その目的は憲法の教育を通じて「市民の共生（convivenza civile）の基本ルール」を学習することとされた。その教育は今度はイタリア語の読本（letteraria）の教科担当の教師に委ねられ、歴史教育との密接な連携の下で進めるとされた。しかし、科目領域としては、歴史－市民教育－地理の中に置かれたままで、独自の時間は明示されなかった。「市民教育は学校の教育活動の本質的目的」「すべての教師の責任ある取組、全教科の教育の収斂、学校生活の全側面の収斂が求められる」とされた。それは文化的な接続と学際性を特徴とし、「わが国の社会的・政治的生活の主要な形態と特徴について知ること」がその内容とされた。その目的は「社会の中での個人の責任の具体的な理解」「行動基準の確立」「社会生活を正しく機能させる規範の役割の理解」「個人の自由と共同体の必要との間の相互関係の理解」「問題の多様な側面の分析と判断の客観性指向態度の養成」「国家の民主的な組織の基礎にある憲法原理や制度の学習」とされていた。そして、「市民教育」を中学校の1・2学年では学校生活全般を通じて学び、第3学年で憲法を体系的に学習するとした。

ここから分かるように、この政令は「市民教育」は青少年の既成秩序への反抗と暴力的行動の噴出に対して、法と秩序、ルールの尊重という道徳教育を主として企図していた。また、授業担当責任者を歴史の教師から読本の教師に代えたことが示すように、「市民教育」の位置づけは不確定であった。

このような問題点を孕んでいるにもかかわらず、1985年に出された大統領令「小学校の新しい教育プログラム」（DPR 12. 2. 1985, n.104）によって、小学校の教育プログラムに「民主的な共生の教育」（Educazione alla convivenza democratica）が導入された。その目的は、「承認された諸価値を実現する行動

において、明確で一貫した規準に照らして生徒に自分の考えに気づかせ、自分の行動に責任を持つようにさせる」こととされ、「個人や文化の対立の中でステレオタイプや偏見の形成の阻止し、それと対決するため、様々な排除の形の基礎的な理解を身に付けるために」、「憲法に明確に示されている諸価値を教える」とされた。歴史・地理と並んで社会学習（studi sociali）がカリキュラム上に設置され、「小学校は市民の形成及び、わが国の社会的・政治的・経済的な生活への能動的な参加にとっての基礎を据えるものであるから、小学校はわが国の社会・政治組織の初歩的な知識の手段を、特にイタリア憲法の歴史的な由来と理念を言及して提供する」と位置づけた。ここでは、憲法の教育に言及してはいるが、その重点は人間関係と社会の仕組みの理解に置かれ、保健衛生、自然環境、生命に対する正しい態度、学校をはじめとする公共的な組織やサービスの維持、交通ルール、エネルギーの節約などが項目として挙げられた。また、より広い社会・文化的な視点を広げるために、国際協力、特にヨーロッパ統合にも触れるように指示していた。こうして1980年代には小学校から高校までのすべての学校に「市民教育」あるいは「民主的な共生」の教育が導入されたが、学習、態度、価値観、行動との関係は未解決のままであった（Santerini 2010：44）。

3　1990年代の改革
―― 戦後政党システムの崩壊と新たなシティズンシップ教育の模索

1　政治の流動化とヨーロッパ化

　これまで見てきたように、1980年代まではシティズンシップ教育と政治・社会との関係はもっぱら国内的なものであったが、1993年のマーストリヒト条約の発効による「ヨーロッパ市民権」の成立を画期として、大きく変化し始める。1990年代にはグローバル化とヨーロッパ統合の進展が各国の共通課題を認識させ、人の自由移動の実現に不可欠な教育や職業資格の標準化をはじめ、EU基準による教育制度と教育内容の変化を迫るとともに、EU基準による調整が進められ、「ヨーロッパ教育が形成・拡大」されるようになった（坂本・園山 2013）。1997年の欧州評議会の「民主的市民性教育」と人権教育のプログラ

ムを開始が示すように(近藤 2013：2)、「シティズンシップ教育」もこの関係の中に置かれるが、同時に自国の主権に関わる「市民」の問題であるがゆえに、共通目標を設定しつつも、各国の独自性が維持された。

　イタリアでは1990年代に大きな政治変動が生じた。冷戦下で「やむをえない悪」として戦後一貫して政権の座にあった保守・中道左派連合政権の汚職・腐敗に対して検察の大々的な捜査のメスが入った。冷戦の終焉とヨーロッパ統合の深化は、イタリア政治の合理的・効率的で適法的な運営を要求していた。キリスト教民主党から社会党までの政権与党や財界・官界の幹部たち3,000人以上が捜査・逮捕・起訴された。その結果、政権に参加していた既存政党は国民の強い非難を受けて解散、消滅した。野党であった共産党とイタリア社会運動はこれを免れたが、ポスト冷戦に対応して政権参加をめざし、自ら改組し、再出発した。その後1994年の選挙以後、2013年まで左右の中道右派と中道左派の二つのブロックによる政権交代が繰り返された。教育の分野、「シティズンシップ教育」もこの政権交代の繰り返しの中で揺れ動くことになる。

2　「市民教育と憲法文化」への名称変更

　1996年に中道左派に支持されたL. ディーニ内閣のG. ロンバルディ公教育相の下で、イタリアにおけるシティズンシップ教育の弱さが問題視され、再興するための取り組みが開始された。それは、冷戦の終焉、ヨーロッパ統合やグローバル化という政治的・経済的な問題群とともに、青年の生活の諸問題(不自由、無気力、逸脱行動、薬物、不安、交通違反、自己中心主義、青年の社会・政治への参加の弱まり)が深刻化していたからであった。

　こうして1996年2月に「市民教育(educazione civica)の教授のプログラム」という公教育相指針とその付属文書「新しい教育の諸次元、市民教育と憲法文化」が出された(Direttiva ministeriale n.58, 8. 2. 1996)。この文書は、中等学校(中学・高校)に「市民教育」の授業を、名称を旧来の「市民の共生」から「市民教育と憲法文化」と変え、また担当を読本教科の教師から歴史の教師に替えて導入するとした。そこでは、「多くの次元で急速な変動にさらされている社会」において、「学校はサービスの供給者であり、利用者である特別な関係の存在であり」、「職業との関係で青年、家族、社会からの知識と能力の要求を学

校が聴き、理解し、満たすことが求められる」とした。教育活動と学校の指針及び規準、「必要・価値・権利のカタログ」として、民主主義と人権の教育、特に自由、正義、労働、平和、連帯、安全、性、科学、アイデンティティ、異文化間交流、環境、栄養、家族、国民、ヨーロッパ、世界などを網羅的に挙げていたが、相互の関連が説明されておらず、全体として体系性を欠いていた。目新しさは、「異文化間交流」(interculturale) という言葉がイタリア政府の公式の教育関係文書で初めて登場したことであるが、他の多くの点は1985年の大統領令をそのまま継承していた。この教育には月に1時間が予定されていた。しかし、この指針は内閣の崩壊で発効しなかった。

　生徒の側の学校生活への参加と権利・義務は、1998年6月にR.プローディ中道左派政権のL.ベルリンゲル公教育相の下で制定された「中等学校の学生憲章」で定められた（Statuto delle studentesse e degli studenti della scuola secondaria, DPR 24. 6. 1998, n. 249）。1991年にイタリアが子どもの権利条約を批准したことが影響している。この憲章では、学校における生徒の権利と義務が明記されている。第1条1項で「学校は学習、知識の習得及び批判的な意識の発展を通じての形成と教育の場である」、同2項で「学校は対話と探求、社会経験の、そして民主的な諸価値を形成され、あらゆる面での個人の成長をめざす共同体である。各人は平等な尊厳を持ち、多様な役割の中でシティズンシップの形成、学習権の実現、各人の能力の発展を保障するために活動する。」と規定された。このように、学習権や「批判的な意識」が明記されていることが特徴である。

　また、1997年3月の地方分権推進法（通称バッサニーニ法 L. 15. 3. 1997 n.59）によって、学校の自治が改めて承認された（同法21条）。イタリアでは大学だけでなく学校教員の「教授の自由」は憲法33条で認められていたが、学校のカリキュラム編成の自由がここで承認された。また、2001年には憲法第2部第5章の地方自治に関する章が大きく改正され、学校の自治が憲法上でも明記された（憲法117条3項）[1]。

4 ヨーロッパ統合と2003年モラッティ改革

　2001年の選挙で勝利したS. ベルルスコーニ中道右派政権のL. モラッティ公教育相によって出された2003年3月の法律53号（LD 28. 3. 2003 n.53）「教育の一般的規範及び、教育及び職業養成の実質的なレベルの決定についての政府への委任」は教育全体及び市民教育に関しても大きな変更をもたらした（モラッティ改革と呼ばれる）。この法律は、「全生涯を通じての学習の推進」「個人の素質や選択に合致し、社会生活や労働の世界に入ることに適合した一般的・専門的な能力と力を発展させること」をめざし、幼稚園から後期中等教育までの学校制度の大々的な再編を謳っている。

　その第1の特徴は、1995年の欧州委員会の「知識基盤社会における普通教育と職業教育の報告書」や2000年の欧州理事会のリスボン戦略を受けての改革である点である。[2]モラッティ改革により、イタリアは欧州委員会報告が述べる「ヨーロッパ市民」としての教育の目標である母語と二つの域内外国語の習得という「3言語主義」に従い、小学校に第1外国語の基礎の学習、中学校で第二外国語の学習を導入した（実際には、第2外国語に代えて、英語だけを重点とすることも可能）。

　第2の特徴は、中学校と高校との接続の重視とともに、後期中等教育では普通高校や職業学校で（学校と労働の場の往復学習を通じて）、15歳の時点で高校卒業の国家資格あるいは何らかの職業資格の取得という方針の明示である。第3の特徴は、中等教育の目的を「自律的な判断能力と個人的・社会的な責任の遂行能力を発展させる」と規定したことである。そのために、あらゆる段階及びあらゆる種類の学校の目的の一つとして「市民的共生の基本原理の教育」を明記した。この結果、シティズンシップ教育（educazione alla cittadinanza）から「市民の共生」教育（educazione alla convivenza civile）に名称と内容が変わった。

　その後制定されたこの法律の実施規定（2004年2月の法律59号、DL 19. 2. 2004 n.59）により、「市民の共生」の学習分野は市民権（cittadinanza）、交通ルール、環境、健康、栄養、情操の6分野に分けられ、この教育は幼稚園にまで拡大された。このように、この時期には学校教育を職業と直結させ、テクノロジーの

修得を最重要視し、道徳と個人の責任を強調する新自由主義的な色彩が強まっていた（Santerini 2010：45）。

この法律及び実施規定によるシティズンシップ教育に関する大きな変更点として、以下の点を指摘できる。第1に市民権（cittadinanza）概念の法的・政治的意味、すなわち国籍と結びついた地位・身分への限定、第2に「市民権」教育の交通ルール教育と同レベルへの引き下げ、第3に歴史意識と地方・国民共同体・ヨーロッパ文明への帰属意識の強調、第4に「民主的」「批判的思考」という用語の削除、第5に「精神的・道徳的陶冶」という伝統的な道徳主義への復帰、第6に交通ルール、環境や栄養など各省からの様々な「教育」要求の非体系的な混在、第7に学校－労働の循環、第8に「判断と責任」の強調である（Tarozzi 2005：12）。つまり、政治的次元よりも社会的次元が重視され、「公共的な市民としての徳性」（civic citizenship）よりも「私的な市民としての徳性」（civil citizenship）の養成に「市民の共生」教育は関わるものとなり、シティズンシップ教育が良きマナーや自己管理に貶められたのである。また「市民の共生」教育は一つの教科ではなく、教員全体の統一的な教育活動によって実現される「横断的な一分野」と位置づけられていた（Santerini 2010：46）。

5　EUとイタリアのシティズンシップ教育

1　2006年のEU勧告とEUの準拠枠組み

2006年12月18日にEU議会と　EU理事会の勧告「生涯学習のためのキー・コンピテンシー」が出された（2006/962/EC）。この勧告はEU共通の準拠枠組みとして、その後のEU各国における教育改革、教育政策およびシティズンシップ教育に大きな影響を与えた。それは上述のリスボン戦略を前提に、生涯学習のための8つのキー・コンピテンシーを設定した[3]。それらはすべての人にとって、人格の完成、発達、能動的シティズンシップ、社会的包摂、雇用に必要とされている。8つのキー・コンピテンシーとは、①母語によるコミュニケーション　②外国語によるコミュニケーション　③数学及び科学技術の基礎的コンピテンシー　④デジタル・コンピテンシー　⑤学習を学習　⑥社会的・市民的コンピテンシー　⑦進取の精神と起業意識　⑧文化的認識と表現、であ

る。シティズンシップ教育は⑥の社会的・市民的コンピテンシーに関わる。その定義によれば、社会的・市民的コンピテンシーは「人々が社会生活や労働生活に、ますます多様になる社会で効果的・建設的に参加することができるようにし、紛争を解決できるようにする個人の、個人間の、異文化間のコンピテンシー」である。市民的コンピテンシーとは「個人が社会的・政治的概念や構造の知識と能動的（active）で民主的な参加の責任を基礎に、市民生活（civic life）に十分な参加を可能にする。」「市民的コンピタンシーの技術は、民主主義、正義、シティズンシップ、市民権の概念の知識を基礎にしている。」「他者と公的領域で効果的に関わる能力、地域やより広いコミュニティに影響を与える問題の解決に連帯と関心を表明する能力と関係している。」とされている。

2　2007年省令「文化、学校、個人」

イタリアでは2006年4月の選挙でプローディの率いる中道左派連合が勝利し、再び政権交代が起こった。G. フィオローニ公教育相は、2007年7月に幼稚園と小学校教育に関して「文化、学校、個人」（Cultura Scuola Persona）と題する省令を出した（DM 31. 7. 2007）。この省令の前文は、「多くの青年が不安、不確実性、孤立、虚無感、無意味感などの困難を感じている」状況にあると捉え、「学校はこの空隙と闘う第一線でなければならない」「学校は帰属意識、アイデンティティ、情熱を与える諸価値の伝承が可能な場」であり、「自己と他者の尊重」「すべての人の、誰も排除されない尊厳という不可侵の価値を提供する場である」と述べている。教育の意味を「文化遺産の継承」「青年が経済社会生活で主人公としてやっていく上で不可欠なコンピテンシーを提供することで、将来の準備をさせる」「人格形成過程に同行する」ことであり、これが「ヨーロッパへのイタリアの道、リスボン戦略が示したコンピテンシーの獲得の道である」と規定する。「学校の目的は好奇心、知の驚き、ファンタジーをもって知ることへの欲求、創造性、才覚、自己の力、能力、コンピテンシー適用のいろいろなやり方の悩みを生み出させること」であるとする。そして、「市場の要求にのみ合わせることを目的としない学校をあえて考える」と断言している。また、「異なる文化的な根っこを持つ子ども・生徒の存在は今や当たり前の現象であり、学校はすべての人のための機会に変わらなければなら

ず、これまでの差異の認識と維持だけでは不十分である」と明言し、「われわれの文化や他の文化の認識を通じて、その相互作用と補完性を積極的に支援することが必要」と、異文化間教育の積極的な意義を主張している。

そこで提起されている「能動的シティズンシップ」(ciitadinanza atttiva)、遵法、責任倫理や憲法に規定された諸価値についての教育がめざすものは、個人の私生活としての「市民の共生」という限定的なものではなく、すべての人の尊厳と平等に基づく新しい社会を創造する主人公としての「市民」であり、その視点から「新しいシティズンシップ（cittadinanza）」の概念を提出している。「国、ヨーロッパ、世界レベルまでを含む広い集合の建設」「すべての人々の貢献で未来の社会を建設する必要」が謳われ、「自覚的市民の形成」が強調されている（Santerini 2010：47）。以上の点から、この省令はコンピテンシー論を取り入れつつも、「政治的市民」の側面を重視していると言って良いであろう[5]。

3 ジェルミーニ改革と新教科「シティズンシップと憲法」の導入

(1) 2008-09年のジェルミーニ改革　2008年10月にベルルスコーニ内閣のM.ジェルミーニ公教育相によって、学校教育制度の全般的改革と教育予算の大幅な削減を目的とする「教育と大学問題に関する緊急措置」法が出された（L. 30. 10. 2008 n.169）。その主要な内容は以下の通りである。①小・中・高校への新科目「シティズンシップと憲法」（cittadinanza e costituzione）の導入　②小学校における分野の異なる3人の教師による2学級担当制を1人の教師による学級担当制に変更　③小・中学校に10段階の成績評価を導入　④中学校の授業時間を週33時間から30時間に削減　⑤生徒の操行評価の復活、操行評価が6点未満の場合は進級・進学不可　⑥高校における選択コース（800コースと200のサブコース）を20の全国共通コースに大幅削減　⑦技術学校の10分野39進路を2分野11進路に削減、などである。この結果、2007-08年から2010-11年で約1万クラスと約9万以上の講座が削減され、3万人の臨時講師のポストと教師以外の4万人のポストが削減された[6]。

新教科「シティズンシップと憲法」は、当初の法案では、歴史・地理、歴史・社会分野の時間枠内で、小学校から高校までの13年間必修、月1時間、年

33時間、13年間合計で429時間の学習、独自の成績評価などが規定されていた。しかし、歴史・地理の時間からの年33時間の確保や独自の成績評価などに対して教育界から強い批判を浴び、これらの新しい点は成立した法律169号と翌2009年3月4日の指針では撤回された（Documento d'indirizzo per la sperimentazione dell'insegnamento di "Cittadinanza e Costituzione" 4. 3. 2009; Riccardi 2012：5）。なお、この新科目の教育を全教師と全教科（discipline）の努力で行うとするのは以前と同じであった。

そこでは法の尊重と倫理が強調され、「イタリアの憲法の諸原理の内面化と市民を規定する規範の理解が、倫理と法の尊重において個人的・社会的に正しい態度を青年が取ることを可能にし、容易にする」としていた。憲法については、「憲法がイタリアにおける民主主義の基本文書であるだけでなく、個人、地域、国、人類の固有のアイデンティティを構築するのに有用な『価値の地図』となっている」とされていたが、憲法の学習は「交通安全の原則とルールの尊重」「ヘルメットの着用」と同じレベルで扱われていた。新科目「市民と憲法」を、学校活動や学校の外での学校教育機関による活動への参加も考慮して、学業終了時における生徒の操行評価（valutazione sul comportamento）の判断に入れること、操行評価が6点未満（10点満点）の場合は進級できず、学校終了の最終試験の受験資格はないと規定された（L. 30. 10. 2008, art. 2；萩原2008）。また、既に9月に始まっていた2008-2009学校年から「市民と憲法」を導入し、授業の試行と担当教員の研修を開始するとしていた。（Santerini 2010：47）。

指針では「シティズンシップと憲法」の授業テーマとして、小学校では「個人の全面発達」の概念と共和国のこれに関する任務、平等な社会的尊厳・自由、すべての市民の平等の意味、社会的結合体（憲法第2条）の概念、地方自治体、景観と歴史遺産の保護、交通標識と歩行者・自転車・自動車の通行、衛生と病気、人種観念の克服と人類という共通の生物的・倫理的帰属意識等を挙げている。中学校では世界人権宣言やEU・国連などの国際組織、自治と地方分権の区別、イタリア共和国の統一と不可分性、共和国の組織、憲法裁判所、市民の権利と義務などのテーマが挙げられている。高校ではこれ等の内容をより詳細かつ深く学習する。また、この指針の末尾には、各段階の学校での学習目標と課題の一覧表を生徒の獲得能力の確認のためと称して掲載している。[7]

第Ⅱ部　諸外国の取り組み

　新教科「シティズンシップと憲法」の突然の導入に対して、多くの教育団体が強い批判の声を上げた。たとえば、小学校から大学までの教員の研究・運動団体である CIDI（Centro iniziativa democratica degli insegnanti、民主的教員イニシアティブ・センター）は、2009年4月に次のような問題点を指摘し、導入の中止を求めた。すなわち、この法律と指針は、これまで学校現場で取り組まれてきた憲法の教育やシティズンシップ教育についての一切の検証をせず、教育内容を突然変更した。その結果、法案から指針の決定に至る過程で、必修教科から試行への変更、週1時間の授業時間や独自の成績評価の撤回、試行実施の指針の欠如など混乱をもたらしている。また、1999年に廃止された操行評価の復活が示すように、この法律と指針は、個人の行動の国家管理と厳罰主義、倫理国家の押しつけ、新しい権威主義であると批判した[8]。

　ジェルミーニ改革は、小学校から大学までの学校の教育課程の再編成、公教育予算の大幅削減と管理強化、学校での厳罰主義の復活をめざしており、「シティズンシップと憲法」の導入もその中に位置づけられていた。

　このような混乱にもかかわらず、「シティズンシップと憲法」は公教育省の主導の下、2009-2010学校年に全国で5000以上の学校が参加する試行とプロジェクトが実施され、多くの州で学校長・教員や州の教育関係者を対象としたセミナーも開催された（Corradini 2011：94, C.M.n.86 MIUR, 27. 10. 2010, 2 nota 5, 7）。しかし、歴史‐地理‐社会の授業時間が増えず、独自の成績評価もないまま、「教科横断的」教科と謳っても、実際の授業実施は困難であり、それぞれの州や学校でばらばらな実施状況であった。

　(2) **2012年のカリキュラム改革**　2008年のリーマン危機を引き金とするユーロ危機、政府債務危機への対応の失敗と自身の汚職やセックス・スキャンダルによって、ベルルスコーニ首相が辞任し、金融政策専門家のモンティが率いる専門家内閣がその後を継いだ。この内閣の下で2012年9月4日に幼稚園及び小中学校のカリキュラムに関する新しい指針（Indicazione nazionale per il curricolo della scuola dell'infanzia e del ciclo d'istruzione, 4. 9. 2012）が出された。2007年の省令と同じく「文化、学校、個人」と題されたこの指針は、EU議会・理事会の提起した上述の8つのコンピテンシーを受け入れるとともに、個人の人格形成と人権を中心に据えつつ、異文化間教育を取り入れ、移民の子どもたちの教育

問題に真正面から取り組む姿勢を打ち出している点で画期的であった。

　すなわち、「学校の目的は個々の技術やコンピテンシーの発展を追いかけることではなく、認識と文化の面ですべての個人をしっかりと形成することである」と述べる。一般目標として「学校、憲法、ヨーロッパ」を掲げ、プローディ政権の2007年の指針同様、「個人の中心性」の概念の下で「新しい市民権」（nuova cittadinanza）「新しいヒューマニズム」を謳っている。「シティズンシップと憲法」の項目では、「学校過程の特別の目的は能動的市民の形成の基礎を提供することである。」「学校は市民の共生の実践のために、共有する価値の自覚的受容と協調的な態度・行動の発展を支援する場である」「遵法意識の形成と責任倫理の発展がシティズンシップ教育の放棄できない目的である」としている。小・中学校では清潔（掃除）、建物の適切な使用、教材の保管など学校の日常生活における行動から、学校における決定への参加まで、様々なことを通じてこれらを学び実践することを求めている。この点ではこれまでの日常生活の道徳重視の面を継承している。他方、「学校には理解の方法やレベル、関心の多様な生徒がおり、学校は生徒の教育上の必要に応えるための特別のコースを実施しなければならない」。この多様性の一つとして、特に異文化の、イタリア人以外の生徒への教育的な配慮の必要性」を確認し、積極的に意義づけている。また障がいを持つ生徒の普通学校への統合の効果的な取組を求めている。このように、2012年のカリキュラムでは「シティズンシップと憲法」は既存教科でカバーできていない新たな内容を包含しつつ、全体としての位置づけは曖昧なまま、維持されていた。[9]

6　さまよえる教科「シティズンシップと憲法」とシティズンシップ教育のゆくえ

1　2018年の指針

　2012年の指針により「シティズンシップと憲法」は州の権限あるいは学校自治の下でそれぞれの学校において、歴史・地理・社会の教科の領域でその時間内に「試行」され続けた。しかし、憲法施行70周年を迎える2017年頃から（公布は1947年12月27日、施行1948年1月1日）、イタリア市町村協会や各種の教育・研究団体から「シティズンシップと憲法」の正式教科化、独自の成績評価を求

める声が出てきた (Orizzonte Scuola.it)。これを受けて、中道左派と中道右派の大連立政権である P. ジェンティローニ内閣の公教育相は、2018年2月に「幼稚園及び第一過程（小学校の意味）の学校のカリキュラムに関する国の指針」（「国の指針と新しいシナリオ」）(Indicazioni nazionali e nuovi scinari, 2. 22. 2018) を発表した。それは基本的に2012年の指針を継承し、「民主的な共生」「能動的市民」の形成と8つのコンピテンシーの形成を教育の目的とし、「シティズンシップと憲法」の教育を歴史・地理領域で、全教員の一体的な取組で行うとしている。この指針では、2016年の欧州評議会の文書『民主的文化のためのコンピテンシー：文化的に異なる民主的社会で平等な存在として一緒に生きる』や国連の『持続可能な発展のためのアジェンダ2030』を引用し、これらがイタリアでこれまで取り組んできた教育と合致するとしている。しかし、「シティズンシップと憲法」教育の具体的な時間数や独自の成績評価の規定はないままであった。[10]

2 イタリアにおけるシティズンシップ教育の課題と展望

これまで見てきたように、イタリアにおけるシティズンシップ教育は、道徳・倫理重視の道徳主義、法とルールの尊重重視の管理主義の方向と、個人の全面発達、人権と民主主義的な価値観の形成を目標とする方向とのせめぎ合いの中で展開されてきた。他方、その教科名称は変遷してきたが、イタリア憲法や世界人権宣言などを「シティズンシップ」教育における普遍的な価値の源泉とする点では一貫していた。しかし、政権によっては、「自立的に政治に参加する政治的な市民」の側面よりも、交通ルールや健康、栄養など日常生活上の「良きマナー」や順法精神という「私的な市民」の形成の側面を強める動きもあった。

21世紀に入り「教育のヨーロッパ標準化」が進む中でEUのキー・コンピテンシー概念が受容され、「雇用される能力」の形成が重視されるようになった。同時に、他のEU加盟国の市民やEU域外市民、移民・難民の子どもたちの教室における存在と多言語状況が当たり前になるとともに、貧困問題や家族の危機の深刻化等により、学校では「バベルの塔のカオス」や暴力・いじめが拡大している。まさに、異文化・異環境の生徒たちの民主主義と人権思想の形

成と実践が焦眉の課題となっている。

　学校に求められるのは、社会の創造者、民主主義の担い手としての民主的な市民意識の育成と批判的精神の形成、記憶の伝承である（Santerini 2010：48）。その一端をどのようなシティズンシップ教育が担えるのか、イタリアでも模索されてきた。ヨーロッパ36ヶ国のシティズンシップ教育を比較した『エウリュディケ・レポート　2017年』によれば、小・中・高の学校のいずれかで「シティズンシップ科目」を独自の必修科目としている国は、イングランド、ベルギー、フランス、オーストリア、スロヴァキアをはじめ20ヶ国・地域であり、ドイツ、デンマーク、スイス、スウェーデンなど16ヶ国は科目横断的（cross-curricular）あるいは他の必修科目との統合（integration）で行われており、イタリアは後者に入る（EACEA 2017：14）。このことから言えば、独自科目かそうでないかはシティズンシップ教育の意義づけの軽重を意味しないことが分かる。問題はその内容である。

　冒頭で述べたように、移民・難民をはじめとする人の大規模移動と社会・経済変動が当たり前になった今日のヨーロッパにおいては、「シティズンシップ」概念の再検討が不可避となっている。移民の社会政治的状況は旧来の「市民」概念の限界を示すリトマス試験紙である。「市民」であることが何を意味するのか、「市民」はその様々な概念においてどのような役割を果たすのか、それを下から再構築することが求められている（Vitale 2005：21-38）。ヨーロッパを席巻する自国及び自国民優先主義、反移民・反難民・反EUの思潮に対抗するには、「国民」を超えた「市民」概念の構築とその実践が必要である。シティズンシップ教育は、この問いに答えることを求められている。

【注】
1）　イタリアでは教科書検定制度はなく、教科書は自由発行で、教科書採択権は各学校にある。教科書の使用・不使用も教師の自由である。なお、教科書は小学校のみ無償である。
2）　「知識基盤社会」については、石田 2010参照。リスボン戦略はヨーロッパに「より多くのより良い雇用の創出とより強固な社会的結束を確保しつつ、持続的な経済成長を可能とする、世界で最も競争力があり、かつダイナミックな知識基盤経済社会を構築する」という10年間のEU経済社会改革の戦略目標を掲げた。坂本・園山 2013：35-37参照。

3）「キー・コンピテンシー」という概念は、2003年の経済協力開発機構（OECD）のプロジェクト報告で提起されたものであるが、そこでは次の３つのカテゴリーに整理されていた。①社会的・文化的、技術的ツールを相互作用的に活用する能力　②多様な社会グループにおける人間関係形成能力　③自律的に行動する能力。ライチェン／サルガニク 2006; 中山 2010参照。
4）フィオローニ公教育相の改革によって義務教育が高校２年生まで延長され、小学校からの10年間となった。
5）2009年5月12日の「教育と訓練におけるヨーロッパ協力のための戦略的枠組」というEU理事会決定（2009/C119/02）では、戦略的目標として、①生涯学習と流動性の実現　②教育と職業訓練の質の改善　③平等・社会的結束・能動的シティズンシップ（active citizenship）の推進　④教育と職業訓練のあらゆるレベルで、企業家精神を含む創造性と革新の強化を挙げている。キー・コンピテンシーの概念の下では、「雇用される力」の育成が主眼とされ、批判的視点を持って積極的に社会と政治に参加する「民主的」「政治的」市民の育成は弱くなる危険がある（ビースタ 2014：141-144）。
6）ジェルミーニ改革は、学校教育システム全般の改革、教育予算の削減と業績主義による配分、学校・大学と教員の中への競争原理の導入を企図していた。たとえば、「すぐれた」義務教育段階の教員に年7000ユーロのボーナス支給をするとした。大学に関しては2010年12月30日の法律240号で、大学統治機関の評議会と運営会議への分離（運営会議の一定数は大学外の者、学生代表も参加）、大学事務総長職の導入、各大学に教員評価機関を設置し（メンバーの過半数は外部者）この機関の評価に従って給与決定、登録学生数の少ない講座の廃止、大学予算の研究と教育の評価に基づく配分、研究員の任期制の導入（任期３年、１回の更新可）等であり、合理化の名の下での予算削減、業績主義による大学運営、研究者と研究の不安定化をもたらすものであった。これらに反対して2008年10月には教員による学校ゼネスト（全国の約80％の学校が休校）、生徒・学生の反対運動が展開され、一部では大学と学校の占拠が行われたが、政府は学校改革を強行した。ジェルミーニ改革については、萩原 2008、大学改革については、萩原 2011参照。2015年には中道右派と中道左派の大連合のレンツィ政権の下で、「良い学校」（buona scuola）改革と称して、学校運営にメリットクラシー・モデルに基づく学校評価・教員評価制度と学校長の権限強化などが組合の反対を押し切って導入された。（Argentin e Barone 2016）。
7）ローマ第３大学の教育学教授の L. コッラディーニは公教育省次官として、この「市民と憲法」科目の設置と推進を担当した。彼は、政府の「シティズンシップと憲法」科目に関する諮問委員会のメンバーとともに教師向けのガイドブックを刊行している。レジスタンス世代である当時の大統領 G. ナポリターノは憲法教育の導入を熱心に支持し、コッラディーニの本にメッセージを寄せている。Corradini（2009: 1-2）。
8）http://www.cidi.it/articoli/cittadinanza e costituzione, last visited, 18, March 2017
9）2017年3月8日にローマのCID事務所でスカイプを通じて、フィレンツェにいたCIDI書記長 D. デ・シショーロ氏に行ったインタビューでは、彼女は「シティズンシップと憲法」は「科目としては死亡した」と述べていた。
10）2018年10月のDemopolisのトスカーナ州での世論調査では、78％の人々が以前のよう

な独自科目としての市民教育の再導入を支持している (http://www.demopolis.it/wp-content/uplords/2018/06/Scuola_2018_ITA.001-520x290.jpg/, last visited, 17 October 2018)。

〔参考文献〕
阿部照哉・畑博行編 (2005)『世界の憲法集［第三版］』有信堂。
井口文男 (1998)『イタリア憲法史』有信堂高文社。
石田徹 (2010)「格差・貧困・社会的排除の比較政治経済学——雇用と福祉から見たEUと日本」高橋進編著 (2010)『包摂排除の比較政治学』ミネルヴァ書房、16-43頁。
クリック，バーナード (2011)『シティズンシップ教育論——政治哲学と市民』関口正司監訳、法政大学出版局。
コラリーツィ，シモーナ (2010)『イタリア20世紀史——熱狂と恐怖と希望の100年』村上信一郎監訳、橋本勝雄訳、名古屋大学出版会。
近藤孝弘 (2013)「揺れる国家と市民性教育」近藤孝弘編『統合ヨーロッパの市民性教育』名古屋大学出版会、1-18頁。
坂本昭・園山大祐 (2013)「ヨーロッパ教育の形成と発展過程」近藤孝弘編『統合ヨーロッパの市民性教育』名古屋大学出版会、20-40頁。
高橋進 (2010)「包摂と排除の国際比較——外国人労働者、移民、ムスリム問題」高橋進編著『包摂と排除の比較政治学』ミネルヴァ書房、44-72頁。
高橋春菜 (2014)「イタリアの公教育における学校外教育の位置づけの変容——1985年版と2012年版国の指針の内容分析：EUの影響に着目して」『東北大学大学院教育学研究科研究年報』63集1号、221-244頁。
中村勝巳 (2012)「鉛の時代から消費社会へ」北村暁夫・伊藤武編著『近代イタリアの歴史——16世紀から現代まで』ミネルヴァ書房、211-233頁。
中山あおい (2010)「シティズンシップ教育をめぐるヨーロッパの動向——リスボン戦略とEUの取組について」『大阪教育大学紀要第Ⅳ部門』58巻2号、119-129頁。
萩原愛一 (2008)「［イタリア］新学年度からの学校改革——操行評価、公民教育の復活等」『外国の立法』No.237-1、12-13頁。
——(2011)「［イタリア］大学改革法の成立——1968年の精算？」『外国の立法』No.246-2、14-15頁。
ビースタ，ガート (2014)『民主主義を学習する——教育・生涯学習・シティズンシップ』上野正道ほか訳、勁草書房。
藤澤房雄 (2016)『ムッソリーニの子どもたち——近現代イタリアの少国民形成』ミネルヴァ書房。
ライチェン，ドミニク・S．／サルガニク，ローラ・H. 編著 (2006)『キー・コンピテンシー——国際標準の学力をめざして』立田慶裕監訳、明石書店。
ロラン-レヴィ，クリスティーヌ／ロス，アリステア編著 (2006)『欧州統合とシティズンシップ教育——新しい政治学習の試み』中里亜夫・竹島博之監訳、明石書店。
Argentin, Gianluca e Barone, Carlo (2016) "La riforma della scuola: innovazione e retorica del cambiamento"in Carbone, Maurizio e Piattoni, Simona (a cura di) *Politica in Italia*.

I fatti dell'anno e le interpretazioni. Edizione 2016, Bologna: Il Mulino, pp. 145-164.
Corradini, Luciano (a cura oli) (2009) *Cittadinanza e costituzione. Disciplinità e trasversalità alla prova della sperimentazione nazionale. Una guida teorico-pratica per decenti*, Napoli: Tecnodid.
―― (2011) Cittadinanza, Costituzione e Scuola, *Tipologik*, n.9, pp. 85-102.
Deiana, Giuseppe (2009) "Educazione alla cittadinanza: occasione mancata", *Insegnare*, n.2, pp. 32-36.
EACEA (2017) *Citizenship Education at School in Europe-2017. Eurydice Report*, Luxembourg : Publications Office of the European Union.
Giuliano, Sebastiano (2010) *Un taglio al futuro*, Roma: Riuniti.
Lostito, Bruno (2009) "'Cittadinanza e Costituzione': tanto rumore per nulla?", *Insegnare*, 2009, n.2, pp. 37-40.
Maggio, Rosamaria (2009) "Non e e non puo essere una nuova materia", *Insegnare*, 2009 n.2, pp. 27-31.
Portera, Agostino *e al.* (2010) *L'educazione interculturale alla cittadinanza: La scuola come laboratorio*, Roma: Carocci.
Riccardi, Veronica (2012) "Cittadinnza e Costituzione in prospettiva interuculrturale", *Rivista Formazione Lavoro Persona*, febbraio, N.4, pp. 1-16.
Santerini, Milena (2010) *La scuola della cittadinanza*, Roma-Bari: Laterza.
―― (2016) "Educazione alla cittadinanza nella società pluralisitica", *Educazione & Scuola*, 24 febbraio 2016.
Tarozzi, Massimiliano (a cura di) (2005) *Educazione alla cittadinanza: Comunità e diritti*, Milano: Guerini.
Vitale, Ermanno (2005) "Cittadinanza e sfide globali. Una proposta agli educatori", Tarozzi, Massimiliano (a cura di) *Educazione alla cittadinanza: Comunità e diritti*, Milano: Guerini, pp. 21-38.

第**10**章

スウェーデンのシティズンシップ教育
——民主主義に基づく実践志向の主権者教育——

渡辺　博明

1　政治参加とシティズンシップ教育

　本章では、スウェーデンにおけるシティズンシップ教育のあり方を紹介し、日本との比較をも念頭に置きながら、その意義を検討していく。タイトルに「18歳選挙権」を含む本書の関心からして、注目すべきは、同国における投票率の高さである。2014年の国政選挙でみると、投票率は全体で85.8％、18歳から24歳までの若年層に限っても81.3％である[1]。日本の直近の衆議院議員選挙（2017年）の投票率が全体で53.7％、18・19歳で40.5％、20歳代で33.9％であったことに照らすと[2]、その数値の高さがわかる。投票率については、それだけを過大評価すべきではないが、主権者教育のあり方や課題を考えるうえで重要な指標の1つにはなりうるだろう。ここではその背景を探る形でスウェーデンのシティズンシップ教育、特に主権者教育のあり方をみていく。

　スウェーデンは、人口1000万人ほどの北欧の小国であるが、その充実した社会保障により「福祉国家」として知られている。同国では、狭義の「福祉」のみならず、大学を含む高等教育が無償で受けられたり、医療費の自己負担の上限が年額数万円程度に抑えられていたりするが、もちろんそのようなシステムは、比較的高い税や保険料と引き換えに実現されている。「高福祉・高負担」型の福祉国家の構築や維持には、政治によってさまざまな利害関係者の間に広範な合意を形成していくことが欠かせない。換言すれば、国民ないし（「シティズン」という意味での）市民の側にも、社会の動きに関心をもち、政治参加を通じて一定の意思表示を行うことが求められるのである。

その政治参加にはさまざまな形態があるが、選挙での投票は、時間的・経済的なコストが比較的小さく、かつ、代議制を軸に展開される現代民主政治においては理念的にも重要なものだといえる。しかし、日本を含むいくつかの国では、その投票にさえ、少なからぬ若者が意義を見出せず、関わろうとしなくなっている（日本の状況については、第1章でふれたとおりである）。

これらのことをふまえ、本章では以下で、スウェーデンのシティズンシップ教育の制度的枠組を概観したうえで、選挙への関わり方を中心に政治参加を促すような取り組みについて紹介していく。続いて、現実政治の動向との関連で近年高まった政治的中立をめぐる議論をみた後、全体をまとめる形で同国のシティズンシップ教育の特徴を論じることにする。

2　シティズンシップ教育に関わる制度と規定

1　学校制度とシティズンシップ教育

スウェーデンに限らず、ある国のシティズンシップ教育を論じようとする際には、その定義や他国との比較の基準が問題になる。ここではまず、スウェーデンの学校制度から確認しておこう。同国における義務教育は、9年制の基礎学校（grundskola）で実施されるが、これが日本の小学校と中学校を併せたものにあたる。この基礎学校を卒業した者の多くが（職業教育に力点を置いたコースをも含む）3年制の高等学校（gymnasieskola）に進学する。同国では、すでに1970年代初頭より選挙権年齢が18歳とされており、それまでに社会の一員として政治に関わるための知識や態度を育むことが目指されるため、他の欧州諸国と同様に、シティズンシップ教育に相当するものは、実質的に大学に入学する前の段階で実施されている。

スウェーデンで「シティズンシップ教育」の語またはその訳語が用いられることは少ないが、もちろんそれは、同国でシティズンシップ教育が行われていないことを意味するわけではない。たとえば、欧州委員会の教育・視聴覚・文化執行機関（EACEA）は、シティズンシップ教育を「諸個人と彼らが属する共同体との調和的な共存と互恵的な発展をもたらすことをめざし、学校において進められる活動」としたうえで、その目的として、①他者と協調的・建設的

に協力すること、②批判的に思考すること、③社会的に責任ある作法で行動すること、④民主的に行動すること、の４つを挙げる。そして、スウェーデンではそれらのいずれについても、国際標準教育分類（ISCED）の１～３（日本の小学校・中学校・高校に相当）の各段階で取り組みがなされていると評価されている（EACEA 2017：58-68）。さらにそこでは、カリキュラムの目的設定の態様が、①一般的指針、②特定目標、③学習成果、の３つの観点からとらえられているが、スウェーデンについては、ISCEDの３段階においてシティズンシップ教育に関する国レベルの指針を定めていると評価される（①～③のすべてを定めているのは、42の国と地域のうち19のみであるという）（EACEA 2017：48-49）。

　また、スウェーデンは、特別に「シティズンシップ教育」の科目を置かず、「歴史」、「地理」、「宗教」および「社会科（Samhällskunskap）」の中で関連するテーマを扱う形をとっており、とりわけ最後のものがシティズンシップ教育ないし主権者教育と深く関わっている。

2　学習指導要領

　スウェーデンの教育は、基本的に学校法（Skollagen）に基づいて実施されており、所管官庁である学校庁（Skolverket）が全国共通の目標や指針を定めている。それはまず、基礎学校、高等学校のほか、就学前教育や職業教育、成人教育など、学校種別ごとの教育課程（program）や学習指導要領（läroplan）としてまとめられており、さらに教科（ämne）ごとの指導要領が定められている。ここでは特に高校に注目し、教科としては社会科の指導要領をみていく。

　(1)　**高校の指導要領**　　高校の教育全般に関わる学習指導要領は、「基本価値と課題」、「目標と指針」という２つの部分からなる[3]。以下では、シティズンシップ教育と関わりが深いと思われるもののみにふれる。

　「基本価値と課題」では、冒頭で「学校制度は民主主義を基礎とする」と謳われ、「教育は、スウェーデン社会が立脚する基本的人権と民主主義の基本的な価値に基づいて行われるべきである」とされたうえで、差別の禁止や文化的多様性の尊重が確認されるとともに、すべての児童・生徒が平等に学べるようにすべきことが強調される。そして、高校での教育は、特に生徒の多面的な発達に資するべきであり、生徒たちに、批判的に思考し、情報を吟味し、異なる

方法が生み出すそれぞれの帰結について理解する力を身につけさせるべきだとされる。さらに特徴的なのは、「知識と学習」という項目が置かれ、知識のあり方は一様ではなく、事実の把握や技量の習得、詳細な理解など、さまざまな形態をとりうるとし、教師にそれらのいずれかを一面的に強調することがないよう求めている点である。

続く部分は、「知識」、「規範と価値」、「生徒の責任と影響力」、「進路選択」、「評価と採点」の項目からなり、それぞれに目標と指針が示されている。

まず、「知識」の項目の目標については、

・自らの知識や技量を基に問題を把握し分析して解決すること、経験に照らし自ら学ぶこと、主張や事実関係を批判的に検証し評価すること、また、それらを現実的な課題の解決に利用できるようにすること
・基本的人権に関する知識を備えること
・社会および職場における民主的決定の過程に参加するために必要な知識を身につけること
・さまざまな生活上の問題および価値的な問題について議論し、自らの立場を決するために自身が見聞きしたことを批判的に吟味できる技量を身につけること

などが挙げられる。これらを前提に、教師には、個々の生徒の事情に配慮し、その自主的な学習能力の向上に努めるとともに、生徒の学びに資する理論的知識と実践的知識のバランスを生み出すような教え方が求められている。

次いで、「規範と価値」における目標としては、

・自らの経験とともに、基本的人権に関する知識と民主主義の価値に基づいて自身の立場を選択できるようになること
・他者の存在や個性を尊重すること

などが挙げられるとともに、教師には以下のことが求められている。

・スウェーデン社会における民主主義の価値や基本的人権について解説し、それらの価値や権利と現実のできごととの間の矛盾について生徒とともに議論すること
・さまざまな評価、解釈、問題提起やそれらの帰結について解説し、生徒とともに分析していくこと

さらに「生徒の責任と影響力」の項目においては、すべての生徒に関わる目標として以下の点が掲げられている。

- ・民主主義の原理に関する知識から、さらに民主的な方法で行動できる力を発展させる
- ・社会生活および労働生活における民主主義の深化に積極的に貢献する意志を高める
- ・自身で、または他者と協力して、社会環境に進んで関与し、責任をもち、影響を及ぼすような自らの能力への信頼を高める

また、教師はこれらの目標を達成するために、「生徒は自ら学ぶことができ、またそう望んでいる」ということを前提に、学校教育の方法や内容に実際に影響を与えることができるよう配慮すべきであるとされる。

以上のように、学習指導要領の規定から見る限り、スウェーデンの高校教育においては、何より民主主義や基本的人権の尊重が強調され、そのうえで、生徒に自ら考え、社会に関わるよう促すことが重視される。さらに教師には、民主主義や基本的人権、人間の尊厳と平等については規範も含めて教えつつも、生徒の意見を聞き入れながら、ともに学びの場を運営するという姿勢が求められているといえる。

(2) **社会科の学習指導要領**　社会科の学習指導要領においては、教科全体の目標が示された後に、その下位区分としての各科目（kurs）に関する規定が並ぶ[4]。後者については、それぞれの科目で扱われるべき中心的な内容が列挙された後、評価方法・評価基準に関わる記述が続くため、ここではシティズンシップ教育との関連が深いと思われる科目内容の一部のみを紹介する。

まず、社会科全体の目標は、生徒たちが以下の諸点を発展させるための条件を提供することとして示されている。

① 民主主義、基本的人権、個人的および集団的諸権利に関する理解、および、社会問題、社会情勢、そして地域レベルから世界レベルまでのさまざまな社会的組織とその機能に関する多様な解釈と視点からの理解
② 歴史的諸条件が今日の社会に対してもつ意味に関する理解、および、思想的、政治的、経済的、社会的、環境的諸条件が個人、集団、社会構造に影響し、また影響されていることに関する理解
③ 社会科学的な概念、理論、仮説、方法を活用して、社会問題を分析し、原因と帰

結を明らかにする能力
④ 出所の異なる諸情報を求めるとともに、それらを批判的に検証し、解釈する能力、および、情報源の妥当性や信憑性を判断する能力
⑤ 自らの社会的知見をさまざまな発表形式で提示する能力

続いて、教科としての社会科の下に置かれる科目、「社会科1a1」、「同1a2」、「同1b」、「同2」、「同3」に関する規定が並ぶ。導入部を充実させる改革を重ねたためにこのような構成になっていると推察されるが、「1a1」と「1a2」が政治・経済・社会の基礎を扱い、「1b」がやや政治に特化した内容になっている。また、「2」は経済に、「3」は国際化・国際関係に力点をおいた発展的内容を扱うとされている。

もっとも基礎的だとされる2つのみを紹介すると、「1a1」で扱うべきだとされる項目は、「民主主義と地方・国・EUレベルの政治制度」、「基本的人権」、「紛争と諸民族の権利」、「共同や排除を生み出す諸集団のアイデンティティや関係」、「家計と消費活動」であり、「1a2」については、「国民経済」、「現代社会における政治の発展（歴史、思想、理論）」、「特定の社会問題に関する発展学習」、「社会科学的な概念、理論、仮説、方法の適用」である。また、両者に共通するものとして、「情報（デジタル情報を含む）の批判的な受容方法」と「さまざまなプレゼンテーション技術の修習」の2点が挙げられる。

以上のような学習指導要領に基づいて授業が行われるが、スウェーデンの高校教諭、R.ケンダール氏によれば、授業の内容や方法は基本的に教師の裁量に委ねられており、上述の目標に沿って進めている限り、他には特に制約はないという。[5] 具体的な教材についても教員が自らの判断で決めることができ、教科書はあるが、それに全面的に依拠して授業を進めることはないとのことである。

3　教科書

教科書についてここで簡単にふれておこう。例として、定評を得て版を重ねている「Σ（シグマ）」の第10版（Bengtsson 2017）をとりあげると、その内容は、「社会科学を学ぶ」、「コミュニケーションと影響力」、「イデオロギーと政党」、「統治形態」、「資源（生産活動）」、「経済」、「労働生活」、「社会問題」、「国

際関係」、「社会科学的に考え活動する」の10章からなっている。図表や写真、キーワード解説も多く盛り込まれていて、資料集や用語集を兼ねており、さらに、社会科全科目が1冊にまとめられているため、650ページ近くもある。かなりの重量があるが、スウェーデンの学校教科書は原則として貸与制で、同書も生徒が通学時に持ち歩くことを想定したものではない。

十数年前に出された同シリーズの第5版（Bengtsson 2003）と比較してみると、各章の中身、とりわけ事例や図表、データは時間の進行に合わせて大きく差し替えられているが、章立てについては、補足的な性格をもつ最後の章が加えられた以外は、表現も含めてまったく同じである。その点で少なくとも基本的な構成や項目が短期的に変化しているわけではないことがわかる。

内容面についての詳細な検討は別の機会に委ねざるを得ないが、シティズンシップ教育との関わりでいえば、最初の2つ章で自身が社会に関わることの重要性や社会を変えうるということが強調されている点、その前提としてのメディアとの接し方、情報の扱い方が強調されている点が重要であるろう。また、政党やイデオロギー、それらの歴史的展開がかなり詳しく扱われていることや、「労働生活」として労使関係の歴史や労働組合の意義を学ぶ章が独立している点に日本との違いがみられる。

4　授　業

続いて、実際の高校の授業の様子にもふれておこう。筆者は2015年9月に、首都ストホルムの郊外にあるトゥンバ高校（Tumba Gymnasium）を訪ね、授業見学と教師へのインタビューを行った。もちろん、地域や学校による違いを考慮すれば、これをもって多くを語ることには慎重であらねばならないが、その点をふまえつつ、一例として紹介したい。

この訪問では2つのクラスで社会科の授業を見ることができた。1つ目は2年生のクラスで、担当教員は先述のケンダール氏、生徒は23人、テーマは「持続可能な社会」であった。最初に、1週間前に通知されていた課題についての小テストが行われた。それは「社会の持続可能性」、「経済の持続可能性」、「生態系の持続可能性」のそれぞれについて説明し、例を挙げる、というものであった。教師への質問を繰り返す者、周りと相談する者もいたが、全員が配ら

れた用紙に一定の内容を書き込んでいた。その後教師が用紙を回収し、3問それぞれに2人ずつを指名して答えさせた。そして、それぞれの要点を、①人間が生きていくうえで必要な基本的生活条件の確保、②さまざまな資源の利用、経済成長と配分、③環境への影響の制御、環境破壊の抑制、といった形で板書しながら整理していった（この授業の約半分、30分が経過した時点で、次の授業見学との関係で退席した）。

　2つ目は、1年生の授業で、間に休憩を挟んで2時間続く授業の前半を見学した。担当教員はT. スランクヴィスト氏で、生徒は28人であった。新学期の初回の授業で、導入部の話題は、「社会とは何か」であった。教師が生徒に問いかけ、身の回りで起こっていることや報道等で知っていることを挙げさせながら、現実の社会の中には、文化やアイデンティティ、経営者と労働者の立場の違い、個人と社会、ジェンダー等をめぐってさまざまな問題があることを確認していた。

　続いて、現代社会はグローバリゼーションの中にあるという文脈で、時事問題として、当時進行中であった「難民危機」がとりあげられた。教師が教室に備え付けのプロジェクタを使って報道写真を見せながら、貧困問題や国際関係、政治とのつながりなどを解説したうえで、生徒に難民受け入れ継続の是非を問いかけた。7〜8名が挙手して発言し、さまざまな意見が出たが、移民の生徒が複数いることもあってか、明確に受け入れに反対する意見は出なかった。

　その後授業は、それまでの内容を受ける形で「民主主義とは何か」というテーマに移行した。教師が独裁との違いを考えさせながら民主主義の定義を問うと、生徒たちは「投票」や「自治」、「議会」などの言葉を挙げた。それを受けて教師が古代ギリシャの民主主義と対比させながら現代スウェーデンの民主主義の概要を説明し、そこで1時間あまりの見学は終了した。

　以上の事例から筆者が感じとったことを簡単に記しておく。まず、半数近い生徒が積極的に発言していたことが印象的であった。その一方で、考えが練られていないまま、あるいは、正確な知識を欠いたまま発言がなされていることも少なくなかった。たとえば、「リベラリズム」を中心的な思想としているのはどの党か、という比較的易しい問いに対し、何人もの生徒が進んで発言した

にもかかわらず、正答にいたらないという場面もみられた。

また、教師の側には、深刻な問題であっても、現実的な重要性をもつテーマを正面から扱おうという発想が強いように感じられた。生徒たちもそれを当然と受け止めているようで、難民問題をとりあげた部分では、4歳で移住してきたという移民の女子生徒が、自らの体験を語って人道的な配慮の必要性を訴える場面もあった。

クラスの人数は少なめで、いくつかの論点について原理的に考えさせる部分は、日本の大学の演習のようでもある。議論の水準はともかく、このようなスタイルで授業を進められるのは、コースを選択したうえでの受講になるので、関心をもった生徒が集まるためでもあろう。また、何より日本とは大学の入学者選抜の仕組みが異なっており、社会科については入学試験の科目になることはなく、考慮されるとしても高校の成績のみだという事情も大きいといえよう。

3　選挙と主権者教育

ここでは本章冒頭でふれた投票をめぐる論点に立ち戻り、選挙に関連した主権者教育と考えられる取り組みを3つとりあげてみたい。

1　政治家を招いた討論会

基礎学校を含めたスウェーデンの学校では、生徒たちに社会の現場で活動する人々の話を聴く機会を設けることが重視される。講師となるのは一般企業の社員から市民運動家、教会関係者、労働組合関係者まで状況に応じて多様であり、それらの中には政治家も含まれる。特に選挙が行われる年には、各党の政治家が学校で話をする機会が増える。日本の中学校に相当する基礎学校の第7～第9学年および高等学校では、選挙前に各党の代表による討論会が行われることも多い。

この点については、スウェーデンの政党政治や選挙の仕組みも関係している。同国ではすべての選挙が比例代表制で行われることにも表れているように、政治の基本単位は（政治家個人ではなく）政党である。それは国政だけでな

く、広域自治体（日本の都道府県に相当）、基礎自治体（市町村に相当）においても同様である[7]。また、スウェーデンの政党制は安定度が高く、現在国政レベルで議席をもっている8つの政党のうち5党は100年以上の歴史をもち、1990年前後に議会に参入した2党も30年近く議席を維持している。これらの政党については、名称を変えた例はいくつかあるものの、組織的には持続しており、元来職能的利益や政治思想に基づく特定の支持基盤をもっていることもあって、政策的な主張は比較的はっきりしている。したがって、選挙の際に学校に政治家を招いて講演や討論を行う場合にも、各党の代表者が自党の方針や政策を生徒たちに語りやすいのである。

　先述のトゥンバ高校でも、選挙の年には各党政治家を招いた討論会が開かれている。同校教諭のケンダール氏によれば、その際には、国政に議席を得ている全ての党に対して電子メールで来校を要請しているとのことである。2大政党とそれ以外の政党との時間配分等に難しさがあり、教員には負担になる部分もあるが、基本的には全党の代表が生徒の前で発言できるように工夫しているという。また、近年台頭してきた排外主義政党・スウェーデン民主党を含めるかどうかについては、同校でも議論があったが、2010年選挙で議席を得てからは、同党の代表も招いているとのことであった（次節をも参照のこと）。

2　学校選挙

　続いて、現代のスウェーデンの主権者教育を考えるうえで重要な実践として、「学校選挙」をとりあげたい。これは、模擬投票の1種ではあるが、そのために特別な状況を設定するのではなく、国政選挙に合わせて実施され、実際の選挙の候補者（政党）を選ぶ方式で行われる。また、今日では、中央官庁である「青少年・市民社会庁（Myndigheten för ungdoms-och civilsamhällesfrågor）」が所管するプロジェクトとして大規模に取り組まれているところにも特徴がある[8]。

　選挙時の模擬投票は、かつては学校ごとに小規模に行われていたが、1998年以降、選挙管理委員会や学校庁も協賛し、全国生徒会連合、全国児童会連合などが関わって統一的に実施されるようになっている。主な対象は、高校生と基礎学校の第7～9学年の生徒（日本の中学生に相当）である（基礎学校の6年生以

下と一部の成人学校の学生も参加は可能であるが、その数は比較的少なく、後述するように集計の際には区別される）。参加は基本的に学校単位であり、選挙年の春に申請した学校の生徒が、9月の国政選挙投票日の前に設けられた期日に投票することになる。また、投票用紙や投票箱、記入台などの準備、投票所の運営、開票と集計などは、生徒たちからなる実行組織が各参加校の協力を得て行っている。

　開票は、実際の国政選挙に合わせて行われ、その結果が発表される。結果は、高校生、基礎学校7～9年生、基礎学校低学年生徒らをも含めた全体の3つに分けて公表される。実行委員会が公表しているデータによると、2018年の選挙では、1528校が参加し、（白票や無効票も含めた）投票数が39万1045、投票率（参加校の生徒のうち投票した者の割合）は79.8％であった。また、高校（生）に限ると、参加校が495、投票数が18万3160、投票率は72.6％であった。スウェーデンの人口が約1000万人、高校の数が約900であることからすると、その規模の大きさがわかる。

　さらに、この学校選挙の取り組みや結果は、しばしばテレビや新聞等でも報じられる。たとえば、2018年選挙について、主要日刊紙の1つは、投票日の翌日の紙面で学校選挙における各党の得票率を前回（2014年）の数値とあわせて掲載している。またそこでは、国政選挙で全体の第2位であった保守党が、学校選挙では、実際の第1党、社民党を上回る支持を得たことや、キリスト教民主党の得票率が3.9％で、議席獲得要件の4％に届かなかったことも伝えられている[10]。

　このようにして行われる学校選挙の趣旨については、実行委員会のウェブサイトで「選挙のような社会における重大な行事は学校にも反映されるべきです……学校選挙への参加は、民主主義と政治についての知見を高めることにつながります」とされているように、選挙を機に政治や民主主義について考え、また、選挙の手続きに慣れることにある。しかし、それだけにとどまらず、その動向が報道されることによって社会から注目されるうえに、近い将来有権者となる若者たちからの評価として、各政党もそれらを考慮せざるを得なくなるのである。

3 選挙運動中の調査実習

選挙と学校教育との関わりについて、もう1点紹介してこう。

スウェーデンの選挙戦においては、投票日の数週間前から、駅前の大通りや公園などに、各党が建てた選挙小屋（valstuga）が並ぶようになる。そこでは、党員が行き交う人々に選挙公約の冊子などを配り、時にはコーヒーをふるまいながら支持を呼びかける。建物についてはコンテナや自動車で代用されることや、地方に行くと党のロゴが入ったビーチパラソルを立てて配布物を置いているだけのこともあるが、いずれにせよ、有権者が（望めば）比較的気軽に各党の関係者と接しながら政治や選挙に関する情報を得られるようになっている。

そうした選挙小屋の周りでしばしば目にするのは、メモ帳やファイルを手に歩き回る子ども（生徒）たちの姿である。数人のグループでいることも多く、各党の「小屋」を順に回りながらそれぞれのスタッフの話を聴き、メモをとっている。事情を尋ねると、たいていは学校の課題だという。

2014年の選挙の際に、ストックホルム市内で何人かに問いかけてみた（了承を得て写真も撮らせてもらった）。まず、選挙のたびによく見かける小学校高学年くらいの子どもたちが20人ほどいたので、そのうちの男子3人連れに尋ねてみると、年齢は11歳と12歳であった（写真1）。学校で与えられた課題は、各自が質問を3つ考えたうえで、それらについての各党の立場を調べて比較するのだという。彼らはそれぞれに、自身で考えた短い質問と8党の立場を書き込む欄が設けられた用紙をもっていた。質問は、増税を考えているか、移民が増える

写真1

出典：筆者撮影

写真2

出典：筆者撮影

ことをどう思うか、といった簡単なもので、各党の立場についても表に書き込むのは賛否のみのようであったが、それでも党関係者との対話を通して現実の政治にふれることの意義は大きいであろう。

　また、数は多くないが、高校生らしきグループも活動していたので、話を聴いてみた（写真2）。年齢は17歳、高校2年生に相当し、役割分担をし、録音機器も活用した本格的な聴き取り調査を行っていた。グループごとに環境政策や医療政策など論点を絞って各党の政策や立場を調べ、後でレポートの形にして授業で発表するとのことであった。学校・学年に応じて課題の形式や取り組み方は異なるが、スウェーデンでは実際の選挙も貴重な学習・教育の機会として活用されている。

4　学校教育と政治的中立性

　前節でみたように、スウェーデンの学校教育においては、政治的な意見対立に接することがむしろ奨励されているのであるが、そこに軋轢がないわけではない。日本では、「まえがき」でもふれたように、学校での政治教育のあり方が注目される中で「政治的中立」が問題となったが、スウェーデンでも近年、その点が論議を呼んだ。ただし、日本のように、教員の見解が生徒に与える影響が懸念されたわけではない。それはもっぱら、学校に政治家を招く際に、移民排斥を掲げて台頭してきた右翼政党、スウェーデン民主党を含めるか否かをめぐるものであった。

　スウェーデン民主党は、ネオナチ的な民族主義運動を母体として1988年に結成されている。長らく「泡沫政党」であったが、2000年代に入るとその活動形態を通常の政党に合わせるなどして穏健化し、国民の間で徐々に支持を広げてきた。[11] 第二次世界大戦後広く移民・難民を受け入れ、1970年代からは移民の出自を尊重した多文化主義的社会統合を国の方針としてきたスウェーデンは、一般的に言えば、移民に寛容な国であり、実際に移民（2世、3世も含め、国外にルーツをもつ住民）の割合も多い。しかし、2000年代に入ると、アメリカのイラク侵攻以降、同国からの難民を受け入れたほか、中東や北アフリカの紛争地域からも多くの難民を受け入れ、また、先に入国した移民の親族の呼び寄せも広

く認めてきたこと、それらを含めた移民・難民の社会統合が必ずしも順調に進んでいないとの認識が広がったことなどがあり、スウェーデン民主党が徐々に支持を得ていったのである。

　スウェーデン民主党は2006年選挙で2.9％の票を得て、議席獲得要件の得票率４％に近づき、2010年選挙で参入を果たしたが、そのころから、各地の学校で政治家による討論会を開催する際に同党の代表を含めるか否かで議論が巻き起こるようになった。また、いくつかの学校では、同党の政治家と教師や生徒との間で口論が起こり、混乱が生じた。

　その後もこうした状況が続く一方、2010年以降はスウェーデン民主党が議席を得たこともあり、同党のみを学校から遠ざけることは徐々に難しくなっていった。しかし、議会に参入してからも、国会議員を含めた関係者の暴力行為や差別発言が続いたうえに、社会保障の財源不足や犯罪増加など、さまざまな問題を移民・難民の存在と結びつけて批判する同党の主張は変わっておらず、（2世・3世も含めた）移民の生徒が多い地区の学校などではデリケートな問題となっていた。

　スウェーデンでは、憲法（正確にはそれに相当する基本法を構成する統治法）において、公的機関の活動は不偏不党であるとともに、すべての国民を平等に扱わねばならないことが定められており（第１章９条、「中立原則（Objektivitetsprincipen）」）、それが学校に政治家を招く際には複数の政党の代表者を呼ぶという形に解釈されて運用されていた。その一方で学校法には、1985年制定の旧法（２条）、2010年の改正新法（５条）ともに、学校の諸活動が民主主義の基本的な価値に基づくべきことと、基本的人権を尊重し、あらゆる差別や人権侵害を排して行われるべきことが定められていた。

　こうした諸規定との関係で、スウェーデン民主党の存在や主張が問題化したのである。国内の一部の人々を、特定のカテゴリーに属する、すなわち移民であるという理由で排除しようとする同党については、差別主義的で、非民主的だと考える人も少なくない。他方で、同党の政治家や支持者たちは、少なくとも近年は民主主義のルールに則って活動しており、選挙された議員を有する政党を排除しようとすることこそ非民主的だと反論するのである。

　実際にスウェーデン民主党が議会進出を果たして以降は、他の党と同様に同

党の代表を招く学校が増える一方で、議会にはこの問題をめぐって調査委員会が設置された。その検討を経て、最終的には学校法が一部改正されることとなり、上述の5条に以下の部分が加わった（2018年1月発効）。[12]

> 学校長は、教育のために諸政党の招聘を決めることができる。その際の政党の範囲は、スウェーデン議会または地方議会ないし欧州議会に議席を得ている党に限ることができる。また、客観的な理由に基づく限り、上記以外の基準でいくつかの政党を選ぶこともできる。

こうして、この問題は最終的に、客観的な条件を満たしている場合には特定政党を恣意的に排除することはできないという点を明確化する形で決着をみたのである。

学校庁のウェブサイトある教員向けの補足説明によると、ある政党が学校で意見を述べること望んだ場合にも「中立原則」が適用され、一定の基準を満たすすべての政党を招くか、すべてを招かないかのどちらかを選ばねばならないとされる。[13]さらに、質疑応答集の形で、①暴力を肯定するような政党、②当該校が定める価値目標に抵触するような見解をもつ政党、③党員が争いごとを起こしかねない政党の代表を拒絶することができるか、という問いに対しては、いずれも「否」としたうえで、招聘した政党代表の言動を教員が制止できる条件として、ヘイト・スピーチや特定の集団に対する差別発言があった場合を挙げている。

上記の3例がいずれもスウェーデン民主党を指していることは明らかであるが、それでもなお、実際に不適切な発言がなされるまでは、特定政党の活動の傾向に対する評価をもって予めそれを排除することはできないという点を確認しているのである。スウェーデンではこのような場合でも、規制を強化することより多様な意見の容認、言論の自由の保障が優先される。ここにも、生徒を現実の対立と向き合わせ、自身で考えさせるという同国の教育における基本姿勢が表れているといえよう。

5　スウェーデンのシティズンシップ教育の特色と評価

　ここで、これまでにみてきたスウェーデンのシティズンシップ教育の特徴を整理しよう。まず、理念や思想の面では、何よりも民主主義が重視される。学校法に始まり、学習指導要領においては就学前教育に関するものまで、民主主義への言及が冒頭に置かれている。社会科の教科やその下に置かれた科目については、その内容自体に民主主義への理解を深めることや民主（主義）的に行動できるようにすることが含まれている。

　それらが意味するところは、自身の生活に関わるような決定の際には一人ひとりが平等に尊重されるということである。言い換えれば、児童・生徒の一人ひとりが自分の意見をもち、それを表明し、そのうえでの決定に個々人の意見が反映されうるということでもある。さらにいえば、スウェーデンでは、幼少期より、学校その他の場で、自身の意見を言い、他人の意見を聴き、話し合って決めるということが奨励されている[14]。

　次いで、民主主義的な社会の運営に参加できるようにするために、徹底して実践志向のアプローチがとられる点も重要である。すなわち、児童・生徒に対し、現実に向き合うなかで、自分で考え、意見をもつよう求めていくのである。利害が対立し、解決策が容易に見つからないような問題であっても、複数の意見を比較検討して自身の立場を決めることが求められる。それは政治についても同様で、基礎学校や高等学校に各党の政治家を招いたり、小学校高学年にあたる生徒に政党の政策を調べさせ、高校生に政党間のイデオロギーの違いを教えたりすることは、そのような発想に基づいている。

　かつて日本にもスウェーデンの「中学校（基礎学校の高学年）」の教科書が紹介され、話題になったことがあった（リンドクウィスト／ウェステル 1997）。「あなた自身の社会」という（原著の）副題のとおり、生徒たちに一人ひとりが社会の重要な構成員であるということを意識させつつ、裁判、犯罪、薬物乱用、消費生活などについても当事者の視点から考えさせる内容になっていた。各国の青少年政策に詳しい社会学者の宮本みち子は、同書を評して、「子どもが実社会へ入っていくためのガイドブックという仕組みになっている」とし、さら

には「生徒に社会は自分たちの手で変革できるものだということを教えている」という（宮本 2009：19）。

　また、スウェーデンに長く住み、同国と日本の両方で高校教諭を経験しているアールベリエル松井久子は、学校は民主主義を学ぶ場であり、「社会のミニチュア」であるという文脈において次のようにいう。

　　スウェーデンの生徒たちは、日本に比べて政治にも関心があると、日本では思われていることでしょう。けれども彼らは、いきなり難しい国際問題や国内政策について議論するわけではありません。日常の生活の中で問題意識をもつことが、小さいころからトレーニングされていること、問題を話し合う機会が学校でも与えられていること、話し合って行動すれば小さな変化があるという実感をもつこと、その積み重ねではないかと思います。（アールベリエル松井 2018：99-101）

両者がともに指摘しているのは、社会に出たときにしかるべき振る舞いができるように、長い学校生活の中でそれらを体験させておくということであろう。本章が議論の手掛かりとした選挙での投票率の高さも、この点と深く関わっている。すなわち、その背景には、10代前半から学校に各党の政治家が来て意見を述べ合うのに慣れきていること、また選挙期間には実際の選挙を素材にした実習があること、少なからぬ生徒が学校選挙を通じて公式なものと同様の投票を体験していることなどがある。こうして、いわば助走期間が長く設けられているがゆえに、選挙権を得た若者の多くが投票所に向かうのである。

　もちろん、スウェーデンの児童・生徒の能力や態度が絶対的に優れているわけではない。本章で紹介した授業見学の際にも、携帯電話が鳴るたびに教室の外に出ていく生徒がいるし、学校選挙でふざけて投票する者がいるという話もしばしば耳にする。とはいえ、完全ではなくても、また理想通りにはいかなくても、現実の諸問題について自身で考え、自分なりの結論を出すよう求め続けるのがスウェーデンのやりかたである。このような社会で育った若者たちにとっては、知識が十分でなくても、ふだんの生活態度が必ずしも「真面目」でなくても、自分の意見は言う（選挙でいえば1票を投じる）ということが特別なことではなくなる。

　筆者は本書第1章の末尾で、日本の大学生と向き合った経験から「十分に学んでいないから投票できないと考える人に、投票する経験を通じて学ぶことこ

そが重要だと理解してもらうのは難しい。そのことを直接伝えようしすぎると、自律の大切さを説く教育が、かえって自律を阻害する結果にもなりかねない。この点については、1人の教員が、短期間に状況を変えようとすることに無理がある」と書いたが、その答えの1つがここにあるように思われる。選挙への参加は、シティズンシップ教育や主権者教育の目的そのものではないが、市民（シティズン）として成長するための重要な契機となる。本章冒頭で紹介した高い投票率には、民主主義の理念をふまえつつ、早くから現実への関わり方を問う形で展開されるスウェーデンの主権者教育のあり方が反映されているのである。

【注】
1） 中央統計局（Statistiska centralbyrån）ウェブサイトの選挙投票率に関する資料を参照（https://www.scb.se/hitta-statistik/statistik-efter-amne/demokrati/allmanna-val/allmanna-val-valdeltagandeundersokningen/, last visited, 31 August 2018）。なお、本章執筆中の2018年9月に行われた選挙の投票率はさらに高く、87.2％であった（年代別の数値は未発表）。
2） 総務省ウェブサイト、「衆議院議員選挙年代別投票率の推移」の資料を参照（http://www.soumu.go.jp/senkyo/senkyo_s/news/sonota/nendaibetu/, last visited, 31 August 2018）。
3） 学校庁ウェブサイト、「高校の学習指導要領」のページを参照（https://www.skolverket.se/undervisning/gymnasieskolan/laroplan-program-och-amnen-i-gymnasieskolan/laroplan-gy11-for-gymnasieskolan, last visited, 31 August 2018）。
4） 学校庁ウェブサイト、「社会科の学習指導要領」のページを参照（https://www.skolverket.se/undervisning/gymnasieskolan/laroplan-program-och-amnen-i-gymnasieskolan/gymnasieprogrammen/amne?url=1530314731%2Fsyllabuscw%2Fjsp%2Fsubject.htm%3FsubjectCode%3DSAM%26lang%3D%26tos%3Dgy%26p%3Dp&sv.url=12.5dfee44715d35a5cdfa92a3. , last visited, 31 August 2018）。
5） 同氏へのインタビューによる。その経緯については、本章第4節および注6を参照のこと。
6） トゥンバ高校について補足しておくと、同校は、労働者層が多く、また移民も多い地区の大規模校であり、シティズンシップ教育に関して特に有利な状況にあるわけではない。なお、この視察およびインタビューにあたっては、同校教諭のアールベリエル松井久子氏にお世話になった。記して感謝したい。
7） さらにいえば、いずれも4年に1度、同時に実施される。それは、社会全体がある時期に政治への関心を集中的に高めることを意味しており、結果的に若者が政治に関わりやすくなっているとも考えられる。スウェーデン政治の概要については、渡辺2014を参照されたい。

8) スウェーデンの学校選挙については、同国での研究・教育経験が豊富な経済学者、鈴木賢志による紹介がある（鈴木 2018：173-180）。
9) 学校選挙実行委員会ウェブサイトの「2018年選挙結果」のページを参照（https://www4.mucf.se/skolval2018/ValresultatRiksdagG97PT2.do, last visited, 20 September 2018）。
10) Svenska Dagbladet 2018年9月10日21日、21面。
11) スウェーデン民主党の台頭やその背景については渡辺 2017を参照されたい。
12) その経緯については、同法案の趣旨説明の部分を参照している。Regeringens proposition 2017/18:17, Politisk information i skolan.
13) 学校庁ウェブサイト「学校における政治情報の扱い」のページを参照（https://www.skolverket.se/regler-och-ansvar/ansvar-i-skolfragor/politisk-information-i-skolan, last visited, 20 September 2018）。
14) そのことをわかりやすく表現した児童向けの本が、教育学者の二文字理明によって翻訳され、日本にも紹介されている（ブーレグレーン 2009）。

〔参考文献〕
アールベリエル松井久子（2018）「スウェーデンの学校とインクルーシブ教育」川崎一彦ほか『みんなの教育――スウェーデンの「人を育てる」国家戦略』三井パブリッシング、85-147頁。
鈴木賢志（2018）「スウェーデンの主権者教育」川崎一彦ほか『みんなの教育――スウェーデンの「人を育てる」国家戦略』三井パブリッシング、149-189頁。
ブーレグレーン，サッサ（2009）『10歳からの民主主義レッスン――スウェーデンの少女と学ぶ差別、貧困、戦争のない世界の原理』二文字理明訳、明石書店。
宮本みち子（2009）「スウェーデンのシティズンシップ教育（連載第1回）――社会に生きることが〈政治〉」『私たちの広場』306号、18-19頁。
リンドクウィスト，アーネ／ウェステル，ヤン（1997）『あなた自身の社会――スウェーデンの中学教科書』川上邦夫訳、新評論。
渡辺博明（2014）「北欧諸国」網谷龍介ほか編『ヨーロッパのデモクラシー［改訂第2版］』ナカニシヤ出版、333-378頁。
――（2017）「スウェーデン福祉国家における移民問題と政党政治」新川敏光編『国民再統合の政治――福祉国家とリベラル・ナショナリズムの間』ナカニシヤ出版、155-177頁。
Bengtsson, Bengt-Arne (2003) *Zigma: Samhällskunskap Kurserna A+B+C (Femte upplagan)*, Solna: Liber.
―― (2017) *Zigma: Samhällskunskap Kurserna 1, 2 och 3 (Tionde upplagan)*, Solna: Liber.
EACEA (2017) *Citizenship Education at School in Europe–2017. Eurydice Report*, Luxembourg: Publications Office of the European Union.

第Ⅲ部

龍谷大学における主権者教育の試み

龍谷大学ではこの数年、本書の執筆者らが関わって、大学での主権者教育のあり方を模索する実践的な試みをいくつか展開してきた。ここではそれらの取り組みについて、それぞれの目的や実施のプロセス、成果、反省点などを紹介していく。

事例1　初年次教育における関心喚起の取り組み
　　　　　——地域政治の担い手との接触を通じて

（法学部・2015年度「現代社会と政治」）

1　目的と計画

　大学生を含む日本の若者が政治への関心をもちにくく、選挙での投票にも消極的な理由の1つとして、自らの生活と政治との関連を実感しにくいことが挙げられるだろう。そうした状況を打開するためには、地域社会との関わりから政治について考えられるようにすることが、有力なアプローチになりうる。そこで筆者らは、学生たちが地域政治の担い手と接することができる機会を設けようと考え、自治体の長や地方議員を大学に招いて話をしてもらうことを計画した。

　龍谷大学法学部のカリキュラムでは、入学後2年生前期までの各学期に、各分野の基礎を学ぶために全員が受講する「履修指導科目」が置かれている。その1つである政治学の入門科目「現代社会と政治」は、1年生前期の開講であるため、入学後の早い時期に意識の向上をはかることができるという点で、上記の計画を実施するには好都合である。2015年度の同科目については、400人あまりの1年生を3つのクラスに分け、「シティズンシップ教育研究会」メンバーである中島琢磨、城下賢一、筆者の3人で担当することになっていたため、学期中の2回を3クラス合同での講演会に充てることにした。

　また、これらの講演を含む同科目の授業を通じて、受講者の政治的関心が高まるのかどうかを検証するために、学期の始めと終わりにアンケートを行うこととした。上述のような科目の性質上、入学直後の時期から1学年全員を対象とした調査ができるのは貴重な機会でもあり、15回の授業の初回と最終回に同

じ設問で実施し、その変化の度合いを検証しようと考えた。

2　準　備

　講師については、授業担当者の知人を介して、奈良市長の仲川げん氏と高槻市議会議員の野々上愛氏に依頼することができた。2人の講師に筆者らの狙いを伝えたうえで、特に仲川氏には、奈良市あるいは自治体一般の政治の現状や自治体首長の仕事の実態にもふれてもらえるように、また、野々上氏には、女性の視点からみた地域政治の課題や、(同氏が龍谷大学の卒業生ということもあり)学生時代のことについてもふれてもらえるようお願いした。

　また、400人あまりの学生を集めた講演形式にならざるを得ないという事情はあるが、講師と学生との双方的なやり取りを重視し、それぞれに90分の授業の中で15分ほど質疑応答の時間を設けることにした。さらに、学生には事前に関心事や尋ねたいこと書き出させ、それを講師に送っておくとともに、当日は講演を聴いて考えたことを記述させ、後の授業でも一定の時間を割いて振り返ることとした。

3　講演の実施と学生の反応

(1)　**仲川げん氏講演**　　仲川氏には、15回の授業の4回目、2015年5月12日に、「これからの地方自治と首長の役割」と題してお話しいただいた。自身の学生時代のことや政治家になった経緯を丁寧に紹介された後、選挙の実態や市政の現状、力を入れた政策等についてお話しくださった。また、若いうちに自分の可能性を自由に伸ばすよう激励されたことも含め、終始学生たちの立場を意識して話されていたことも印象的であった。

　受講学生には、感じたことや考えたことを伝えてもらうために、以下の3つの設問を記した用紙を配付しておき、授業後に回収した。設問の1つ目は、講演の総合的な印象を、①たいへん興味深い、②興味深い、③どちらでもない、④興味深くない、⑤まったく興味深くない、という5つから選んでもらうものであり、2つ目は、感想を自由に記すよう求めるもの、3つ目は、講演を聴いて政治家に対する印象が変わったかどうかを、理由とともに尋ねるものであった。

その結果、1つ目の設問については、①23.4％、②59.5％、③12.0％、④4.4％、⑤0.7％であった（2つ目についてはここでは省略する）。3つ目については紙幅の関係で一部しか紹介できないが、以下のようなものがあった（誤字・脱字等最低限の修正を加えたが、ほぼ原文のままである）。

- 一番印象に残ったのは、今の社会は目先のことだけ考えているが、20年、30年後のことを考えなければいけない、というお話でした。自分たちの未来は、自分たちが考えていかなければならないのだと思いました。政治家になる、ならない、にかかわらず、社会について学び、未来のことを予測していくことが大事なのだと考えさせられました。
- 今まで「制度」や「ルール」はあらかじめ決められていて、私たち国民はただそれに従うだけだと思っていましたが、今回の講演を聴いて、ルールは誰かに決められるわけじゃなくて、私たちが決められる、決めるべきなのだと気づくことができました。
- 政治は自分とは無関係で、堅苦しいというイメージしかなかったが、友人と何気なく会話をしていることが政治につながっているかもしれないと知って、すごく身近に感じた。
- 政治家というともっと自己主張が激しい人かと決めつけていましたが、元サラリーマンと聞いて、そんな方もおられるのだと思いましたし、話もわかりやすくて聴きやすかったです。政治について考えるのはあなたたち次第だ、と言われて驚きました。政治家は自分の考えを押し付けるようなイメージをもっていましたが、物事を多面的に見る力が必要なのだと感じました。選挙のことを勉強してみたいと思いました。

これらの記述と、1つ目の問いの結果を合わせてみると、学生たちが仲川氏から直接話を聴いたことにより、地方政治および政治家の仕事への具体的なイメージを抱けるようになり、少なくともそれ以前よりは興味・関心が強まったといえそうである。

(2) **野々上愛氏講演**　野々上氏には、15回の授業の13回目、7月14日に、「政治の現場から――男女共同参画社会のあり方をめぐって」と題してお話しいただいた。

学生時代のことから20歳代で市会議員になるまでの経緯を紹介された後、地域政治ならではの事情や市民運動との連携の可能性について論じてくださった。また、女性が地域の政治に関わることの利点や障害、議員の日常生活、さ

らには出産・子育てを含む自らの経験についても詳しく話してくださった。全体として、若い世代が自身の住む地域にもっと目を向け、地域社会を変えていくことが重要だというメッセージが伝わる内容であった。

　学生の反応については、上述の仲川氏の回と同じ方法で把握しようと試みた。その結果、1つ目の問いについては、①20.7％、②70.0％、③8.6％、④0％、⑤0.7％であった。3つ目の問いへの回答については、以下のようなものがあった。

- ・「社会に変化をもたらすためには、若い世代が声を上げることが必要だ」という言葉が印象に残った。ニュースなどを見る限り政治家はお金に汚く、自身の利益を優先するような人たちばかりだと思っていたが、野々上さんのように地域密着型で活動している政治家もいるということがわかった。
- ・政治家は賢いが堅苦しく、少し怖い感じがして、私たちとはかけ離れているように思っていたが、野々上議員の講演を聴いて、こんなにフランクな政治家がいるのかと、イメージが一新された。また、市役所や議会と私たちをつなぐような存在なのだと思った。
- ・政治家には高齢の男性や世襲が多いというイメージがあったが、野々上さんのように若い女性で、両親ともサラリーマンの方が議員として活躍していて、印象が変わった。
- ・任期中に出産されたと聞いて驚いた。政治家は忙し過ぎて、子育てや遊びなどの時間ももてないと思っていたが、ある程度自由がきくものだとわかった。

全体に、若くして市議になり、子育てもしながら活動を続ける野々上氏の話を聴いて抱いていた政治家像が変わり、親近感をもてたという内容のものが多かった。これらに、1つ目の問いへの回答状況を合わせてみると、やはり政治家の生の声を聴くことで、政治に対する見方を変えた学生が多いことがわかる。

4　評価と反省点

　両講演ともに、1つ目の問いへの回答から、8〜9割の学生が関心をもって講師の話に耳を傾けたこと、また、記述式の部分から、多くが政治や政治家に対する意識を改めたことがうかがえた。もちろん、そのような変化が生じた背景には、（ここで紹介した学生の記述からもうかがわれるように）それまで政治家に

対してあまりに否定的かつステレオタイプな見方をもっていたということがあるだろう。また、印象の好転については2人の講師の人柄や力量によるところも大きいと推察される。とはいえ、それらを含めて考えたとしても、このようなアプローチの有効性は一定程度示されたといえよう。

他方で、この授業を通じた学生の意識の変化を探ろうとした調査の結果は、解釈がやや難しいものとなった。

この文脈で重要だと思われるいくつかの項目について紹介すると、まず、政治への関心度を測る意図で設けた「政治について考えることがありますか」という問いでは、①「よく考える」、②「ときどき考える」、③「たまにではあるが考えることはある」、④「ほとんど考えない」の選択肢のうち、初回と最終回では①が12.6％から15.3％へ、②が33.5％から45.8％へと増えている（③、④はともに減少）。また、初回と最終回の両方に出席して回答した学生について見ると、「初回に比べて考えるようになった」（すなわち、②から①、③から②・①、④から③・②・①へと変化した者）の割合が37.8％、「変化なし」（初回と最終回で同じ番号を選んだ者）が50.3％、「初回に比べて考えなくなった」（①から②・③・④、②から③・④、③から④へと変化した者）が12.0％であった。これらから、4割弱の学生が政治について考える頻度が増え、おそらく関心も高まったといえそうである。

しかしながら、政治について学ぶ意欲を尋ねた「政治の仕組みや実態について、今以上に知りたいと思いますか」という問いについては、①「強く思う」②「少しは思う」、③「どちらとも言えない」、④「あまり思わない」、⑤「まったく思わない」の選択肢のうち、初回と最終回を比較すると、①が36.0％から27.2％へと減少しており、②が50.7％から57.1％へと増えたものの、「初回に比べ、知りたいと思うようになった」ものの割合16.4％に対して、「初回に比べ知りたいとは思わなくなった」ものが27.0％となっており、全体として、政治について学ぼうとする意欲が減退しているという結果が出た。

この点に関しては、入学直後にはその緊張感が作用して数値が高く出ている可能性が考えられる。また、「今以上に」という文言が設問の意図とは異なって解釈され、当学期中にある程度学んだのでさしあたりはこれくらいで十分、などと考えた者がいた可能性もある。いずれにしても、この試みにおいては、

学生の意識やその変化を把握することの難しさが再認識されることとなった。

　こうした問題が残るものの、政治家を招いた講演の企画自体については学生の反応もおおむね良好で、大学入学直後にこのような形で意識づけを行うことの意義は一定程度認められたと判断している。そのため、2016年度にも同じ授業で仲川氏と野々上氏に講演をお願いした。また2017年度と2018年度は、参議院議員の福山哲郎氏と茨木市議会議員の小林美智子氏に講師を引き受けていただき、取り組みを継続している。

（渡辺　博明）

事例2　京都市議会政党・会派と学生との対話会
（法学部・2015年度「政治学特講E」）

1　目的と授業計画

　2015年通常国会で成立が見込まれていた18歳選挙権を想定して、2015年度の政治学特講Eでは「社会問題の発見と解決策の探求」と題して、これまでの講義とグループワークという形を一歩進める授業形態を模索した。それは一種のサービス・ラーニングあるいは「問題に基づく学習」（Problem Based Learning）と言えるかもしれない。その狙いは2つあった。1つ目は、学生が文献だけでなく何らかの形で大学の外に出て調査をする。2つ目は学生のグループワークとその学習に基づいて、諸外国で行われているような、学生が政治家に質問をぶつけるという形での、政治家との直接の接触の場を設け、政治の世界を身近なものにすることであった。

　シラバスには「世界、日本の大きな問題から社会の身近な問題まで、社会問題を発見し、原因を考察し、解決策を探求します」と書き、そのテーマの例として、「戦争・紛争、核兵器、日米安保条約、歴史認識、東アジアの協力関係、原子力発電所、環境、宗教、若者の政治参加、若者の雇用問題、高齢化社会、少子化、男女共同参画、まちづくり、地方交通、小規模自治体問題」などを挙げておいた。また、授業の方法は、「教員による講義・問題提起と受講生の調査報告、討論等を組み合わせて、授業を進めます」とした。政治家に質問

をぶつける場のことを書かなかったのは、学生たちが調べるテーマによっては、それに向いていない可能性があること、政治家への質問会という形は日本の大学ではあまり例がないので、それが可能か授業開始前には不確定であったからである。

受講生は29人（すべて2回生）であったが、1回目の授業でテーマを自由に挙げた上で絞り込み、グループ化をした。その結果、大阪都、少年犯罪、イスラム、安全保障、原子力、マイナンバー制度の5つのテーマになった（各グループは4人～6人）。第1ラウンドは、各グループが文献や新聞などから基礎知識を得た上で、要点と疑問点をレジメにまとめる。第1ラウンドの報告時の質問や意見、教員のコメントに応える形で、そして1回目で得た知識をより深め実践化するために、それぞれの問題に専門的に取り組んでいる人からの聴き取りや簡単でもフィールド調査等を行うこととした。

2　京都市議会政党・会派への講師派遣の依頼と各会派の対応

(1)　**京都市議会政党・会派への講師派遣依頼**　授業の進行をにらみながら、2015年6月初旬に京都市議会のすべての政党・会派に対して議員控え室を回って、以下のような趣旨の講師派遣依頼を行った。今国会で18歳選挙権法案が成立する見込みであり、大学1・2年生も有権者になるので、大学におけるシティズンシップ教育（市民教育）が重要になる。龍谷大学では2014年度から政治学・憲法学の非常勤講師を含む教員でシティズンシップ教育研究会を立ち上げ、シティズンシップ教育に試行錯誤しながら取り組んでいる。政治学特講Eでは学生たちが、市民・主権者として育つために、日本の社会や政治の課題を発見し、調査し、議論し、解決方策を探求する力をつける試みをしている。学生たちが政党や政治家を身近なものとして捉え、政治に市民＝主権者として積極的に参加して行くうえで、直接、政党や政治家から学生たちが関心のある諸問題について考えを聞き、意見交換する機会を持つことが、シティズンシップ教育にとって効果的と考えている。また、諸外国の例からも、今後の日本におけるシティズンシップ教育の方法を模索するうえで参考になる。ついては、それぞれの政党・会派の代表あるいは議員を派遣していただきたい。

(2)　**市議会の会派と議会事務局の対応**　京都市議会は、市会改革に関する協

議調整の場として市会改革推進委員会を設置しており、2015年1月に政策学部の石田徹教授と土山希美枝准教授の依頼により、政策学部の授業での「議員と話そう in 京都」という企画に同委員会として応じ、各会派から議員が参加し、ワークショップを行っていた。政治学特講Eの授業への各会派からの議員派遣の依頼について、議会事務局を通じて石田教授等の企画との関連や、本授業での「質問会・対話会」の内容、進め方についての質問が寄せられた。この授業は上記の石田教授もメンバーの研究会の企画の一環であること、シティズンシップ教育の取組を今後も多様に行う予定であること、そのために市議会の協力を望んでいること、この「質問会・対話会」を「法学部公開授業」として行うことや進め方などを説明した。その結果、市会改革推進委員会の取組として、この授業に各会派が参加することになり、京都市議会のすべての政党・会派（自由民主党、日本共産党、公明党、民主・都みらい、地域政党京都党、維新の会・無所属）の参加を得ることができた。

3 「対話会」の内容

(1) **質問のテーマの決定**　学生たちは、グループ報告の5テーマの中から、京都市議会議員への質問としては、①原子力発電・エネルギー問題　②大都市行政　③18歳選挙権の3テーマを選んだ。学生たちが質問要旨を作成し、事前にそれを各会派に届け、回答の準備をしてもらった。質問要旨は以下のとおりである。①原子力発電・エネルギー問題については、政府の決定した電源計画では原子力発電がベースロード電源に入っているが、それについてどのように考えているか。原発を減らす・廃止する考えの場合は、その代替案は何か。原発から出る高濃度廃棄物の処理をどのように考えているか。②大都市行政については、いわゆる「大阪都構想」では二重行政を解決する改革と唱えているが、京都市では二重行政として問題となる事柄があるか。それがあるなら、どのような解決の取組を考えているか。③18歳選挙権の実施に際して、若者や中高生にどのような広報活動をする予定か。学校教育との関係をどのように考えているか。

(2) **実際の進行**　進行の仕方については、事前に各政党・会派に文書で知らせておいた。私と各議員の冒頭の挨拶の後、各テーマ25分ずつで、最初に学

生が質問趣旨を説明し、その後順番で各議員2～3分で返答する。全会派の返答後、追加質問を行い、それへの回答を2～3分で行う。進行役は授業補助員の大学院生が担当した。学生も議員たちもほぼ時間を守り、的確に返答していた。

4 参加者の評価と感想

(1) 学生の評価と感想　授業の最終回で学生にアンケートを採り、この質問会・対話会についての評価と感想を集約した。Q1「全体的な感想」は、「議員の生の声が聞けて良かった。」「政党それぞれにきちんとした意見があり、勉強になった。」「それぞれの政党でやっぱり色が全然違っていた。どれが正しいかは自分で見極めていかないといけないと思った。」「自分としては意外な事実を知ることができて、良かった。より政治に興味がわいた。」「時間がない中で要点を捉えて話をしていたのは、すごいなと思った。1つの政党だけでなく、複数の政党の話を聞けるのはためになった。」「全体的に見て質問時間が短かった。1つの事例について、もっと深く議論してみたいと感じた。」など非常に肯定的な評価であった。しかし「似ている意見の人たちが多かった。」という感想もわずかながらあり、問題によっては政党・会派の多数が同意見であったり異なったりすることを、十分理解できていない学生もいることがわかった。Q2「質問会をやって良かったかどうか」については、有効回答27人中22人が「良かった」と回答した。Q3「京都市議会の政党・会派の考え方・政策の違いがわかったか」については、「良くわかった」2人、「ある程度わかった」15人に対して、「少ししかわからなかった」7人であり、63％がわかったが、26％がわからなかったという結果であった。Q4「質問会で政治や政党を身近に感じるようになったか」という問いに対しては、「おおいに身近に」6人、「少しは身近に」17人で、85％が身近に感じるようになったと答えており、授業のこの点の狙いは達成できたと言える。Q5「質問会をしたことで、政治や政党、議会についての考え方が変わったか」の問いに対しては、「遠い存在と思っていたが、身近に感じた。」「改めて議会の力を知った。だからこそ、20歳になったらしっかり政治参加をせねばと思った。」「議員は、政治屋のような悪い印象ばかりだったが、それぞれ人間であると認識した。」など

の回答から、Q4とも関連して、直接に政党や議員と対話し、その活動を知ることが政治認識を育てるうえで有効であることが明らかとなった。Q6「このような質問会・対話会が今後も取り組まれると良いか」という問いに対しては、「良い」が24人、「どちらとも言えない」2人であった。Q8「18歳選挙権の行使を実りあるものにする方策についてのアイディア」を書いてもらったところ、「公民の勉強をもっと早い段階から導入する。」「選挙制度の勉強だけでなく、政治について中高生の頃から必修の授業を行う。」「生徒会選挙もおざなりだった。理由は誰がやっても方針を決めるのは教師であるという気持ちである。生徒の権限をもっと強くすることで、有権者の権利意識が芽生えるのではないか。」「18歳にも分かりやすいマニフェストを出すべき。」「主要な大学や高校に投票所を設ける。」など、中高生時代から権利意識を育て行動できることの必要性、制度の学習だけでなく、生の政治問題を学習・議論することが実際の政治への関心を高めることになるとの考え、高校生や大学生をはじめ投票をもっと容易にするべきとの考えに基づくアイディアが多数出された。Q9「政治学特講Eを受講して、これまでより政治参加に積極的になったか」という質問に対しては、「積極的な気持ちになった」17人、「変わらない」7人であり、71％が政治参加に「積極的な気持ちになったと」回答していることは、授業の効果があったと判断して良いであろう。Q10「授業を受講しての感想」でも、「政治や選挙に関心が持てた。」「国会中継を見るようになった。」など書かれており、全体として政治と議会への関心を高める効果があったと評価できる。

(2) **参加議員の感想**　参加された議員からは感想をメールでいただいた。その中では「自分たちの会派は議会報告会を京都市議会として実施すべきと考えているが、試験実施されただけでその後継続実施できていない。その意味からも大学側から各会派の出席を要請していただくと、今日のような全会派がそろっての会合をすることができる。その意味でも選挙と関係のない時期にこのような機会を作ってもらえることは大変ありがたい。次の機会を期待している。」「私ははっきりものを言うタイプなので、学生の皆さんには少しやりにくかったかもしれませんが、せっかく勉強いただくのであれば、「生の考え」をみていただくのが肝要だと思っている。今後ともよろしく。」「自分は25歳で当

選したが、学生と私と同年代の方で「政治」や「投票」が遠い存在であると常に感じさせられる。少しでも、京都市議会や政治というものと、皆さんの生活との距離が縮まればと、切に願っている。」「私たちもまだまだ手探りだが、より良い政治を目指して頑張っていきたい。」など、すべての議員が積極的に評価していた。この点で、若い学生との直接の対話と応答を通じて、国民にとって議会や政治を身近なものにし、主権者を育てるという目的と意義を私たちと共有できているといえる。また、議員にとっても、日頃の支持者の集まりでの活動報告とは異なり、自分たちの支持者とは決まっていない学生たちからの厳しい質問に応えることは、自らが鍛えられる貴重な機会になりうると積極的に受けとめられているように思える。

5 評　　価

　以上のことから、学生たちが自らの関心ある現実の政治上の争点となっているテーマについて調べたうえで、各政党・会派の議員に直接質問・対話する場を設けることは、政治、政党や議会、選挙に関心を持ち、身近に感じ、各政党の政策の違いを知ることに大いに寄与し、その結果、学生たちの積極的な政治参加の意欲を喚起すること、したがって、「シティズンシップ教育」にとって大いに効果的であることが分かった。

（高橋　進）

事例3　現代の政治争点に関する法学部生と高校生とのワークショップ
　　──「18歳選挙権」を法学部生が高校3年生に伝え、討論する
（法学部・2016年度「政治学特講E」）

1 目的と授業計画

(1) **シラバス**　　2016年度後期の政治学特講Eは、「高校生に政治と社会を伝え、共に考える」として、この授業の受講生が、12月に龍谷大学法学部に推薦入学が確定している平安高校3年生に政治・社会問題を講義し、問題を提起し、共に考える授業を企画した。その意図は、18歳選挙権制度が施行され、大

学生も高校３年生も有権者になった状況を踏まえて、大学生にとっては「伝える」ことにより学び、高校生にとっては年齢の近い若者から政治・社会問題を投げかけられることにより、相互に刺激し合うことで相乗効果を生み出し、大学生も高校生も主権者として共に育つ契機を作ることであった。

シラバスには、「世界・日本の大きな問題から社会の身近な問題まで、社会問題を発見し、原因を究明し、解決策を探求する。アクティブ・ラーニング授業の実践として、高校生にそれを伝え、共に考える活動をする。テーマは戦争・核兵器、歴史認識、原子力発電、若者の政治参加……など自分たちで選び、受講生のグループ報告、討論等を組み合わせて授業を進める。授業の最後の方で、テーマを１つに絞り、大学生が高校生に伝え、共に考える取組をする。」と記した。

(2) 準備と打ち合わせ――高大連携事業としての位置づけ　2016年度後期の受講生は２年生13人、３年生１人の計14人であった。４〜５人の３グループに分かれ、18歳選挙権、テロ、安倍政権について調べ、各グループが２回報告した後、ワークショップ方式で議論を深めた。その後、高校生へのプレゼンテーションのテーマを話し合い、大学生たちは高校生向けには18歳選挙権が適切と判断し、その報告の準備に入った。その間、筆者は平安高校の進路指導担当教員、龍谷大学の高大連携室と協議し、共同授業・ワークショップの計画を詰めていき、高大連携事業の一環として位置づけることとなった。その協議の結果、共同授業は２回行うこととなった。また、共同授業にむけて、平安高校の先生の指導を受けて、高校生たちは岩波書店編集部編『18歳からの選挙権』（岩波新書）のⅢ「立ち上がる民主主義――18歳も101歳も」を読み、特に興味関心のある３つの小論について「事前学習課題シート」に取り組んだ。

２　ワークショップ：共同授業の進行過程

(1) １回目「18歳選挙権を考える」のプレゼンテーション　2016年12月16日に１回目の授業を行った。自己紹介の後、法学部生13人と平安高校生17人をほぼ均等に４グループに分けた。法学部生が作ったパワーポイントによる「18歳選挙権を考える」（約20分）のプレゼンテーションを行った。そこでは、18歳選挙権の意味、メリットとデメリット、選挙は何のためか、もし選挙権がなかっ

ら、日本の選挙権の歴史、外国の選挙権と被選挙権の歴史と現状、日本と外国の投票率及び年代別投票率の比較、日本での主権者教育の取組、龍大に設置された期日前投票所などについて、分かりやすく報告した。さらに学生が作った「選挙クイズ」(全部で5問、Q1：18・19歳の投票率が一番低かった県はどこか？ Q2：投票に行かなかった理由として一番多かったのは何か？ Q3：得票数が同数の場合、どのようにして当選人を決めるか？ Q4：有権者にできて、主権者にできないものは次のどれか？(消費税の支払い、投票、喫煙) Q5：18歳未満の高校生がA候補の投票依頼メッセージをリツイートすることは問題ないか？)を高校生に対して行い、疑問と関心を喚起するとともに、雰囲気を和ませた。

その後、担当教員が高校生に、2016年7月選挙で有権者だった人、そのうち投票に行った人、何を基準に投票したか、棄権した人の場合その理由、選挙結果についての判断・評価などを質問した。その後、約20分間、グループで自由に話し合った。最後に「今の政治・社会に対する私の意見」を法学部生・高校生全員が書き、それを発表した。

(2) **2回目のワークショップ：意見交換とグループ発表**　年が明けた2017年1月13日に2回目の共同授業を行ったが、今回は時間のはじめからワークショップを行った。「今の政治と社会についての私の意見」を実現する方法、18歳選挙権の是非などについて議論し、出た意見をPost-itを使って模造紙に貼り、整理し、最後にグループごとにその議論の内容や結論が出た場合はそれを発表した。

3　大学生と高校生の感想

(1) **大学生の感想**　大学生たちはほとんどが、「いろいろな意見が聞けた。」「高校生目線の素直な意見が聞けて良かった。」「異なる考えの存在を知ることができて良かった。」と書いていた。これは、現在の大学生たちは政治や社会の問題について友人間で話をすることがあまりないことの反映であろう。「高校生なりに時事問題についてとても良く考えている。」「高校生の考えがしっかりしていた。自分も頑張らなければならないと思った。」と感心・反省する感想もあった。18歳選挙権について、このワークショップを行う前は賛否がほぼ半々であったが、ワークショップ後は賛成11人、反対1人、保留1人であり、

賛成が圧倒的多数に変わった。これは、高校生と政治・社会問題を直接話し合うことで、高校生なりにしっかりと考えていること、考える力があることに気づき、有権者としての能力を認めたからであろう。

(2) **高校生の感想**　平安高校の先生がとられた、参加した高校生の講義参加アンケートから主権者教育に関連する点について、以下に整理しておこう。「内容について興味や関心を持つことができたか」については、「はい」が15人、「どちらでもない」が1人、「大学での学びをイメージできたか」については、「はい」が14人、「どちらでもない」が2人であった。講義・活動の感想では、「18歳選挙権の意義や選挙について、私たちの1票がどれほど重く、大きいのか知ることができた。」「自分の1票で選挙の結果が変わることがあるかもしれないと感じた。」「若者の意見が反映されにくい現状から、若者層の政治参加への関心を持たせていくための行動が必要だと思った。」「選挙への関心が高まり、今後行こうと思った。」「今まで選挙についてぼんやりとしたイメージしか持っていなかったが、今回の講義で選挙に行かなければいけないと思った。」「自分一人の1票がとても大切だと分かった。」「政治や社会についてより関心や疑問を持つ必要があると思った。」「異なる意見を聴くことで、広い視野で捉えることができた。」「もっと積極的に政治のことを知らなければいけない、ニュースをもっと見ることも大事。」など前向きな感想が多数であった。また、選挙の意義と投票することの重要性を認識するとともに、政治・社会問題について関心を持つ必要を感じたとの感想も多かった。18歳選挙権についてもこの授業後には多数が積極的な肯定に変化した。

4　評　価

以上のことから、大学生が高校生に政治・社会問題を伝え、問題提起をすることは、上から目線ではなく対等に近い存在としての率直な対話と意見交換が可能であり、準備段階も含めて相互の刺激と学習効果があること。シティズンシップ教育の観点から言えば、主権者としての自覚を高めるうえで大きな効果があると評価できる。また、18歳選挙権のような身近な問題を導入とすることにより、選挙と政治の意義と重要性を理解し、積極的な政治参加のきっかけを作る効果があることが確認された。

追記：2017年度後期の政治学特講Eでも同様に、法学部生と平安高校3年生の推薦入試による法学部入学予定者との共同授業を行った。今回は「歩きスマホ」をテーマに、1回目に法学部生が、2回目に高校生がプレゼンテーションをし、その後ワークショップを行った。これも、「ルールと法」の学習という点でシティズンシップ教育に関係するが、ここでは紙幅の関係で省略させていただく。

（高橋　進）

事例4　若者の政治参加と投票率向上に向けた課題解決型学習の取り組み　（政策学部・2014—2016年度「伏見区投票率向上プロジェクト」）

1　「政策実践・探究演習」の1プロジェクトとして「伏見区投票率向上プロジェクト（以下伏見区PJと略記）

(1)　伏見区PJ立ち上げの経緯　　政策学部の正規科目である「政策実践・探究演習」内の1プロジェクトとして取り組んだ伏見区PJの活動を紹介する[1]。

「政策実践・探究演習」は、2014年度から立ち上がった科目であり、地域の問題や事例に基づき、具体的な問題解決に向けてチームで学修をすすめる実践的な課題解決型（Project Based Learning = PBL）科目である。2014年度では7つのプロジェクトが開設されたが、他のプロジェクトが概ね地域課題を地域住民と連携して解決していくタイプのプロジェクトであるのに対して、地域の選挙管理委員会と連携はしているものの若者の政治的な無関心、投票率の低さという全国的で一般的な問題に焦点を当てている点で異色のプロジェクトであった。プロジェクトの立ち上げのきっかけは、2014年春の京都府知事選挙において、龍谷大学政策学部の学生有志が、京都市伏見区選挙管理委員会と協力して、投票をよびかけるフラッシュモブなどの活動を行ったことにある。その経験を踏まえて2014年度前期より政策学部における課題解決型の正規科目の1つとして展開することになり、その後その科目は2016年度後期まで3年間続いた。筆者は2014年度後期と2015年度前期にその科目を担当し、土山希美枝政策学部教授（2014年度は准教授）が2014年度前期、2015年度後期、2016年度前後期を担当した。

(2)　伏見PJの取り組み内容　　伏見区PJにおける主な取り組みは以下のと

おりである。

2014年度
- 学部生を対象としたアンケート調査と政治に関するワークショップの実施
- 京都市市会改革推進委員会所属議員とのワークショップの実施
- 講演会「全国初・大学内期日前投票所が設置された松山での取り組み」(講師 甲斐朋香松山大学法学部准教授)の実施
- 京都市立池田小学校における模擬選挙実施の支援

2015年度
- 伏見区在住国会議員へのインタビューの実施
- 「政策学入門(政治学)」(筆者担当)での特別講義の企画と実施
- 京都市長選挙における啓発活動支援事業の助成を受けて「選挙を語ろう in 町家～求ム！みんなの知恵～」の実施
- 豊中市選挙管理委員会の野田一広氏から大阪大学における期日前投票設置に関するヒアリングの実施
- 京都市市会改革推進委員会における若者の政治参加にかかわる報告と提言

2016年度
- 第24回参議院選挙における龍谷大学内期日前投票所の設置とそれにかかわる活動への参加
- 「政策学入門(政治学)」(筆者担当)での特別講義の企画と実施
- 京都府立八幡高校における模擬投票実施の支援
- 京都市市会改革推進委員会における龍谷大学期日前投票所設置にかかわる総括の報告
- 龍谷大学社会科学研究所共同研究「シティズンシップ教育研究会」主催シンポジウムでの報告

2　伏見区 PJ を通じての学生の変化

(1) **伏見区 PJ 参加学生の変化**　政策学部は地域公共人材の育成を教育目標にし、そのために地域や企業と連携した実践型の科目を多く用意していることもあり、政策学部の学生は入学時からそうした科目への関心が高く、政策実践・探究演習の他のプロジェクトへの登録希望者は定員をオーバーするほどであったが、伏見区 PJ に関しては実施した3ヵ年とも10名を超えることはなかった。「地域には興味があるが、政治にはあまり関心がない」といったタイプの学生が多いとの印象を筆者は日頃感じていたが、それを裏付けたようであった。

だが、数少なかったとはいえ、参加学生の成長は著しかった。政策実践・探

究演習の科目は、課題や活動を実際に遂行させることを通じて、知識やスキルなど認知的側面の能力（＝論理系能力）、態度や関心など情意的側面の能力（＝意欲系能力）、対人関係など社会的側面の能力（＝伝達系能力）を伸ばすことを獲得目標としている。伏見区 PJ 参加者は、市議会での報告、模擬投票の企画・実施、特別講義の企画・実施などを通じて、選挙のみならず政治一般への関心を高めるとともに知識を増やし、また企画力やプレゼンテーション能力、コミュニケーション能力を伸長させるとともに、参加学生同士および企画実施の相手側（議員や生徒、学生など）とのコミュニケーションの作法を修得していったのである。PBL やアクティブ・ラーニングなど、活動を重視する科目に関しては、ときに「体を使うが、頭を使わず」といった過ちに陥りやすいといった問題点を指摘されることがあることに留意し、伏見区 PJ では事前学習において杉田敦『デモクラシーの論じ方』（ちくま新書）や松下圭一『市民自治の憲法理論』（岩波新書）などをテキストにして「政治的リテラシー」を身につけるように指導したり、事後学習として振り返りを行ったりする時間も設けた。

(2) **伏見区 PJ 参加学生による特別講義と受講学生の変化**　　政治的リテラシーに関しては、伏見区 PJ 参加学生においては座学と実践的活動を通じて向上が見られたが、筆者の初年次担当科目「政策学入門（政治学）」の受講生においても、第24回参議院選挙（2016年7月10日投票日）における投票率の向上という形で成果が現れた。このことにおいては、伏見区 PJ 参加学生が企画し、参議院選挙公示日の直前に実施した特別講義の影響が大きかったと思われる。この科目の受講生は政策学部 1 回生で、現役生がほとんどであることから、彼らは選挙権年齢引下げの改正公職選挙法が施行されてはじめて18歳で選挙権を行使できるという状況にあった。特別講義では、まず伏見区 PJ の学生が同年代の目線から選挙の仕組みや投票の意義を分かりやすく説明した。次いで、「誰に投票したらいいのかわからない」といった声が学生の中で多いことを念頭に置き、PJ 参加学生が選んだ政策学部教員 2 名から事前に「自分にとっての選ぶ基準」について語ってもらった動画を映して選び方の参考例にするとともに、受講生同士で「自分にとっての選び方」について議論する時間も設けた。最後に、京都府選挙区立候補予定者に若者に語りかける動画の撮影を依頼し、提出のあった 3 名の立候補予定者の動画を受講生に見てもらった。

参議院選挙後の授業でアンケートをとったところ、回答者296名中213名が投票に行ったと答えた。投票率でいうと約72％であり、全国的には、18歳で51.28％（19歳：42.30％）（総務省発表）であったことを考えると、それより20％以上高かったということになる。さらに大学内に設置した不在者投票支援ブース（事例5を参照）を利用して投票した学生が4名、自分で不在者投票の手続きをした学生が4名、そして実家に帰って投票した学生が14名もいたことが注目される。

3　政治的シティズンシップ教育からみた今後の課題

　政策実践・探究演習というPBL科目と政治的シティズンシップ教育、特に政治的リテラシーとの関連でつけ加えておきたいことがある。この科目を通じて学生が地域的な課題への気づき、あるいは課題を発見する感性を育んでいっていることは確かであるが、政策学部の学生は課題の解決策を性急に求める傾向があり、そのことが課題の把握における視野の狭さを生んでいるのではないかということである。地域の課題は地域内で解決しうる問題ばかりではなく、実際には国の政策、国と地方を貫く政治構造さらにはグローバルな条件によっても規定されている場合が多い。根本的な解決に向けてはローカルからナショナル、グローバルへと視野を広げて問題を考え、中長期的に解決策を探る必要もある。そのためにも政治的リテラシーの向上を図る手だてをこのPBL科目の中にも意識的に組み込む必要があると思われるのである。「地域には興味があるが、政治にはあまり関心がない」という学生を「地域に興味があるがゆえに、政治にも大いに関心がある」という学生に変えていかなければならないからである。

　とはいえ、「政策実践・探究演習」における伏見区PJの経験から、実践的な活動を組み入れたシティズンシップ教育が有効であることはあきらかになったと思われる。しかし、全国的にも、大学でのシティズンシップ教育は、政治学系科目担当教員も含めてまだまだ個々の教員の自発性や意欲に委ねられているというのが実情であろう。大学教育の中にしっかりと位置づけて、入学時のオリエンテーション期間を活用したり、教養科目、共通科目として設置したりして、全学的にシティズンシップ教育を実践していく仕組みを作っていく必要

があると思われるのである。

(石田　徹)

> **事例5** 　参議院議員選挙期日前投票所の学内設置と実施に向けた学生の取り組み　　　　　　　　　　　　　　(2016年度「Ryu-vote」)

1　龍谷大学内への期日前投票所設置の経緯

　2016年の参議院選挙の際に、政策学部のみならず投票率向上に関心のある他学部の学生も参加して結成されたRyu-voteの活動を紹介する。

　政策学部の政策実践・探究演習の1プロジェクトである伏見区PJは若者の政治参加、投票率の向上をめざしていたが、そのためには若者が政治参加や投票をしやすくする仕組みを用意する必要があるということから、その仕組みの1つとして大学内に期日前投票所を設置することを早い段階からこのPJの目標に掲げていた。そのこともあり、2014年度には全国で初めて大学内に期日前投票所の設置を実現した松山大学から甲斐朋香法学部准教授を、また2015年度には大阪大学での期日前投票所設置に携わった豊中市選挙管理委員会の野田一広氏を招き、それらの経験を聞く機会を設けたのである。

　期日前投票所設置に向けての具体的な動きとしては、京都市会改革推進委員会とのワークショップ(2015年1月)や同委員会での提言(2016年3月)などをつうじて京都市議会に働きかけるとともに、筆者が政策学部長(2013-16年度)であったこともあり龍谷大学執行部にも働きかけて学長名で京都市選挙管理委員会へ申し入れ(2016年2月)を行ったりした。しかし、京都のような政令市では行政区毎に投票が行われることや数多くある大学のどの大学に設置するかの選定が難しいこともあり、2016年7月に行われる参議院選挙を目前に控える、新年度に入った4月の段階になっても設置の目処はついていなかった。ところが、全国的に政令市の中でも千葉市や横浜市などにおいて大学内へ設置する動きが出たこともあって、京都市選挙管理委員会は、急きょ、参議院選挙公示日の1週間前の6月15日に、龍谷大学に期日前投票所を設置することを正式決定した。投票所の開設日時は、準備の都合上、7月7日、8日の2日間、12

時から18時30分までに限られた。とはいえ、この龍谷大学への期日前投票所の設置は政令市でははじめて、そして数多くある京都の大学の中で唯一のことであった。

2 Ryu-vote立ち上げとその取り組み

期日前投票所の龍谷大学への設置が急展開で決まる中、その投票所を利用する可能性のあるのは学生のみならず教職員さらには地域住民というように広がりをもつがゆえに、少数の伏見区PJメンバーでは対応ができないということで、投票率向上の活動に関心のある学生を全学から募ることになった。全学に呼びかけた結果、法学部、文学部、さらには滋賀県の瀬田キャンパスにある社会学部、国際文化学部の学生が呼びかけに応えて参加しRyu-voteという学生団体が結成され、最終的には30余名が加わることとなった。筆者と土山教授が世話役となり、事務職員も数名サポーターとなった。大学も、学生会館の一室をRyu-voteの活動場所として提供するなど間接的な援助を行った。

Ryu-voteでは、政治や選挙に興味がわかないという学生が多いことを考慮して、「選挙を楽しもう」を活動のコンセプトにして、学生の投票への心理的な距離をできるかぎり縮める工夫を行うことにより選挙を盛り上げようと考えた。具体的には、①「選挙盛り上げ隊」、②「投票済証で何かイイコト班」、③「不在者投票支援ブース班」の3つにグループを分けて活動をした。①は投票所案内の目印の設置、インスタグラムを利用した広報、チラシ配りによる選挙・投票所の周知、②は期日前投票に行った人への投票済証、感謝証の配布とそれによる龍谷大学近隣の飲食店での割引等のサービス提供、③は下宿等の理由で当日選挙人名簿登録地において投票できない学生への不在者投票支援、といったことが活動内容であった。班名のユニークなつけ方にも現れているが、その他にもフェイスブック、インスタグラムを駆使するなど、今時の学生らしい創意工夫を凝らした取り組みが行われたこともあり、学生の関心を引きつけることに一定程度成功したといえる。政治に無関心なものが多いとされる学生が自主的に学生らしい取り組みを行っているという話題性もあって、地方紙はもとより全国紙のほとんどでRyu-voteの活動が取り上げられた。また公共放送テレビの定時ニュースで報道されたり、地元テレビで期日前投票当日に生中

継もされたりした。

3　Ryu-voteの取り組みの成果

(1) 期日前投票所における投票結果　期日前投票所を開設した2日間で龍谷大学の投票所を利用したのは424名で、そのうち龍谷大学生は40名であった。投票総数424についていえば、Ryu-voteでは学内の学生、教職員のみならず近隣住民にも龍谷大学の期日前投票の利用を積極的に呼びかけたのであるが、その成果が出たようである。近くのスーパーや交差点でチラシを配ったり、地元の砂川学区自治連合会の協力をえて期日前投票所設置の案内を全戸に配布したりしたが、砂川学区の住民で期日前投票を行った方のうち4分の1近くが龍谷大学の投票所を利用したとのことである（京都市選挙管理委員会の集計データによる）。期日前投票期間が2日しかなかったことも考えれば、龍谷大学への期日前投票設置は近隣住民には好評であったことがうかがえる。龍谷大学生の40名という投票者数の評価は難しい。というのは龍谷大学のある伏見区在住で自宅生はともかく下宿生で住民票を移している学生がどれぐらいいるかを正確につかむのは困難であるからである。ただ、Ryu-voteの学生や世話役の筆者や土山教授が当初期待した数字には及ばなかったことは確かである。

(2) 不在者投票支援における成果　Ryu-voteが不在者投票支援ブース班を設けたことは先に触れたが、こちらは予想以上の成果をえたといえる。不在者投票という制度を知らない、あるいは面倒くさいと思っている学生に不在者投票をしてもらうために工夫を凝らした。カンパを募って封筒と切手を前もって用意し、学生がブースに来れば、不在者投票の手続を教えてもらいながら一緒に書類を作成し、後はポストに入れればよいだけといった簡略な手続にしたのである。人手の関係で昼休み時間にしか開設できなかったこともあり、初日にブースを訪れたのは1名だけであった。けれども、その後クチコミで拡がって「そんなに簡単ならばやってみよう」という学生が増えて順番待ちの列ができるほどにもなり、急きょ日程を延長したりして、最終的に60名もの学生が不在者投票の手続をしたのである。伏見区PJがヒアリングを行った大阪大学などでは期日前投票所で不在者投票もできるようにしたとのことであった。龍谷大学の期日間投票所でもそれが可能になるように選挙管理委員会に要望したが、

実現できなかった。もしそれが実現できていれば、投票者はもっと増えたように思われる。

4　学生の政治参加向上に向けての課題

　参議院選挙後、京都市選挙管理委員会と龍谷大学との間で話し合いの場をもったが、選管側から期日前投票所の増設について商業施設や駅ターミナル等も含めて検討していくとの姿勢は示されたが、龍谷大学を含めて大学構内への設置を定着させ、拡げていくという方向性は示されなかった。龍谷大学生の利用率が低かったとの認識をもっているようであった。全国的にも、参議院選挙の際には、18歳に選挙権年齢が引き下げられてはじめての国政選挙であったこともあり、大学内への期日前投票所設置が注目され、実際に多くの大学に設置されたが、その後定着し、拡がっているという状況にはない。けれども、学生を含む若者の投票率が低調なまま推移しているという現状を考慮するならば、投票をしやすくする仕組みの１つとして大学内に期日前投票所を設けることに選挙管理委員会そして大学自身もより積極的になるべきであろう。不在者投票についても、確かに下宿生が住民票を移すことは基本であるが、移せない事情があるのも現実であることを考慮すれば、期日前投票とともに不在者投票もできるようにすべきであろう。

　とはいえ、投票行動は政治参加の１つの形態にすぎないのであり、学生の政治的関心を高め、投票を含む政治参加を促していくためには、やはり政治的リテラシーの向上をはかるシティズンシップ教育すなわち政治的シティズンシップ教育を大学教育の中にきちんと位置づけ、全学的に実施していくことが必要なのである。

【注】
１）この事例４と次の事例５の内容については、土山希美枝「主権者教育と政治争点──若年有権者の声から『騒動』を忌避する社会と教育を考える」『龍谷大学政策論集』７巻１・２合併号、を参考にしている。

（石田　徹）

あとがき

　シティズンシップ教育が前提としているのは、主権者としての「市民＝シティズン」の存在である。それゆえ、これは民主主義国家でしか問題にならない。君主制国家や独裁国家では国民・市民は「臣民」か「被支配者」でしかない。では民主主義国家では、どのようなシティズンが、どのように形成されるのであろうか。

　フランスでは、本書第8章で論じられているように、フランス革命の理念を受け入れる者はフランス人になることができるという観念を前提に、第3共和制下で王党派やカトリック教会との闘いのために、政府は「自由、平等、友愛」とライシテという「共和国の価値」を身に付けた「共和国の市民」の育成に力を入れてきた。建国以来の共和政である米国では、本書第7章で論じられているように、教育をめぐる権限は連邦か州かの争いを展開しつつ、出生地主義の国籍原理に基づき、19世紀以降に大量に流入した移民を「アメリカ市民」に統合する過程でシティズンシップ教育が様々な形で取り組まれてきた。そこでは、「学校の使命と目的は生徒が責任ある市民となるように教育することである」というコンセンサスが存在していた（奥村 2009：25）。しかし、先住民や黒人は事実上長らく「市民」から排除されていた。このように両国では「誰を市民とするのか」という「市民＝シティズン」概念と密接に結びついた形でシティズンシップ教育が展開されてきており、そこには長い歴史がある。これに対して、本書で取り上げることができなかったが、ドイツでの第2次世界大戦後の教育は、ナチズムの反省を原点に、冷戦時代には反共産主義も重要な要素として、民主主義の発展を担う市民の形成に不可欠なものとして「政治教育」(politische Bildung) に取り組んできた。その到達点として、本書第4章でも紹介されている「ボイテルスバッハ合意」が形成され、政治教育の目的は「政治教化」ではなく、生徒の「政治的成熟」であることが確認された（近藤 2005：38-49）。そこで想定されている「市民」は当初はドイツ人、今日では移民も含めた居住者全てである。

あとがき

　翻って日本ではどうであろうか。軍国主義と侵略戦争を反省し、民主主義の担い手を育てる「民主主義教育」、近年では「主権者教育」を実践してきたのは、どちらかといえば市民・教育関係団体・革新勢力であった。歴代の保守政権は侵略戦争と植民地支配の歴史の反省が弱く、権威主義と実用主義の教育に傾斜し、近年は新自由主義とともに復古主義的な色彩を強めている。そのような対抗関係の結果、教育基本法14条の「良識ある公民として必要な政治的教養」を養成する「政治教育」は、教育の場においては生徒の政治活動の禁止と「政治的中立性」の名の下に実質的には遠ざけられていた。

　そもそも、自由と民主主義の社会を支える立憲主義の思想は、国家権力は憲法と法によって統制されるべきであると考える。しかし、現実の世界では市民によって統制されるべき国家権力＝政府が「あるべきシティズン＝市民＝公民」を養成しようとする矛盾がそこには存在し、政治と教育は緊張関係にある。右派であれ左派であれ、政治権力が特定の価値観を国民に教化・浸透させようとする誘惑は常に存在する。今日のフランスにおける「ライシテ」の絶対化や日本における道徳教育の強化にはこの側面がある。

　1990年代に欧米でシティズンシップ教育が注目されるようになった背景には、グローバル化の進展とヨーロッパ統合の深化、国家・地域・企業などの旧来の社会・組織原理の衰退と変容、国内における文化・宗教・民族の多様性の増大などがあり、多元的な社会の統合とグローバルな社会との接合の手段として新たな内容のシティズンシップ教育が求められている。とりわけ、産業構造の変化と雇用の流動化・不安定雇用の増大がもたらした「若者の疎外」の克服と「知識基盤社会」における不断の学習の必要性は、シティズンシップ教育に過大なまでの要求を突きつけている。

　日本では、欧米に約40年遅れて2015年に実現した「18歳選挙権」の制度が、学校教育と社会にシティズンシップ教育の必要性を提起した。もちろん、以前から若者の低投票率が民主主義政治にとっての危機として認識されてはいた（日本学術会議 2014）。実際、日本における若者・20歳代の投票率は世界的に見てイギリスと並んで低く、衆議院選挙で1960-70年代には60％台であったが、2000-2010年代には30〜40％台に低迷している（全体の投票率も70％台から50％台に低下）。その原因として上述の「政治教育」の不在、小選挙区制という選挙

制度、他国に例のないほど規制の厳しい選挙法などの問題が挙げられるが、18歳選挙権の実施を前にして新たな18・19歳を主権者としていかに育てていくのかが小学校から大学までの教育の緊急課題となった。

　2016年7月の参議院選挙での18歳の投票率は51.28%、19歳は42.30%、10歳代平均は46.78%であり、20歳代の35.6%を10%以上上回った（全体投票率54.70%）。また、ある調査によると高校3年生に限定すれば7割近いという。東京・神奈川などの大都市部では18歳の投票率が全体投票率を上回った（品田2018）。しかし、2017年10月の衆議院選挙では18歳の投票率は47.87%で前年の参議院選挙と比べて3.41%減少し、19歳は33.25%で9.05%減少し、20歳代の33.85%とほぼ同じであった（全体投票率53.68%）。前年の18歳が翌年に19歳になっての選挙では18%も低下している。19歳の低下は進学や就職という居住地の移動と住民票の存置という生活スタイルに起因するところが大きいが、それゆえに一層、大学におけるシティズンシップ教育の継続とレベルアップが重要と言える。

　本研究グループは研究開始時に、政治学と憲法学との融合及び理論研究と実践研究の結合が研究プロジェクトの成否の鍵と確認し、共同研究を行ってきた。それがどこまで成功したかは心許ないが、今後の課題でもある。その間に行った研究会では、共同研究のメンバーではない水山光春氏（青山学院大学）、石橋章市朗氏（関西大学）、清田雄治氏（愛知教育大学）、執筆者以外の龍谷大学関係者では落合雄彦氏、的場信敬氏らにもご報告をいただき、研究を進める上での刺激と示唆をいただいた。また、2016年10月15日に龍谷大学で開催したシンポジウム「18歳選挙権時代における主権者教育を考える～高校と大学での取り組みから～」では、水山氏、石橋氏に加え、杉浦真理氏（立命館宇治高校）、深尾拓史氏（当時、龍谷大学政策学部生）にご報告をいただき、活発な議論を行うことができた。また特に水山氏には本書の執筆をも分担していただいた。記して感謝したい。

　本研究は、2015-17年度の龍谷大学社会科学研究所の指定研究（「シティズンシップ教育における政治的リテラシーの位置と役割」）及び2015-17年度日本私立学校振興・共済事業団の学術研究振興資金（「大学におけるシティズンシップ教育の意義と方法に関する研究――政治的リテラシーの視点からのアプローチ」）の助成を受

けて行われ、本書の刊行には上記研究所の出版助成を受けた。最後に、本書の出版にあたってお世話になった法律文化社の小西英央氏に感謝申し上げたい。

〔参考文献〕
奥村牧人（2009）「英米のシティズンシップ教育とその課題――政治教育の取組を中心に」国立国会図書館調査及び立法考査局『青少年をめぐる諸問題　総合調査報告書』17-32頁。
近藤孝弘（2005）『ドイツの政治教育　成熟した民主社会への課題』岩波書店。
品田裕（2018）「18歳・19歳の投票率について」『地方自治』843号、2018年2月、2-31頁。
日本学術会議政治学委員会政治過程分科会（2014）『提言　各種選挙における投票率低下への対応策』。

高橋　進

人名索引

あ 行

アダムズ, ジョン ……………………… 127, 128
イリッチ, I. ……………………………………… 10
小熊英二 …………………………………… 70, 71

か 行

河合栄治郎 ………………………………… 90-92
ギデンズ, A. ……………………… 24, 26, 40, 109
キングダン, J. ……………………………… 108
クリック, B. ……… iii, 6-9, 18, 29, 67, 72, 104-107, 116
小玉重夫 ………………………… 8, 18, 28, 34, 39

さ 行

ジェファソン, トマス …………………… 127
ジェルミーニ, M. ………………………… 174
渋谷望 ………………………………………… 27
新藤宗幸 ………………………………… 9, 66
杉浦真理 ……………………………… 8, 49, 56

た 行

土山希美枝 ………………………………… 81

な 行

仲川げん …………………………… 205, 206
中野敏男 …………………………………… 27
仁平典宏 ………………………… 30, 38, 39

は 行

野々上愛 ………………………………… 205-207

は 行

パットナム, R. ……………………………… 28
濱口桂一郎 …………………………………… 31
ビースタ, G. ……………………… 12-14, 40
樋口陽一 …………………………………… 69
フーコー, M. ……………………………… 10
ブランケット, D. ………………………… 109
フレイレ, P. ……………… 10, 11, 13, 14, 18
フロム, E. ………………………………… 69
ペイヨン, V. ……………… 148, 149, 151-154
ボイト, H. ……………………………… 28, 29
本田由紀 ……………………… 32, 33, 35, 40

ま 行

マーシャル, T. H. ……………………… 23, 24
マディソン, ジェイムズ ………… 127, 128
丸山眞男 …………………………………… 68
マン, ホーレス ………………………… 133
水山光春 ……………………………………… 5
ムッソリーニ, B. ……………………… 164

ら 行

蝋山政道 ………………………………… 84-102

わ 行

ワシントン, ジョージ ………………… 127

事項索引

あ行

意識化 …………………………………… 10, 13

か行

学生思想問題 …………………………… 90-92
隠れたカリキュラム …………………… 106, 119
学校参加制度［フランス］…………… 156, 160
学校選挙［スウェーデン］…… 192, 193, 199
キー・コンピテンシー …… 36, 37, 172, 178, 180
教育委員会［アメリカ］……………… 132, 135
共同体主義 ………………………………… 30, 40
共和国の価値［フランス］… 144, 145, 152, 159
クリック・レポート …… 6, 7, 18, 52, 67, 84, 104, 109, 115

さ行

ジェルミーニ改革 ……………………… 174, 180
シティズンシップ
　大きな ……………………………………… 46, 52
　共同体主義的── ……………………… 25-27
　共和主義的な── ……………………………… 113
　社会的── ………………………………………… 38
　自由主義的── …………………………… 26, 113, 120
　受動的── ………………………………………… 26
　政治的──（論）…………… 8, 28, 35, 38, 221
　政治的──教育 …………………………… 9, 37
　狭い── …………………………………………… 45
　小さな── …………………………………… 45, 52
　能動的（アクティブ・）── …… 18, 26, 114
　広い── …………………………………………… 45
市民教育［イタリア］………………… 165-169
市民（公民）的共和主義 ………………… 30, 40
市民的コンピテンシー ………………………… 173
市民の共生［イタリア］……………… 171, 172
州権論者（共和派）…………………… 126, 128
18歳選挙権 ………… i, 2, 3, 14, 15, 214, 216, 227

主権者教育 …… i-iii, 2, 5, 9, 13-16, 43, 45, 58-60, 64, 82, 104, 191, 204
主体化（学習の──）…………………… 12, 14
自立
　経済的・職業的── ……………… 21, 22, 31, 33
　政治的・社会的── ……………… 21-23, 30, 31
新自由主義 ……………………………… 23, 28, 227
スウェーデン民主党 …………………… 196, 197
政治教育 …… iii, 6, 8, 9, 75, 84-87, 95, 96, 98-101, 104, 106-108, 115, 226
政治参加 ………… 104, 110-113, 115, 120, 218, 225
政治的中立（性）…………… 73, 74, 76, 195, 227
政治的リテラシー …… 6, 7, 9, 11, 16, 29, 30, 106

た行

対話的教育 ……………………………… 11, 14
地方学区［アメリカ］…………… 125, 135, 138
道徳・市民教育（EMC）…… 142, 143, 146, 147, 155

は行

福祉国家 ……………………………… 23, 183
　ポスト── ……………………………………… 24
ペイヨン法 ……………… 142, 143, 148, 154, 155
ボイテルスバッハ合意 ………………… 75, 226

ま行

民主教育協会 ……………………………………… 97

ら行

ライシテ ………… 143, 144, 145, 151, 153, 155, 159
連邦中心主義者（連邦派）…………… 126-128

わ行

若者市議会 ……………………………… 117, 118, 120
若者市長 ………………………… 117, 118, 120, 121
『私たちが拓く日本の未来』…………… 64, 65

執筆者紹介
(執筆順、※は編者)

※渡辺 博明（わたなべ ひろあき）	龍谷大学法学部教授	第1章、第10章、第Ⅲ部事例1
※石田 徹（いしだ とおる）	龍谷大学名誉教授	第2章、第Ⅲ部事例4・5
水山 光春（みずやま みつはる）	京都教育大学名誉教授 青山学院大学教育人間科学部特任教授	第3章
奥野 恒久（おくの つねひさ）	龍谷大学政策学部教授	第4章
城下 賢一（じょうした けんいち）	大阪薬科大学薬学部准教授	第5章
大村 和正（おおむら かずまさ）	龍谷大学法学部等非常勤講師	第6章
寺川 史朗（てらかわ しろう）	龍谷大学法学部教授	第7章
福島都茂子（ふくしま ともこ）	宮崎産業経営大学教授	第8章
※高橋 進（たかはし すすむ）	龍谷大学名誉教授	第9章、第Ⅲ部事例2・3

Horitsu Bunka Sha

「18歳選挙権」時代のシティズンシップ教育
──日本と諸外国の経験と模索

2019年2月25日 初版第1刷発行

編 者	石田　徹・高橋　進 渡辺博明
発行者	田靡純子
発行所	株式会社 法律文化社

〒603-8053
京都市北区上賀茂岩ヶ垣内町71
電話 075(791)7131　FAX 075(721)8400
http://www.hou-bun.com/

印刷：亜細亜印刷㈱／製本：㈱藤沢製本
装幀：仁井谷伴子

ISBN978-4-589-03988-0
Ⓒ2019　T. Ishida, S. Takahashi, H. Watanabe
Printed in Japan

乱丁など不良本がありましたら、ご連絡下さい。送料小社負担にてお取り替えいたします。
本書についてのご意見・ご感想は、小社ウェブサイト、トップページの「読者カード」にてお聞かせ下さい。

JCOPY 〈出版者著作権管理機構　委託出版物〉

本書の無断複写は著作権法上での例外を除き禁じられています。複写される場合は、そのつど事前に、出版者著作権管理機構（電話 03-5244-5088、FAX 03-5244-5089、e-mail: info@jcopy.or.jp）の許諾を得て下さい。

杉田 敦編	
デモクラシーとセキュリティ ―グローバル化時代の政治を問い直す― A5判・224頁・3900円	政治理論におけるデモクラシーの問題と、国際政治学におけるセキュリティの問題がグローバル化の中で交差している。第一線の政治学者らが境界線の再強化、テロリズム、日本の安保法制・代議制民主主義の機能不全などの政治の諸相を深く分析。

吉田 徹編	
民意のはかり方 ―「世論調査×民主主義」を考える― A5判・158頁・3000円	世論調査は何のため？　正確に民意を測定することができるの？　民主主義にとって民意とは何？　メディア界と学界（政治学・社会学）が協働して、世論調査法と民主主義論を接合。「感覚マップ」など新たな世論調査の方法を提起。

吉田健一著	
「政治改革」の研究 ―選挙制度改革による呪縛― A5判・362頁・7500円	1990年代にはじまった政治改革論議のもと、なぜ選挙制度が改革されたのか。「改革」の目指した本質および改革以降の政治動向を丹念に考察するなかで、選挙制度改革―小選挙区比例代表並立制の導入―はまったく誤った改革であったことを史実・学説をふまえ包括的に論証する。

高柳彰夫・大橋正明編	
SDGsを学ぶ ―国際開発・国際協力入門― A5判・286頁・3200円	SDGsとは何か、今日の世界にどのような意義をもつのか。目標設定から実現課題まで解説。第Ⅰ部はSDGs各ゴールの背景と内容を明示。第Ⅱ部はSDGsの実現に向けた政策の現状と課題を分析。大学、自治体、市民社会、企業とSDGsのかかわり方を具体的に提起。

日本平和学会編	
平和をめぐる14の論点 ―平和研究が問い続けること― A5判・326頁・2300円	いま平和研究は、複雑化する様々な問題にどのように向きあうべきか。平和研究の独自性や原動力を再認識し、果たすべき役割を明確にしつつ、対象・論点への研究手法や視座を明示する。各論考とも命題を示し論証しながら解明していくスタイルをとる。

佐藤史郎・川名晋史・上野友也・齊藤孝祐編	
日本外交の論点 A5判・310頁・2400円	安全保障や国際協力、経済、文化にも視野を広げ、日本が直面している課題を広範に収録。「すべきである／すべきでない」の対立を正面から取り上げつつ、学術的な基盤に裏打ちされた議論のセットを提供する。アクティブラーニングに最適な日本外交論テキスト。

―法律文化社―

表示価格は本体（税別）価格です